U0164126

兩岸楊柳

蔣子安著

國家圖書館出版品預行編目資料

兩岸楊柳 / 蔣子安著. --初版. -- 臺北市：
蔣子安出版：文史哲總經銷 2014.11
公分
ISBN 978-957-43-1984-8（平裝）

857.7   103022449

兩　岸　楊　柳

作　　　者：蔣　　子　　安
出　版　者：蔣　　子　　安
　　235 新北市中和區秀朗路 3 段 10 巷 35 弄 5 號
　　電話：886-2-2942-6636
　　手機：0931-170-603

校　對　者：蔣　　　　鵬
台灣總經銷：文 史 哲 出 版 社
　　100 台北市中正區羅斯福路一段 72 巷 4 號
　　電子信箱：lapen@ms74.hinet.net
　　電話：886-2-2351-1028 傳真：886-2-2396-5656
　　郵政劃撥帳號：一六一八〇一七五

定　　　價：新台幣 560 元

二〇一五年（民一〇四）六月初版

兩 岸 楊 柳

目　　次

2　兩岸楊柳

傳奇作家寫傳奇

　　蔣子安先生是位傳奇作家。

　　他小學畢業便投身軍旅，當勤務兵，歷經戰亂流離，沒有被噩運擊倒，也沒有進過軍校，但憑自修努力，由兵而士，士而尉，尉而校，迭次晉昇，做到國防部電腦管理軍職人員中校股長。

　　他愛好藝文，沒有受過制式教育，也沒有影劇專業訓練，依靠靈思慧悟，寫小說：登載報章雜誌，獲得肯定。編劇本：舞台劇《勝利者》獲國軍文藝銀像獎、《勇者》獲中央文藝基金會獎、《幾番漣漪幾番情》與《那一條街》獲文建會劇本獎，電視連續劇《母親》得金鐘編劇獎、《長白山上》得中山文藝獎，擔任電視製作人：先後有《戰國風雲》與《少年十五二十時》都得到金鐘製作獎。

　　這種文武兼備成就，是從他在浙江遂安偏僻鄉下放牛的時候開始，小學雖然畢業，無緣到外地升學，每天陪伴著牛兒，看白雲悠悠飄過，看星星與月亮閃爍，雄心壯志在死水般的日子裡消磨，他不甘心如此過一生。時值中日戰爭，國民政府遷都重慶，委員長蔣中正在家鄉徵召忠貞衛士，這是他脫離貧困的機會，應徵結果，當地錄取七名列兵，他排第八名，因為個子較矮，難以操作長槍，這怎麼得了？失掉這次機會，那裡還有翻身之日，忍不住大聲嚎哭，這一哭，感動徵兵官，安慰他

說，努力鍛鍊身體，快些長高，半年後還有招考。不得已，他每天在原野奔跑，跳著行走，半年過去，再度應徵，依然不夠高，再度大聲嚎哭，第二次嚎哭，逼迫徵兵官替他另開一扇門，不能當列兵，可以做勤務兵，就是替長官端茶遞水，甚至清洗內衣褲的少年兵，他破涕為笑，欣然接受，踏開了闖蕩江湖的腳步。

軍旅生活有規律，吃得飽、穿得暖，身體健壯了，投入外面世界，看到不同觀念的電影、戲劇、詩歌與小說，眼界擴張了，文武各面修養，跟隨部隊轉進而成長。他投入的衛士隊伍，抗日戰爭勝利，還都南京，改編野戰師，國共內戰掀起，併往台灣警備旅，行過萬里路，經歷山川風貌，他的軍職位階，不斷躍進，調派國防部，擔任中校股長，意氣風發之際，莫名其妙，突然掉進八卦消息的疑雲裡，尷尬萬分，就此改變了生命歷程的軌跡。

那時候的蔣子安，前途似錦，風度翩翩，上中下各式人等，莫不樂與親近，尤其他的文學影劇論述，精細婉約，最得熱愛藝文的女士們歡心，請教浪漫詩歌與文學的小姐，絡繹不絕，惹來欽羨，更多妒嫉，這些小姐群中有位女同事，是某中將少爺的未婚妻，好事者藉此污蔑兩人有染，口耳相傳，眾口鑠金，長官展開調查，並無其事，但是風波既起，難以禁絕，上級欲將其調往他職，暫避風頭，可是接受調職，無異承認過錯，孰可忍？孰能忍？他衝冠一怒為紅顏，保持清譽，脫下軍服，自作平民，夥同朋友在木柵開飯館，另謀生路。

飯館生意不差，然而他豈是開飯館的料？心情鬱悶，每至碧潭山水間倘佯，就在碧潭橋上，結識一位蒙面的毀容女子，歷歷細訴，有段淒厲哀怨的戀情，以至

遠離人寰，淪落至是，他深受撼動，振筆直書，寫成小說《殘酷的愛》，發表在大型文藝刊物《野風》，佳評如潮，經此實質鼓勵，繼續投稿廣播劇，又寫《歡喜冤家》、《棠棣軍魂》、《黃粱夢醒》、《假日風波》等劇，中國廣播公司聘作編審，既是職業作家，還是文化官員。

電視時代來臨，他沒有缺席，編寫電視劇《樓上樓下》、《心牆》、《愛的啟示》、《盲女淚》、《紅顏淚》、《春風秋雨》、《三加三等於九》《巨浪巨浪》等，成為台灣電視公司的基本編劇。未幾，中國電視公司成立，開創台灣首次電視連續劇《晶晶》，他編寫最多，接著就是《情旅》、《春雷》、《龍江恩仇》等劇，也是重要編劇，進而接受邀約，進入中國電視公司擔任編審製作，更能發揮所長，《母親》、《長白山上》、《春寒》、《孝女心》、《女巡按》、《戰國風雲》、《大漢天威》、《少年十五二十時》、《成功嶺上》、《戲說乾隆》、《楚留香》與《天涯女兒心》等電視連續劇，都有他編劇、審查與製作的成就，直到屆齡退休，離開職場，換得一身輕鬆。

他退而不休，還有大陸連續劇《金手指》，由其提供故事，電影劇本《紅包場裡的茉莉花》核准國片輔導金的獎勵。也因為離開職場之便，得以出入大陸與台灣之間，親身審視兩岸這許多年，天搖地動的諸種變化，親友離散，骨肉相殘，多少人迷失慌亂，多少人埋首荒塚，倖存者唏噓不已，後生者卻將過去拋棄在歷史的灰爐裡，不聞不問。他椎心沉痛，陡興文藝作家無法推卸的使命感，應用所見所聞經驗，畢生學養的感悟，化為作品。於是拋下所有現成計劃，皓首窮經，構思數載，

筆耕多年，書寫一部變化興亡的時代，作翔實註腳的小說，鑑往事，知來者，建立應有的生命態度。

　　八十有八的高齡,他終究完成了這部史詩型小說《兩岸楊柳》,是以楊柳兩姓的一對戀人,戰亂分離的思念和奮鬥作經,兩岸政治、經濟與軍事的變故做緯,經緯交織,巨細靡遺,組成數十萬字的血淚詩篇。楊與柳這對戀人,思想各有信仰,生路各有抉擇,楊到台灣,柳留大陸,都在時代狂流的奔騰間打滾,飽受艱辛,矢志不移的卻是彼此戀情,與時俱增,更加狂熱,雖然兩岸對峙,血肉拼搏,互不來往,楊與柳偏能在夾縫裡尋找機會,到香港、到瑞士,甚至到美國,彼此相會,絲纏線繞,乍合乍分,有緣無份,難偕連理,這是時代傳奇的際遇,也是傳奇時代的無奈,留下無限感慨的懷念,飄落在往事如煙的迷惘間,揮之不去,無可追尋。

　　蔣子安先生巨著《兩岸楊柳》完稿之日,交付我手,給我先睹為快的機會,吩咐我表達感受並為之序。他編審製作的《少年十五二十時》、《成功嶺上》與《天涯女兒心》等電視連續劇,我都有參與編導工作,彼此共事,成好友,事後,經常浸泡在煙茶酒裡,聊天為樂,迄今未斷,好友託付,理應據實以告:傳奇作家寫傳奇,奇人、奇事、奇文,誰與爭鋒?

　　是為序。

孫陽 2014 台北

兩岸楊柳

一、

民國三十八（1949 年南京）

民國三十八年三月，春天已經悄悄降臨，但是並沒有帶來明媚的春光，空氣中依然迴盪著殘冬的蕭瑟。

灰濛濛的天，灰濛濛的地，灰濛濛的人心。由於時局越來越緊張，人們的心像無數鉛塊擠壓著，一直往下沉、沉、沉⋯。

一輛馬車得、得向『莫愁湖』行去，車上坐著一對青年男女，男的梳了個對分西裝頭，身著藏青呢中山服，黑皮鞋，兩道劍眉、挺直的鼻樑，嵌在輪廓分明的臉上。女的身穿一件藏青小白碎花織錦袍，外披著藏青呢外套，腳穿一雙黑緞繡花布鞋。鵝蛋型的臉蛋，有著一雙清澈如水的眸子。玲瓏的鼻子和微微向上翹的唇角，都教人過目不忘。烏黑髮辮垂在胸前，手上則把玩著一條絲質的手絹。

馬蹄聲『得、得』，猶如空氣中無形的花絮，一路輕脆地綻放。

兩人一直保持緘默，只是眉頭深鎖，心事重重。馬車出了南京水門，再往西走兩公里，便到了莫愁湖。

他們下了馬車，付了車資，信步朝湖邊走去。湖畔

的柳樹才剛萌芽，由於天氣低沉，遊人不多，顯得一派蕭索的景象。

不知是誰提議要來莫愁湖，大概心中發愁，欲藉湖名化解煩憂吧！

他們來到一個有著雕樑畫棟的亭子裡面，男的望見斑剝的亭柱上鑴刻著一副對聯，便隨口念著上聯：

「湖本無愁，笑南朝疊起群雄，不及家人獨步。」

正當往下唸，女的已經接口唸道：

「棋何能勝？為北道誤投一子，致教此局全輸。」

兩人相視一笑。

「柳艷！妳終於開口了。」男的情深地望著她說。

「總不能一輩子不說話，是不是？」叫柳艷的女孩，眼波嫵媚的流轉，說完又低頭撫弄髮辮。

一陣風吹來，寒氣拂面而過，兩人都不禁打了個寒顫。男的趁勢將柳艷摟進懷裡，柳艷沒有拒絕，只把頭深深埋進他的胸膛裡，口中低喚著他的名字：「世磊！」

世磊的臉上閃過一絲痛楚的表情。他用唇在柳艷烏黑柔亮的髮間摩娑，一面喃喃說：「告訴我，我們該怎麼辦？怎麼辦？」

這個話題，他們在近半個月來，不知道提過多少次了。

「別問我！」柳艷輕輕掙脫他的懷抱，回身面對著湖水。「真的！別問我，我比你更難抉擇。」

「跟我走！」世磊一把握住柳艷的手，眼神裡充滿了渴切的希望。「跟我到台灣去！時局越來越緊張，不能再拖了！我父親的紡織廠已經辦妥遷移手續，妳一定要跟我去！」世磊的語氣中，混合了堅定和懇求兩種情緒。

　　柳艷低頭不語，好一會才說：「不是我不願意跟你去，而是我身不由己。」

　　「可是，妳是我的未婚妻啊！」

　　「不錯！我是你的未婚妻！但是，我不能因為這種身份，就自私的一走了之，拋下我的父母、弟弟不管，你說是嗎？」柳艷堅定地說，「更何況…」柳艷停頓了一下，我們的立場不同。」

　　「我知道！」世磊微慍地甩掉柳艷的手。「妳對他們還存有幻想。」

　　「他們？」

　　「共產黨！他們不是什麼好東西！」

　　柳艷沒有反駁，彼此沉默了好一會，柳艷才開口。

　　「不錯！我承認在我觀念裡，沒有什麼國民黨、共產黨之分，而且，我聽那些從解放區出來的人說，共產黨的軍隊對老百姓很尊重，稱他們老爹、大娘…」「那是糖衣毒藥！」不等柳艷說完，世磊便打斷她的話。

　　「楊世磊！」柳艷不悅地說：「你受你父親的影響太深了…。」

　　「不錯！因為我父親吃過共產黨的虧，他太了解共產黨那一套了！」他對柳艷的無知，近乎生氣。

　　「別再跟我提這些！今天晚上我們不是討論這個的！」

　　世磊不再說什麼。柳艷接著說：『如果你要我跟你走，也要讓我走得心安理得。」

　　「難道跟一個最愛你、最需要你的人走，不能讓你感到心安理得嗎？」

　　「世磊，我們相愛是無庸置疑的，但是我們不能忽略了，我們還有責任。」柳艷掩不住內心的掙扎和痛苦。

「你知道我媽生了一場大病，現在需要有人照顧她。如果我就這麼遠走高飛，萬一她老人家在這個時候，有個三長兩短，我一輩子都會受良心譴責的。」

世磊緊蹙著眉頭，走到湖邊，彎身拾起幾粒小石子，一粒一粒朝湖心丟去。湖面掀起一波波細碎的白花。

柳艷走近他，倚在他的身旁，說道：『世磊，你放心，這一生一世，我只愛你一個人。你先跟伯父伯母去台灣，等過一段時間，我媽身體完全康復了，我再等機會到台灣去找你。』

世磊扳過柳艷的身子，托起他的下巴，萬千柔情的看著她。「柳艷！我的柳艷，沒有你，我怎麼活下去！」

「世磊！不要再說了！」柳艷搖著頭，忍不住抽咽起來。世磊將柳艷緊緊擁入懷裡，任淚水在眼眶打轉。

一對生死相許的戀人，擺脫不了分離的命運，只有在灰色的天幕下緊緊相擁。

次日晚上，楊世磊的父親楊四海，設宴邀請柳艷一家人話別。柳艷的母親因為病後身體虛弱，沒有赴宴。所以今天的晚宴，除了楊四海一家人之外，賓客只有柳艷的父親柳一鳴，以及柳艷姐弟二人，席間，大家心情都很沉重，很少說話。世磊的母親 —— 一個慈祥很有體面的中年女人，不時挾肉挾魚，往柳艷姐弟碗裏送。

世磊的父親，才四十多歲，就自創了一家規模不小的紡織廠，這時他提了酒壺在柳一鳴的酒杯中斟滿了紹興酒說：「來！柳親家！乾一杯！」楊四海端起酒杯一飲而盡。

柳一鳴，是中央大學的歷史教授，他一襲長袍、一付讀書人的氣質，微微笑了笑，也端起酒杯一飲而盡。

楊世磊連忙替二老斟酒。

「來、來，吃點菜。」楊四海用銀筷指了指滿桌的菜餚，然後自己也挾了一筷菜放入嘴裡，咬了咬才說：

「一鳴兄！時局變得這麼壞，真是沒有想到，沒有想到。」

「是啊！我以為還可以撐一些時候的。」柳一鳴也感嘆著。

楊四海一手端了酒杯，吟哦半天才說：

「人心！政府已經失去人心。唉！」

世磊的母親看丈夫一連乾了好幾杯，連忙把丈夫的酒杯拿在手裡：「四海，你胃不好，少喝一點。」

「我何嘗不知道，可是今天和柳親家一別不知道何年何時才能再相聚？」

柳一鳴雙手端起酒杯，對著世磊的父母：『親家公！親家母！一鳴借花獻佛，祝您們一路順風。」

他們各自乾了一杯。

「柳艷！你還不向你未來的公公婆婆敬酒送行？」柳一鳴！聲音有些沙啞。

柳艷今天換了件降紫色織錦夾袍，烏黑黑的頭髮散在肩上，任誰見了都打心眼裡喜歡，這時她欻欻站起，雙手捧著酒杯，雙眼含著淚水，才說了：「伯父！伯母…」就說不下去了。

大家呆呆望著她。

「祝伯父伯母平安健康！」柳艷好不容易說完這幾個字，就再也忍不住，手摀住嘴，向客廳奔去了。

楊世磊的母親向世磊傳個眼色，世磊向柳父說了聲「失陪」，就離席跟進了客廳。

「這孩子！這孩子！」柳一鳴向客廳望了一眼，搖了搖頭。

「也難怪，小倆口那經得起這種離別？來、來，我們吃我們的。」楊四海雖然這麼說，可是此時此刻大家都沒有胃口了。

柳艷躲在客廳一角，一架鋼琴旁，雙手掩著臉，痛苦地抽噎著。世磊站在她身後，看她雙肩一抽一抽起伏不定，心疼不已，但是這時候，他能勸什麼？他又能說什麼？

過了好一會，柳艷的情緒才稍覺穩定，她隨手打開鋼琴蓋，在琴鍵上彈了幾個音符，是去年年底楊世磊祝賀她十九歲生日送給她的鋼琴曲，後來柳艷又譜了小提琴曲回贈世磊，因此是鋼琴小提琴合奏曲，他們多次練習著，同學們都笑他倆『琴瑟和鳴』。柳艷回過頭向世磊望了一眼，不用多言語，世磊懂得她的意思，他隨手在鋼琴旁，打開小提琴盒取出小提琴，一個坐著彈、一個站著拉、是那麼自然、那麼和諧、那麼優美。

鋼琴和小提琴的音符飄向餐廳，大人們都驚訝於他們在此時此刻還有興致練琴？

「這是他們共同的曲子。」楊世磊的母親說。

曲子是優美的，激昂的，曲調時緩時急，琴聲時輕時重，這是一幅多麼幸福、甜蜜而又詩意的畫面。然而今天聽起來他們彈奏的音符，是低唱、是感嘆，是向大時代一種無奈的控訴。

二、

民國四十四年（1955 年）台灣。

楊家追隨政府喬遷到台灣已經六年了，這個美麗的島嶼，民風純樸、人民善良，她以回饋光復台灣的心情，

欣然接納從大陸撤退到台灣的兩百萬軍民，使這個人民勤奮的島上，一下子熱鬧了許多。

六年來楊四海的紡織事業，受政府的輔導保護，設在士林的『舒又美』紡織公司，在穩定中成長，也交結了不少台灣朋友，尤其近兩年推出『舒又美』襯衫，及『舒又美』內衣褲，風行全島，使楊四海笑口常開。

然而父親一片欣欣向榮的事業，並沒有帶給楊世磊多少喜悅，因為六年來與大陸音訊全斷，他對柳艷的思念越來越殷切了。

楊世磊插班台大英文系，三年前以優異成績畢業，服完預備軍官役，就在一家民辦報社擔任記者工作。他不能克紹箕裘曾一度引起父親的不滿，楊世磊一再向父親表示，他的志趣不在經商，有志從事新聞事業，死說活說才把父親說服。

這是一個春末傍晚，台灣雖然氣候溫和，四季如春，偶而冷風通過，也頗有寒意，這時他站在台北市仁愛路街頭，他因兩年服役，使他碩長挺拔的身體，更見結實，也因多年思念柳艷的結果，使他原有炯炯有神的眼神中，蘊藏著些憂鬱，眉宇間有種解不開的結。他常在傍晚佇立在台北市仁愛路上，注視著熙來攘往的行人，因為他聽同學提起，有很多在大陸失去聯絡的親友，常在街頭不期而遇，他常夢想，也許有一天會遇到那個熟悉的影子，那個使他刻骨銘心的影子。

『反攻！反攻！反攻大陸去！反攻！反攻！反攻大陸去！大陸是我們的故鄉…』一連阿兵哥行軍經過仁愛路，整齊的步伐、嘹亮的歌聲，使他振奮。

『一年準備、兩年反攻、三年掃蕩、四年成功。』這是偉大領袖的宣言，但事隔六年了，仍然是備戰狀態，

他心急如焚，六年了，六年的今天，柳艷在何處？她的家、她的父母是不是遭到清算鬥爭？她本人會不會⋯他打了個冷顫，不敢想下去了。

「嗤！」一聲，一輛車停在他面前，車上一個結實面上永遠帶著調侃表情的少年，詫異地注視著他。

「哥！你在想什麼？今天不是伯伯五十大壽嗎？客人都快到了。」說話的是他堂弟楊世華。

楊世磊一怔，面露愧色，今天一早母親就提醒他，要他早一點下班回家招待客人，他看看手腕上那只「江西老錶」長短針已指五點四十分，於是說著：「中國人請客，作興遲到，還早吧。」

他一邊說著，一邊往仁愛路三段底走去。

「要不要載你一程？」

「算了，你想保有你這輛破單車，你還是先走吧！」

他堂弟楊世華嘴巴撇了撇，露了個似笑非笑的表情，右腿跨上坐墊，一蹬踏板，車子就衝出老遠了。

楊家一幢半新不舊的二層洋樓，座落在三段底一個僻靜的地段，佔地頗大，光是院落就有六十多坪（兩個榻榻米為一坪）院內花木扶疏，有二門，一進一出，可通汽車，高高的圍牆，為防宵小，圍牆上布滿玻璃碎片，圍牆內的椰子樹已高出二層樓頂了。

世磊走到家門口，望見屋內燈火通明，鐵的大門敞開著，公司的總務課長吳益山，嘴裡吊了香煙，在門口等候賓客，他看見楊世磊，連忙迎了上來。

楊世磊正在遐想可能邂逅柳艷的時候，突然一輛三輪車上的少女經過他面前，吸引他的注意，這個少女二十歲左右，鵝蛋型面龐，嘴唇微微上翹，雙眼左顧右盼，似在尋找什麼，她的神態有點像柳艷，不能錯過，他在

後邊，追著、跑著、叫著…

「柳艷！柳艷！妳是柳艷嗎？」

少女回過頭，沒好氣的損了他一句：「你有神經病啊？」

楊世磊愣住了，滿臉羞愧的無地自容。

正在這時候後面一輛快速的三輪車，把他碰個正著，所幸傷勢不重，蹣跚回家。

「少爺！回來了。」

「吳課長！辛苦你了。」

「哪裡，應該的。」吳課長謙恭的說。

「客人還沒有到齊吧？」

「馬董事長、趙老、江總經理、和你叔叔嬸嬸都到了，廖家還沒有來，我正在等呢！」

「噢？」

世磊一跨進大廳，父親就用責備的眼色望著他：「怎麼這麼遲才回來，客人都到了。」

「爸！對不起！今天報社忙了點。」

「快招待客人吧！」

「好的！」他愧然的應了一聲。

楊四海由於商場得意，比六年前發福了，團團的臉，小腹微微隆起，條紋深咖啡色西裝、打蝴蝶領結，一付大商賈的姿態，穿梭於貴客之間。

世磊的母親這時從廚房監督出來，經過六年歲月，略見削瘦，一付紫絳色的夾旗袍，髮後梳了個髻，看上去仍然高貴儒雅。將世磊拉到一邊叮嚀著：

「等會廖布袋帶女兒美娟來拜壽，你給我好好招呼。」

世磊不知母親是何用意，未置可否，笑了笑。

在一旁跟世磊的小妹玩跳棋的世華：

「伯母！您放心，哥不招呼，我來招呼。」

世磊的母親怔了一下，笑了笑走開了。

世磊放眼偌大的客廳，正廳放著一個大圓桌，鋪上鮮紅桌布，碗筷器皿都已擺好，只等待客人就座上菜，正廳右側開了一桌麻將，趙老、江總經理、叔叔和紡織公司的林經理正聚精會神地打著麻將，左側罩著白色沙發套的沙發上坐著馬董事長，和一個不認識的中年男子聊得起勁。世磊走到兩邊分別禮貌地打著招呼。楊四海指著那個陌生中年人說：『這是陸伯伯，台大哲學教授，沒有教過你嗎？』

「陸伯伯好！」世磊規規矩矩的行了一個禮。

「四海兄！你有這麼體面的兒子，真令人羨慕。」陸教授望著世磊讚許地說。

「哪裡，犬子不才，還請您多指教。」四海打著哈哈。

世磊定睛看了這位陸伯伯，究竟是讀書人，一襲長衫、兩鬢斑白，眉宇間充滿了智慧，他不由得肅然起敬。

世磊向馬董事長、陸教授行個禮，信步走到麻將那桌觀戰，他麻將雖然不精，在三缺一的情形下，也勉可應付，他一一看牌，很顯然趙伯伯占了上風，在他面前的籌碼比別人多了很多，而高聲喳唬的叔叔，是牌技牌品最差的一個。

這時叔叔打出一張牌，坐在後邊看牌的嬸嬸，耐不住叫了起來。

「噯！你是死人啦！這張牌怎麼能打？」

「太太！究竟妳打還是我打？」叔叔不輕不重回了一句。

「我是為你好，十打九輸，一輩子教不會。」

「有你在身旁嘮嘮叨叨，我怎麼會贏？」

三位牌友聽後不禁一笑。

這觸怒了嬸嬸，杏眼一瞪、兩手叉腰說：「你說什麼？」

知母莫若子的世華對正在下跳棋的小妹說：「蓉蓉！戰爭快要爆發了，我們躲到旁邊去吧！」

世磊的母親連忙走過來，拉了拉嬸嬸的衣服：「前四圈叔叔打，後四圈妳打，不要吵了。」

叔叔只顧跟妻子拌嘴，一分了神，打出一張不該打的牌，給下家胡了個雙龍抱珠，他怒目的瞪了妻子一眼。

嬸嬸低頭不再言語了。

正在這時吳課長嚷著進來。

「董事長！董事長夫人！廖老闆他們來了。」

廖家一家三口已經佇立在門口。

廖布袋，年約四十來歲，留著平頭，團團的臉，穿著一套不是很合身的半新深咖啡西裝，由於平時不打領帶，今天打上領帶，一個勁不舒服，腳穿褐色膠鞋、手裡捧著一盒水果禮盒，外加兩隻土雞、露出滿口金牙，這時他將兩隻土雞交在妻子手中，一邊擦著汗、一邊用生硬的國語說：「董事長！董事長夫人！恭喜！恭喜！」

廖太太，一看就知道是個賢妻良母型的女人，新燙的頭髮、一身洋裝、外披一件外套、脖子上掛了一串金項鍊。雖然刻意打扮，仍然掩飾不住日夜勤勞的風霜，站在丈夫身邊傻笑著。

廖美娟，高挑而苗條身材、鵝蛋型的臉龐、皮膚白裡透紅、眼睛深邃嫵媚，嘴唇微微上翹，特別是右頰有個不大不小的酒窩，唯一的缺點是鼻子不夠隆，但可以

用化妝補救，這時她穿了一件深紅翠花洋裝，外罩白色毛絨外套，半高跟皮鞋、亭亭玉立，吸引住客廳中所有人們的眼睛。

　　楊世磊一見廖美娟，就認出來了，她就是剛才坐三輪車，他誤認是柳艷的少女。

　　廖美娟也認出他來，詭譎一笑，因為剛才她是記錯門牌號碼，致過門而不入，後來知道是弄錯了，才在楊家大門口等父母一同進來。

　　「真是美人胚子。」快嘴的嬸嬸不禁讚美著。

　　「美娟！快向乾爹乾媽拜壽。」廖布袋對美娟說。

　　「不敢當！不敢當！」世磊的母親連忙推讓著。

　　然而廖布袋夫婦放下禮盒、土雞，把壽星、壽婆拉到沙發上坐好，美娟就欸欸的雙膝跪下，拜了下去。

　　「祝乾爹、乾媽福如東海！壽比南山。」

　　這位寶島姑娘字正腔圓，一口標準的國語，印證台灣推行國語的成功。

　　楊四海夫婦高興的合不攏嘴，一邊連忙稱謝，一邊拉美娟站起來。

　　楊四海夫婦事前沒有想到這一著，在商場經驗老到的楊四海，這時也手足無措：「太太！紅包。」

　　「我沒有準備。」世磊的母親究竟是見過場面，眼珠子一轉，有了主意，連忙從右手腕上脫下那個大陸帶出來的翠玉手鐲。

　　「美娟！這個妳戴上，就算是我給你的禮吧！」

　　「不！乾媽！這個太貴重了，我不能收。」美娟推辭。

　　「快戴上吧！」

　　世磊的母親硬拉著美娟的左手腕，給她套了上去。

　　客廳中響起熱烈掌聲，嬸嬸走到美娟身邊，瞅著她說：「我說大嫂！廖小姐跟我們世磊蠻相配的。」

　　此語一出，大夥的目光又集中在美娟和世磊身上，美娟害羞的低下頭，而世磊也面紅耳赤不知所措了。

　　「阿香！客人到齊了開席吧！」世磊的母親吩咐下女阿香。

　　阿香身體健壯、辦事俐落，一會兒工夫，就在沙發旁邊又擺上一張圓桌，這是事先準備好的。

　　壽星壽婆當然在正廳那桌，主人請客人入席，客人推讓著，世磊到另一桌做主人，負責招待叔叔嬸嬸和公司的林經理、吳課長。

　　楊四海介紹同桌的貴賓馬董事長、趙老、陸教授、江總經理與廖家夫婦認識。

　　廖太太一直很拘束，大概是很少參加應酬，坐立不安，也因為方言口音很重，很少講話，只是一個勁憨笑。

　　廖美娟就不同了，究竟是法商學院高材生，落落大方，一雙大眼睛滴溜溜的轉，右頰的小酒窩時隱時現，煞是的漂亮。

　　主人是江浙人，今天特地把這江浙名廚，叫到府上『外燴』，等第一道菜拼盤上桌後，楊四海端了酒杯站起身來說：『今天小弟賤辰，承蒙各位遠道來道賀，萬分感謝，來，乾了這一杯。』他先乾為敬，其他兩桌的人也站起來舉杯一飲而盡。

　　「乾爹！祝您財源滾滾、多福多壽。」美娟雙手舉杯、站起來向壽星敬酒。

　　「好！好！謝謝！我這個乾女兒，真叫人疼愛。」壽星高興的說著。

　　「乾媽！也祝您身體健康、青春永駐。」

「那不變成妖怪了。」壽婆站起身拿起杯淺酌了一下：「美娟妳這張嘴，像是浸過糖水似地。」

這麼一開頭，大夥向壽星壽婆敬酒，又互相敬酒，才挾菜吃著。

世磊的座位剛好與美娟遙遙相對，他一抬起頭，就看美娟對他微笑，那深邃的眼睛，那微翹的嘴唇，是那麼熟悉，他不由得打個冷顫。

楊四海等一一敬了酒，又站起來說：「諸位！你們還不知道我跟廖先生怎麼認識的？」

大家停筷望著他。

「噯！董事長！這點小事，不必提了。」廖布袋生硬的國語說。

「小事？不是小事，如果不是遇見你，我楊四海沒有今天。」楊四海有力的說。

「董事長！你太言重了。」

「等我把經過說出來，大家就知道我不是誇大其詞了。事情是這樣的—四年前的夏天，我去購買就是目前擴增的士林新廠的一筆土地，另外還有其他的事情，到衡陽街去轉一趟，因為那天要辦的事情很多，我分門別類用信封裝了不同要辦事情的資料，到衡陽街我把大皮包放在一輛停放路旁的機車上，把一個個信封拿出來檢查一遍，把那個裝了五萬塊現鈔和土地底價重要資料的信封，滑落在地上，當時我並不知道…」他說到這裡停頓了一下，所有的人都聚精會神地望著他，楊四海接下去說：

「等到了士林地主那邊，打開皮包一看、傻住了，再怎麼找，也找不到那個信封，這個時候我急得像熱鍋上的螞蟻團團轉，終於我想到了，可能掉在衡陽街地上，

當時沒有發現，我立刻叫輛計程車，飛快開回衡陽街，我想八成是人家拾去了，五萬塊現鈔不是小數目，那筆土地若是別人知道底價搶購了，我的新廠計劃就泡湯了…心裡那種著急，不是言語所能形容…

「好不容易趕到衡陽街，看見廖先生傻不愣登地拿著我那一份資料站在那邊，我說明是我遺失的東西，他問我裡面裝了什麼？我答對無誤，他就把東西還給我，沒有再說一句話就走了。我當然拉住他，想送他一萬塊錢做為酬勞，他堅持不要，我堅持他收，不然於心不安，最後他表示為了等失主，他在那邊苦苦等了兩個小時，耽誤了一班火車，要我替他買一張到台中的火車票就好了…

「諸位！我在台灣幾年，沒有本省籍朋友，以前我們都以為台灣人都是小鼻子、小眼睛土裡土氣，一個錢看作比銅鑼還大，其實本省同胞誠懇篤實、守信守義，所以我決心交這個朋友；自從我認識廖先生之後，又交了很多本省籍朋友，業務蒸蒸日上，大家都說：廖先生是我的福星高照！」

「我也敬福星高照，大家沾點福氣。」不知誰提了一句。

於是大夥向廖布袋走過去，一杯杯向他敬酒。

「沒啦！沒啦！」廖布袋連忙用台灣國語說著：「是你們外省人給我們帶來福氣，是你們抗戰八年，台灣才光復，是蔣總統推行「三七五」減租、「耕者有其田」政策，我們農民的生活才有今天，所以說：你們外省人才是福星高照。」廖美娟在大人們鬧酒的時候，她頻頻對世磊眉目傳情，坐在世磊旁邊的林經理看在眼裡，端著酒杯走到美娟身邊說：「廖小姐！妳坐在這裡受拘束，

我跟妳換個位子吧！」

　　世磊的母親知其用意，招手要世磊過去搬美娟的碗筷。

　　美娟移到世磊這一桌，這一桌立刻活躍起來，她坐在世磊和世華之間，世華大獻慇懃，因為廖美娟與楊世華同是法商學院的高材生，不過不是同系而已。廖美娟是校花，世華是籃球校隊健將，彼此都有印象，反而世磊像待小妹一樣看待美娟，偶而挾一點菜放在她碟子裡而已。

　　嬸嬸是不放過這個表現的機會的，她一再誇讚美娟美麗乖巧、又談著自己當年在大陸大學肄業的趣事，她說得比吃的多，美娟索性作聽眾，這一頓酒席，賓主盡歡。

　　打牌的急著上桌，繼續作戰；不打牌的讓到客廳，喝著咖啡或品茗新上市的凍頂烏龍茶。

　　叔叔楊四弘一直想結交本省籍朋友，雖然他做什麼事都虎頭蛇尾，一事無成。目前他暫時屈就兄長經營的『舒又美』紡織公司擔任成品檢驗工作，生活勉能維持，但是他想自行創業，鴻圖大展，他妻子常在耳邊嘀咕：「你哥哥能，你為什麼不能？」可不是嗎？他是沒有遇到貴人，沒有碰到福星高照，如今福星就在他身旁，他怎能放棄機會？楊四弘聰明絕頂，有語言天才，來台灣六年，學了一口閩南語，就是本省人也難以分辨。他向廖布袋敬上一支煙，就用閩南語和布袋夫婦天南地北地聊起來了。

　　廖美娟走向窗口，望著窗外燈光下的花園，對世磊的母親說：「乾媽！花園好漂亮。」

　　「世磊住的二樓窗口，看出去風景才好呢！要不要

世磊陪妳上去看看。」

美娟偏過頭望見世磊面有難色，更引起她的興趣了。

「他不會答應的。」她又回過頭對世磊嫣然一笑。

世磊的母親輕推了世磊一下，又用眼神暗示。

「好吧！」世磊只好說：『只是房間太亂，妳不要見笑了。』

世磊作了邀請的手勢，帶著美娟上樓，母親欣慰地望著他倆。

和小妹繼續下跳棋的楊世華，也呆呆望著他們。

「喂！你魂掉了？輪到你了。」十歲的蓉蓉推了世華說。

「好了、好了，這盤棋算我輸了好不好？」

「一場電影。」

「一場電影就一場電影，反正妳又不用買票。」

蓉蓉伸出右手小拇指，和世華的小拇指打了一個勾，表示約定。

世磊的房間坐北朝南，靠陽台一排落地窗，室內寬敞，佈置雅緻，書架上陳列著新聞和音樂的書籍，看出主人的出身及愛好，牆上掛了兩把交叉的金劍及一幅西洋畫，他原擔心早上出門時亂丟的衣服已不見了，多年來放在床頭櫃柳艷的照片，也被翻倒，房內整理得井然有序，可以說是一塵不染。是母親、是母親來整理過，所以她才提議要美娟上樓來。

世磊拉開窗簾布，打開落地窗玻璃門，憑欄遠眺，六張犁聯勤兵工廠點點燈火，盡收眼底，他回頭想叫美娟，卻看見美娟正拿起柳艷八吋大的照片仔細端詳：好美的女人，大大的眼睛、高挺的鼻梁、微微上翹的嘴唇、長髮披肩，嫵媚極了。

「這是柳艷，柳小姐吧！」美娟故意問著。

世磊點點頭帶著詢問的語氣。

「妳怎麼知道？」

「上次聽乾媽說的呀，聽說你們已經訂婚才離開的，柳小姐真漂亮。」

世磊望了望她沒有答腔。

「這麼久，一點消息也沒有？」

世磊默然。

「還在等她？」

世磊嘆了一口氣。

「大陸淪陷已經六年了，有沒有逃到香港？」

「不可能，香港我有同學，柳艷如果逃到香港，我不可能不知道。」世磊斬釘截鐵地答。

「大哥你好可憐！」

美娟一直看著照片，這時她打開皮包拿出一塊手絹細心的擦拭著鏡框灰塵。

這一舉動使世磊大為感動，他連忙接過鏡框放在床頭櫃上。並說了聲「謝謝。」

美娟憐憫的望著他。

「你一定很愛她了是不是？」

「當然了。」突然門口響起一個男孩的聲音。

房門本來就敞開著，世華站在門口，一手靠在門框上、一付調侃的嘴臉。

「廖美娟！妳還不知道，這幾年多少人替我大哥作媒，他都不屑一顧。」

美娟呆呆望了世磊一陣說：「你好痴情啊！我喜歡這種男人。」

美娟對自己意外的坦率，連自己的臉也紅了，不禁

伸了伸舌頭。

「噯！我也很鍾情的耶。」

「我看你啊！是自作多情。」

世華不以為忤，走進房來，端詳著柳艷的照片，又回頭望了望美娟，發現什麼似的驚叫了起來。

「哥！我發現一個秘密。」

「什麼祕密？」

「你看、你看，廖美娟的眼睛嘴巴和柳小姐好相像。」

世磊臉紅了，內心一陣冷顫，這個祕密他早發現了，就是沒有道破而已。

『胡說！我那有柳小姐漂亮？」美娟說完對世磊嫣然一笑，跑下樓去。

三、

連日來世磊為了一件命案，忙的不開交，報館、警局、法院，以及苦主各地奔波，他要向讀者負責做完整的報導。

這天下午，他筋疲力倦回到報社，準備整理資料，工友來通報一位漂亮的小姐要見他，他在狐疑，美娟像一陣風似已經站在他面前了。

紅毛衣、黑絨線迷你窄裙、肉色絲襪，襯出她一雙均勻的小腿，嘴巴似笑非笑地望著世磊。

「沒想到吧？」

「真沒想到。」他因為資料整理一半，仍低頭整理。

「喂！你好像不大高興我來看你。」美娟翹著嘴說。

「沒有的事，我只是有點意外。請坐！」

世磊只好放下工作，請她在辦公桌對面的椅子坐下。

　　世磊尋思她的來意。她呢？又是似笑非笑望著他。

　　「有事？」世磊試探著問。

　　「沒事就不能來看你了？你是我的乾哥哥。」

　　廖美娟一點都不像是鄉下長大的女孩子，一點都不像莊稼漢廖布袋的女兒，調皮大方，甚至還有點千金大小姐的脾氣。她正像是一張印刷精美的彩色變體幣紙。

　　「當然、當然，小妹來了，歡迎還來不及呢！」世磊應付著。

　　「哼！這還差不多。」她翹了翹嘴唇。

　　世磊內心顫動了，這個表情就像是柳艷的翻版，柳艷在調皮的時候，也常作這個表情。

　　「喏！」廖美娟從皮包內拿出一份紅色請柬，遞在世磊手裡：「下個星期六，大喜事，務請光臨。」她一邊說著、一邊審視世磊的反應。

　　世磊的臉色微微變了，紅色請柬？！大喜事？！難道是這個丫頭訂婚或結婚？可是父親五十大壽的壽酒，喝了還不到兩個禮拜，事先一點風聲也沒有，不可能這麼快？

　　「是你的喜事？」他狐疑著。

　　「對了。」答的乾淨俐落。

　　「這個幸運的男士是誰？」

　　「你猜！」

　　「這、這麼快！」他拿著紅色請柬微乎有些不自在，口齒也有點不順。

　　美娟滿意了：「你看了就知道了，但是要等我走了才准看。」

　　「妳的規矩真多。」

　　「你一定要來喲！你不來就是看不起我。」她再三

叮嚀。

　　她越叫他不看，他越想早知道這個謎底，趁她轉身，世磊已撕開信封，原來是她們學校為了籌募孤兒基金而舉辦的時裝展示會。

　　她走了兩步回轉身，世磊微笑著用手指點她。

　　「妳好調皮。」

　　「妳一定要來捧場喲！」

　　「這樣吧！我看情形，如果抽得出時間，我一定來。」

　　「你忙什麼？」

　　「這兩天報上社會版頭條新聞你沒有看到？一對戀人雙雙在旅館服毒自殺，女的死了，男的救活，女方苦主要控告男方誘拐逼迫致死。這是條重大社會新聞，我們報社要我追蹤報導。」

　　「不行！下個星期天，你一定要來。」

　　「禮到人不到，好不好？」

　　「不行啦！我都跟同學說好了啦。」

　　「說了什麼？」

　　「說你像一個美國大明星羅勃泰勒的男人，要來捧場的。」美娟急得幾乎要哭出來了。

　　「好啦！好啦！我儘可能來就是了。」

　　「不！你要說：我一定來！」

　　「你這是強人所難。」

　　美娟轉身雙手掩臉，似乎有哭的衝動。

　　世磊急了，站起來急著說：「好吧！好吧！我來就是了。」

　　「一言為定！」

　　「一言為定！」

　　美娟這才轉過身，露出一付笑臉，原來剛才要哭是

假裝的，定睛望了望世磊，才高高興興離去。

　　很快一個星期過去了，當楊世磊到達法商學院大禮堂，服裝展示已舉行一半，偌大的禮堂，黑壓壓擠滿了人，強烈的燈光照射在伸展台上，碰巧輪到廖美娟穿著學生休閒服出場亮相，在有節奏的音樂中，她邁開端莊而婀娜多姿的台步，贏得不少掌聲。

　　世磊第一次被她吸引住了，她一直以為她是個孩子，憑著先天的外表，待人接物的乖巧，使見到她的人，對她都存有好感，想不到她還有內涵，不可小覷。

　　世磊往前擠，站在旁邊靠牆的走廊上，這個位子很突出，在伸展台上一眼就可以發現他，他要讓廖美娟知道他已來捧場。

　　伸展台上換了另一組家居服展示，司儀報告著：壓軸的是禮服展示。他不知道廖美娟會不會參加？他沒有看過她穿過禮服。

　　音樂節奏變了，五彩的燈光賣勁地閃爍著，主事者故意空場片刻，讓所有觀眾引頸期待，世磊眼前一亮，廖美娟帶領四個表演的女孩欵欵出場，廖美娟穿了件露肩紫醬紅晚禮服、頭上紮了根紅色緞帶、腳蹬紅色高跟鞋、胸前別了一朵黑色玫瑰花、面露淺淺微笑，典雅的、高貴的、徐徐走到伸展台前端，她左右一轉，儀態萬千，立即響起如雷的掌聲。

　　世磊當然也把兩掌拍紅了，美娟看見他了，向他微微一笑，然後隨著音樂節奏款款擺動腰肢，走入幕內，熱烈的掌聲再度揚起，久久不衰。

　　這是一次非常成功的服裝展示會，以現場擁擠的觀眾來衡量，收入為數可觀，而且還有臨時樂捐的，大廳的燈光全亮了，觀眾面露喜色，紛紛離去。世磊失魂落

魄似地站在原地，明眸的大眼睛、微微上翹的嘴唇，有意無意的一瞥，他幾乎又看見了多年不見的柳艷，他記得七年前柳艷在中央大學，也參加過類似的服裝展示，那個時候多了一樣英丹士林布旗袍展，似乎更令他賞心、更令他悅目。

「喂！你怎麼發愣啊！」廖美娟仍然穿著那件禮服，站在他面前。

「恭喜！演出非常成功。」世磊握著美娟的手說。

「我在幕後看了半天，沒有看見你，我以為你不來了。」

「趕早不如趕巧，我推算妳排在最後才出場。」

「為什麼？」

「妳是主角啊！」

剛才表演的幾個女孩向楊世磊指指點點，美娟向她們招了招手，一胖一瘦的女孩立即跑了過來。

「我來介紹，這是張家珍。」她指著那個豐滿的女孩，然後又指排骨型的女孩說：「她是許芳如，我們都是同班同學。這位是我跟妳們提過的…」

「妳的羅勃泰勒！」張家珍、許芳如異口同聲笑著說。

「我叫楊世磊，演出非常成功，恭喜！恭喜！」世磊和她倆一一握手。

「廖美娟！妳好過份，這麼帥的男朋友，為什麼早不給我們介紹？」張家珍打著廖美娟，

「哼！她啊保密局出來的，保密到家。」許芳如也加上一句。

「噯！小姐！我…我…」世磊想避謠，可是看見廖美娟那種發自內心喜悅的眼神，他不忍傷她的心了。

世華揹了相機走過來。

「楊世華！你來的太巧了，快替我們拍一張。」廖美娟落落大方抓住世磊胳膊，小鳥依人似的依偎在世磊身旁，擺好姿態。

這個舉動引起所有人的注意，表演的小姐一個個走到附近看著他們，連要散場的觀眾，也帶著羨慕的眼光，頻頻回顧。

世華按了快門。張家珍、許芳如也要和世磊合照，世華一一照辦。

「你等等，我去換了裝就出來。」廖美娟對世磊說完要走開，被世華一把拉住。

「喂！你們太不夠人情味了吧！我好歹也是他弟弟。」

「對！對！我來替你們拍一張。」世磊接過照相機，退到好的角度，準備拍照。

世華左擁右抱，得意非凡。

「諸位！我楊世華也有今天，哈哈…這叫著“眾星拱月”。」

「我看啊！是三娘教子。」美娟側過身一手指點他的頭，不意這時世磊剛好按下了快門。

照片沖洗出來了，楊世磊表現溫文儒雅，風度翩翩和廖美娟的合照，簡直像是一對熱戀中的情人，而世華那張則剛好美娟伸手要指他的頭，他作個鬼臉，滑稽突梯，三個小姐看了無不捧腹大笑。

楊世磊是笑不出來的，六年來，柳艷的影子使他魂牽夢繫，他的心防，安如磐石，無人能摧。

倒是廖美娟此後又一次兩次找他，楊世磊非常敬業，常常加班到深更半夜，他常自我督促，楊世磊好不

容易進入這家大的民間報社，他要好好展現一番。

　　然而一個假日，他還是被美娟死拖活拉去郊遊了一次。這是一次六人行；廖美娟、張家珍、許芳如、楊世磊、楊世華同班同學柯士豪。楊世華對廖美娟早就愛在心裏，只是廖美娟喜歡的是堂兄世磊，他只好退而求其次，選了較豐滿的張家珍，張家珍沒有心眼，對世華也存好感，至於許芳如骨瘦如柴，偏有綽號的柯胖子對他情有獨鍾，於是很自然的六人配成三對，在嬉鬧談笑間，他們乘公路局班車來到台北市近郊的烏來名勝地區。

　　他們選了靠近山區的小溪邊歇腳，大夥忙著生火烤肉，楊世磊坐在一邊作壁上觀，他本來就遊興不濃，再加上記掛著那件重大新聞，一直沒有突破，心中浮躁不安。他站起來信步往山區走去，只見樹影憧憧，山霧迷茫，一群野鳥聞聲驚飛，樹葉上的露珠兒點點灑下，少許的陽光往樹叢中篩照下來，他像是被淋浴一般的舒適。突然兩隻松鼠，敏捷地從這隻樹桿，竄上另一隻樹桿，一隻松鼠覓到果實，另一隻也來分享。

　　「磊哥！磊哥！你在那裡啊！」廖美娟的叫聲自遠而近，她最近改變了稱呼。

　　她發現他了，他用手指放在唇邊作禁聲狀，又用手指了指前方樹梢上，美娟照他的手勢望上去，看見兩隻松鼠正在你舔舔我、我舔舔你，狀至親熱。

　　「好好玩，他們一定是情侶。」

　　「情侶又怎樣？也會被拆散的時候。」世磊感謂地說。

　　「磊哥！我了解你在想什麼，你別這麼死心眼可以嗎？」

　　世磊怔了一下，他不願再談：「沒有什麼，我們回

去吧！」世磊去拉她，他卻站著不動。

「難道這個世界上，就沒有一個人可以代替她了嗎？」

「『緣份』這兩個字你懂嗎？有緣沒有份，或是有份沒有緣，都不能使一對男女成為情侶。」

「你？」她生氣了，簡直是熱臉去貼人家的冷屁股，她從來沒有這麼自尊心受損，她轉過身，想從他身邊經過，為了遠遠保持距離，她一腳採了空，幸好世磊及時拉住她，美娟趁勢撲在世磊懷裡，把他緊緊抱住，撲鼻的髮香、酥軟的身軀，使他全身像觸電一般顫抖著。

「磊哥！難道你是冷血動物？」美娟的心撕裂般的輕吼著。

人非草木，熟能無情，世磊多年來冰封的感情，被這個熱情洋溢的小女孩解凍了，他遲疑一會，也緊緊回抱美娟，狂熱地從她的額頭、眼睛、鼻子，最後在她小巧的嘴唇膠住了。

「大哥！廖美娟！你們在那裡？」是楊世華的聲音。

「美娟！美娟！吃烤肉了。」張家珍的喊聲更近了。

他們匆匆分開，美娟面紅耳赤整著頭髮，不管楊世華、張家真有沒有看到，帶著命令的口吻說：

「你要答應我一件事。」

世磊詢問地默然望她。

「床頭櫃那張照片，給我拿掉吧！」她丟下這句話，就跑開了。

第二天深夜，楊世磊從報館下班回家，母親告訴她下午美娟來過，推開臥室的門，赫然發現床頭櫃上的鏡框裡已經換上廖美娟的照片，他雖然生氣，由於昨天沒有表示反對，也只好默認了。他撿起丟在旁邊的柳艷照

片，拭了拭灰塵，丟進書桌最下一層抽屜。他有點感傷、也有點紓解，看了看美娟的照片，為了掩飾自己的內疚，自己對自己說：「至少尋著了一點柳艷的影子。」

這段時間假期特別多，廖美娟當然不放過這個機會，她先打電話給乾媽，碰巧乾爹因商去南部，而那個能幹的下女阿香又因為家有喜事，回家一天，乾媽正悶得發慌，一聽美娟的聲音，忙不迭地說：

「美娟！我正在想妳，不是一連兩天假期嗎？來，在我家住兩天，也好陪陪我。」

她陪乾媽是假的，想著世磊倒是真的。當她帶著簡單的行囊來到楊家，一間雅緻的客房，早為她準備好了。趁乾媽睡午覺的時候，她偷偷潛入了世磊的臥房，她一眼就看見她的照片仍然放在床頭櫃上，她掩不住內心的喜悅，得意地環顧四週，編織著緋色的未來。

她陪著乾媽瘋狂的玩了一天，趕了一場"魂斷藍橋"電影，乾媽感情脆弱，唏哩嘩啦哭了一鼻子，然後又上江浙館吃晚飯，然後又逛委託行，乾媽從心眼裡疼她，當然就買了一件舶來品毛衣披在她肩上。乾媽要她打電話到報社，告訴楊世磊一聲，她撥了一通，他不在，她就沒有再打了，反正晚上會見面，她要給他一個驚喜。

然而深夜十一點多了，楊世磊還沒有回來，乾媽和小蓉蓉都已就寢，她答應乾媽等世磊回來，她坐在楊世磊床上，利用床頭櫃的燈光看雜誌，也許是白天陪乾媽太累，她看著、看著，眼睛漸漸模糊，竟然睡著了。

屋內好靜，世磊因今晚同事得到採訪獎，請客宵夜喝了不少酒，帶著酒意歸來，推開臥房門，看見一個少女捲臥在他床上，烏黑的長髮將大部分臉遮蓋住了，修長而均勻的小腿，線條是那麼美，他看呆了，他以為是

一種錯覺，他猛搖搖頭、揉揉雙眼再看，的確是一個身材極美好的女人睡在他床上，他輕輕走過去，小心翼翼地想用手去觸摸，又怕眼前的幻影幻滅，把手又抽回來。

「是誰？是柳艷嗎？」他心裡想著。他坐在床沿上，想再次伸出手，廖美娟被驚醒，惺忪睡眼望了望他，模糊不清的說著：「回來了。」她正待坐起，一股酒氣沖鼻，世磊已趁勢擁抱著她，耳邊響起世磊夢囈般的聲音：

「柳艷！柳艷！我好想妳。」

這次她全醒了，用力推開他，生氣地說：「你看看我是誰？」

世磊又甩了甩頭，定神一看，酒意醒了一半，立即坐了起來，帶著驚異的表情說：「是妳？！妳怎麼會在這裡？」

「柳艷又怎麼會在這裏？」她反問著。

「啊！對不起！」他雙手插入髮際。

「你所以喜歡我，是因為我有點像柳艷對不對？我一心想巴結你，想對你好，得到的是別人的替身，我、我廖美娟好傻…」她轉過身嗚嗚咽咽低泣了起來。

世磊呆住了，他不忍傷這個小女孩的心，撥弄她的頭髮，柔聲說：「起初是的，因為妳臉上有部份像柳艷，引起我的注意，可是後來我也慢慢喜歡妳了，妳叫我把照片換掉，我不是同意了。」他說著說著竟然也哽咽了。

美娟轉身回來看著他，看他雙眼噙滿了淚水，同情之心油然而生，不由得雙手摟住他的脖子幽幽地說：「磊哥！磊哥！這麼多年你一直忘不了柳艷，足見你是一個專情的男人，我喜歡你！」

「美娟！不要這麼說，忘了她吧！」

世磊不再說什麼，世磊緊緊地攬住她，她們兩顆炙

熱的心，緊貼在一起，但是他不敢再做進一的要求，只
是一再用嘴唇吻她的髮、她的額、她的眼睛。

她沉醉在他愛撫中，許久後，她幽幽地說：「磊哥！
如果妳真的喜歡我，我們就先訂婚吧！」

他把她的嘴堵住了。

四、

人逢喜事精神爽，廖美娟這兩天在乾媽家愉快渡
過，當然這個喜訊乾媽第一個知道，她老人家滿心的喜
悅，她要等楊四海從南部回來再和世磊去廖家提親。

廖美娟回到學校，一付眉飛色舞的樣兒，立即被好
友張家珍、許芳如識破，張家珍瞅了她半天問說：

「喂！廖美娟！從實招來，是不是有什麼喜事？」

「嗯哼！」廖美娟學著外國人得意地鼻子哼了一聲。

「什麼事？什麼事嘛？」許芳如著急問說。

「沒有什麼啦。」她故意賣個關子。

「沒有什麼？！鬼才相信，今天妳一到學校，我就
發現了，講話像唱歌，走路像舞蹈，準有什麼喜事？」
張家珍又盯了幾句。

廖美娟還是微笑不答。

許芳如用兩個食指打了個响聲說：「好！我猜到了，
十不離九準是妳有心上人了對不對？」

「嗯哼！」廖美娟又是鼻哼一聲。

「妳逮住他了？！」張家珍抓住她的手急著問說。

「是不是真的？是不是真的？妳快告訴我，我急死
了。」兩個好友拉著她，又跳又叫。

廖美娟終於點了點頭：『他答應我，最近先訂婚。」

「真的？！恭喜！恭喜！快去買糖請大家吃。」

「妳是我們班上第一個喜訊，晚上好好的慶祝一下。」張家珍、許芳如妳一言我一語，抓住廖美娟的手，要她請客。

不遠處，楊世華滿腹心事站在那邊，昨天就聽伯母說了，他表面欣然向堂兄道賀，但是內心一直像是失落什麼，悶悶不樂。

這天夜晚，楊世磊從外面歸來，經過他們家巷口一家小吃店的門口，楊世華叫住了他。

「大哥！大哥！」

楊世磊駐足看去，是堂弟世華和柯士豪正在喝酒。

「大哥吃飯了沒有？」世華問說。

「吃過了。」

「來點酒吧。」世華替世磊斟上酒：「大哥！乾杯！」世華一飲而盡。

「小鬼！少喝一點。」世磊端起杯喝了一口。

「他說心裏煩。」柯士豪說。

「煩什麼？張家珍不理你了？」

「張、張家珍算什麼？」世華的舌頭有些打結了。

「看你，喝醉了，早點回家吧！」世磊又對小食店老闆說：「老闆！多少錢？我來結帳。」

「不！我還要喝，我要大哥陪我喝。」

世磊瞅了世華半天，這個堂弟年齡雖然相差五歲，由於自己沒有兄弟，當他親弟弟看待，平時也乖巧，一向以他馬首是瞻，所以在叔嬸面前，他常維護這個堂弟，今天不知怎麼搞的，世華心事重重，他倒要問個清楚，以便開導。

「什麼事心裏不痛快，你說吧！」

「沒、沒有什麼，大哥！來，我們乾杯！」他們仰一下脖子，一杯米酒又吞下肚去了。

「小孩子懂什麼叫憂愁？告訴你，以酒解愁愁更愁。」他依老賣老，用教訓的口氣說。

世華瞅了他半天，才說：「大哥！我問你，你忘了大陸上的柳艷了嗎？」

世華突然冒出這句話，使世磊呆住了。

「怎麼突然問這個話？」

「大哥！你是我大哥是不是？你照顧我，我、我也很尊敬你，我一向把你當作我的偶像崇拜著。」

世磊雙眉深鎖了，這個一向乖巧的堂弟，今天有些反常。

「我以你作為標竿。」世華繼續說著：「我學你的處世、我也學你的為人。可是，這一次，我覺得我心中的偶像倒了，我好難過。」他竟然嗚咽不能成聲。

世磊聽他說下去。

「學校傳遍了，校花廖美娟將下嫁白馬王子楊世磊，是不是真的？是不是真的？」世華死盯著世磊問說。

「世華！當然是真的。」柯胖子無心，然後又伸手與楊世磊相握：「楊大哥！恭喜你啊！」

「恭喜個屁！」世華大喝一聲：「我替柳艷難過，什麼海枯石爛，什麼海誓山盟，男人都是騙子！騙子！」他手一刷，桌面上的杯盤唏哩嘩啦掉了一地。

小食店只有他們三個人，老闆聞聲跑出來，一把揪住世華怒道：『小子！你活得不耐煩了？』

「老闆！對不起！對不起！我來賠就是了。」楊世磊連忙把老闆的手拉開。

「大哥！我賠得起，不高興你幾個臭錢！」世華的

手揮舞著。

「世華！你怎麼這麼對楊大哥說話？」柯士豪勸著。

「我，我怎麼樣？」世華仍揮舞著拳：「他雖然是我大哥，他做錯了事，我一樣可以揍他！」他一把抓住世磊：「大哥！你說！這件事你做對了嗎？萬一柳艷從大陸逃出來，你何以善後？」

「世華！世華！你真的喝醉了。」柯士豪連忙拉勸，又對世磊說：「楊大哥！你先走吧！這裏我來處理。」

世磊掏了二十塊錢台幣，放在桌上，然後看了看世華，才怏怏離去。

世磊回到家，冷靜的思考世華失態，他不是看不出世華單戀廖美娟，他也不是看不出來世華是借酒裝瘋，吐一吐失戀的痛苦。然而他真的忘了柳艷嗎？不！刻骨銘心、椎心瀝血的愛，這一生一世是不能忘懷的，那他為什麼還答應廖美娟的要求？是時空沖淡了對柳艷的思念？還是一時為肉慾失去了理性？像廖美娟這樣活潑外向的女性，不是他所追求的對象，他是迫於父母的關心和廖美娟的不斷糾纏，當然海峽兩岸對峙，柳艷已隔六年音訊全斷，要等到何年何月才能相聚？他想著想著，又從書桌最下層抽屜，取出柳艷的照片，拿在手中，久久捨不得放下。

「艷！艷！妳究竟要我等妳多久？」他內心喃喃地問著。

最近他正要去香港，出入境證都已辦妥，他要找在香港的同學羅元中研究一下，能不能和大陸通訊，打聽一下柳艷的近況。

樓下客廳電話鈴聲響了起來，下女阿香接聽後叫著：

「少爺！少爺！香港羅先生電話。」

　　事就這麼巧，才想起香港，就來電話。羅元中每年都要來台灣一兩次，事前都會掛長途電話來告訴他幾點鐘班機，要他去松山機場接機，大概明天羅元中就要到台灣來了，這樣也好，免得他去香港，他一邊忖度著、一邊下樓接聽。

　　「喂！楊世磊。」他有一個習慣，就事先報自己姓名。

　　「好久不見，是不是明天要來台灣？幾點鐘班機？」

　　「我不來台灣，是專門為你通風報訊來的。」羅元中在電話中說著：「你不要急嚷嚷，靜靜聽我說。」

　　世磊呼吸急迫，心似乎要跳出來了。

　　「告訴你，你天天牽掛的人兒，已經來到香港。」羅元中減低聲音說：『她大概可以停留兩天，你在兩天之內，能不能趕來見一次面？』

　　「你是說…」世磊舌頭打結，說不下去了。

　　「你能不能來？」對方急迫的。

　　「可以，我已辦妥手續，正要去香港。」

　　「這麼巧，那太好了，一切見面再談，明天幾點鐘班機？」

　　「我還沒有訂位，大概下午到，到了就跟你聯絡。」

　　「好極了，明天見。」對方掛了電話。

　　突然來的喜訊，使他措手不及。『天天牽掛的人兒。』是柳艷嗎？不然羅元中不會這麼說。她為什麼能到香港？六年了，她結婚了？有了『愛人』了？是逃出來了嗎？還是另有原因？她怎麼和羅元中聯絡上的？她變了嗎？她的家人呢？這一連串的問題，使他心亂如麻。他連忙打電話到航空公司訂位，訂位後，面露微笑，來回躊躇，兩手頻頻擊掌，這真是太意外了。

　　阿香看在眼裏，詭異的問說：「少爺！什麼事這麼高興？」

　　「沒事、沒事。」突然感到事態嚴重，叮囑她：「明天我要去香港的事，外面不要說。」

　　「知道了。」阿香滿臉狐疑走開了。

　　他好興奮，他想仰天長嘯大叫三聲，他想把這個天大的好消息去告訴母親，和她分享快樂。他正要上樓，又猶豫站住了。『不行！羅元中一向愛開玩笑，也許他把我騙去玩個幾天也說不定，還是暫時瞞著好。』

　　次日清早，他向母親說明有事要去香港兩三天，又編了冠冕堂皇的理由，向報社請了兩天事假，在下午三點一刻，他搭上班機飛往香港。

　　台北到香港有四十分鐘航程，他心急如焚，除非羅元中有意開個天大的玩笑，不然準是柳艷來到香港，分別了六年的心上人，立即要見面了，他如何能不著急？胖了？瘦了？美了？醜了？他的心像是有千萬隻螞蟻在爬著，煎熬難受，他閉目坐在位置上，腦海中七年前的映象，一張一張逐次展現……

　　那是中大一年一度的英文演講比賽，楊世磊已是英文系三年級學生，柳艷則是同系一年級新生，由於天生麗質長得出眾，功課也出色，開學沒多久，就被中大英文系同學一致封為系花。演講比賽分初賽、複賽，到最後決賽只剩下柳艷、楊世磊和二年級的羅元中，楊世磊年齡最長，班級最高，他不能敗給學弟學妹，因此他心理上的壓力是很大的，也因此在比賽前他確實下了一番功夫，他常常在家，長鏡前一直演練，到自己滿意為止。

　　比賽開始了，大禮堂座無虛席，也許有的同學是來看柳艷，並不是來聽演講比賽的，他們的講題是『林肯

在蓋茲堡談民有、民治、民享。』抽籤決定由柳艷最先出場，她不疾不徐一口漂亮英語，優雅的台風，贏得滿堂彩，羅元中也不是弱者，抑揚頓挫、拿捏得恰到好處，在舉手投足間，也贏得不少掌聲。楊世磊是最後出場，他首先表示今天這場演講比賽是輸定了，因為學妹漂亮、學弟瀟灑，他是一個陪公子讀書的人，繼續發揮他的語言天才，穩健的發音，沉著而有說服力的眼神，他滔滔不絕地分析林肯〈民有、民治、民享〉演講的精髓。使原本亂哄哄的台下，頓時鴉雀無聲，觀眾無不凝神靜聽，講畢，獲得熱烈掌聲。

評分出來，柳艷第三名，羅元中第二名；不負眾望，楊世磊第一名。

散場的時候，柳艷一語不發，走出禮堂，楊世磊走近她：「柳學妹！承讓了。」

柳艷勉強在臉上擠出一點笑容，伸手和他握了一下：「恭喜你！」

「以一名剛進校門的新生，能有此佳績，真令人佩服，其實講實力，應贏過羅元中，你應該是第二名。」楊世磊討好的說。

「不！我應該是第一名！」柳艷毫不考慮的說。

這倒是令人訝異了，這個女孩坦白的可以，如此的自信，如此驕傲。

他尷尬地笑了笑，正想用第二句來安慰她，丟下一句『後會有期！』她已掉頭走出場了，留下一臉錯愕的楊世磊。

此次比賽，使楊、羅成了莫逆之交，楊世磊雖然讀的英文系，但酷愛音樂，尤其自幼苦練小提琴，因此中大『愛樂社』推他出任社長。就在演講比賽不久，有新

社友轉入，竟然是出言不遜的柳艷。據他知道柳艷有多方面才華，在新生報到後，她即加入了『歌咏社團』為何又改為『愛樂社』，令人不解。當然有這樣一位美人參加，所有社友表示熱烈歡迎，可是她對這位社長似乎懷有敵意，當楊世磊拉了一曲『夢幻曲』，她竟毫不客氣地指出錯了三個音，使楊世磊面紅耳赤，當眾出醜。

好事不出門，壞事傳千里，不到一天工夫，『愛樂社』社長出洋相的事，已傳遍了中大每個角落，一向豁達的楊世磊,第一次嚐到煩惱的滋味。她是什麼意思呢？當眾給我難堪？她是來搶我『社長』的頭銜嗎？

羅元中卻搖著楊世磊的手笑說：「學長！恭喜你！」

「恭喜我？！喜從何來？」

「柳艷看上你了，外傳柳艷對你有好感，參加了你參加的所有社團，她是用這種方法，來引起你的注意。」

「這你誤會了，我想她是對演講比賽結果不服，可是我又不是評審大員，幹嘛把氣出在我身上？」

「高傲的楊世磊碰到不可一世的柳艷，強對強，有好戲看了。」羅元中打趣的說。

楊世磊帶著七分狐疑、三分莫名喜悅，在校門前等公車回家，柳艷帶著挑釁的微笑走近他。

「怎麼？生氣了？」

「沒有，只是有點挫折感。」楊世磊誠實地說。

「從來沒有人敢這麼當面指責你？」

「除了老師。」

「那當然，我是說同學或朋友。」

世磊憋著嘴，不滿意地望著她一眼。

「其實我蠻佩服你的。我的話當時才說一半，我說你拉錯三個音，但到目前為止，我還沒聽過一個小提琴

手，拉錯少於五處地方的。」

世磊不信自己的耳朵，連忙注視她。

「你知不知道我為什麼這學期要轉到"愛樂社"？」

「來出我的洋相？！感情來搶我的社長寶座？」

柳艷搖了搖頭，長髮擺動著。

「我是來跟你學習。」她一臉正色說。

「妳、妳是說我…」他簡直是受寵若驚，張口結舌，竟不知道如何回答。

「我的車來了，社長！以後請多指教！」她跳上車，帶著詭譎的笑容走了。

留下楊世磊傻呆呆站在那邊。

這不是揚起手打你一個耳光，又摸摸你的臉嗎？他不解，他真的不解。

站在遠處候車的羅元中笑著走來。

「怎麼？我的話沒有錯吧？」

「誰曉得他葫蘆裡賣什麼藥？」顯然楊世磊也一半承認著了。

楊世磊和柳艷本都是中大的佼佼者，一個英俊瀟灑、品學兼優；一個美麗大方、才學出眾，再加上演講比賽和『愛樂社』的新聞，一經傳播立即變成風雲人物，惹來忌妒的閒言閒語，好事者加油添醬，把他倆說成一對世仇，有的則替他倆祝福，公認他倆應該是最佳絕配。

只有羅半仙羅元中猜對了，但猜對了一半，這是欲擒故縱的手法，原來柳艷早就對世磊欽慕不已。

落花有意，流水亦非無情！自從柳艷參加『愛樂社』，他們彼此佩服對方的才華，又從對方身上看見自己的影子，他倆的感情像是夏天的寒暑表劇揚上昇。

　　有日，當世磊得知是柳艷的生日，他特別寫了一首曲子送給柳艷祝賀，柳艷用鋼琴彈了彈，覺得非常悅耳，又與世磊分別寫成小提琴及鋼琴合奏曲，兩人試著合奏起來，是那麼調和、那麼動聽，他們已經變成知音，一曲畢，他倆望著對方激動不已，終於擁抱在一起。

　　華航的班機在九龍機場慢慢著陸，出關後，楊世磊一眼就看見羅元中在入境大門向他揮手了。

　　羅元中與楊世磊年齡相彷，戴了金邊眼鏡，個子高高瘦瘦，一付精明能幹的樣兒，等楊世磊出了入境大門，他就一把拉過羅元中，左右看看無人就迫不及待的問說：『是柳艷？！』

　　羅元中點點頭。

　　「她逃出來了？！」

　　羅元中搖搖頭：「周恩來率團參加印度亞洲會議，她是訪問團的譯員。』

　　楊世磊一怔，又問說：『你又怎麼跟她連絡上的？」

　　「我看到報導，去他們住的飯店看看有沒有熟人，無意中碰到的。」

　　天意，這是天意叫他們分別六年後再相逢。

　　「那現在…」

　　羅元中左右看了看，神秘兮兮地：「你先安頓好，我再帶你去見她。」

　　楊世磊先把自己安頓好，然後跟著羅元中走出飯店，叫了一輛的士開到一間教堂附近。

　　教堂有人結婚，神父正在主持婚禮，世磊不明白，羅元中帶他來這裏幹什麼？難道柳艷也來參加婚禮？他知道在香港的環境極為複雜，這是一個龍蛇雜處，各國間諜匯集的所在，他們不能掉以輕心，所以羅元中囑咐

他不要多問，他也不便多問，他們在來賓席上坐了一會，並沒有引起別人注意，趁新人擁吻，賓客站起來鼓掌時，他們悄悄離開座位，從後門走出教堂，有一輛的士在等著，大概是羅元中事先安排的，他們跳上車，往郊區駛去。

他們到達一棟別墅前下車，這棟別墅附近沒有人家，院子很大，非常幽靜，羅元中掏出鑰匙開門，世磊狐疑地望他一眼。

「是一個英國朋友的，他全家去倫敦度假，叫我代為看管。」羅元中解釋著。

「噢。」

「沒有別人，你可以放心。」

「噢。」

「進去吧！你們一定有很多話要講，我兩個小時後再回來。」

世磊遲疑著，不敢突然推開門。

『請相信我，一切都安排好了。」

世磊再也不遲疑推門進去，看見一個穿港裝的女傭，包著頭，正用吸塵器吸客廳地毯的灰塵，那個女傭瞄了他一眼，繼續工作。

世磊想向她招呼一聲，這是一種禮貌，然而看她專心工作，再加上吸塵器的聲音很响，他沒有機會，只好瀏覽客廳的陳設。

這家主人翁是個退休的船員，牆上掛了個模型錨、好大一個客輪照片、一頂水手帽子，以及各國收集來的奇異擺設，靠窗口有架鋼琴和放著一個小提琴的盒子，他對羅元中很佩服，因為羅有交際手腕，他會交上各種朋友。

　　楊世磊看著腕錶，進屋來已快十分鐘了，他沒見柳艷的影子，他有些心急。該死！為什麼剛才不問清楚，柳艷到了沒有，這樣讓他枯坐苦等，猶如徒刑。

　　吸塵器的聲音停止了，女佣拿去頭巾。面對看著他。

　　世磊不輕意地望了他一眼，向她點點頭招呼一下，突然他覺得這個女傭好臉熟，再定睛一看，不禁呆住了，原來她竟然是日盼夜盼的心上人柳艷。

　　「柳艷！」他驚喜地叫了一聲。他想走過去，她卻走到窗前，向外看了看，然後關上窗門，這才微笑地站在餐桌的另一邊，和他隔桌對立彼此打量著。

　　深邃的眼睛、高挺的鼻梁，微上翹的嘴唇依然如昔，改變的是短短的頭髮，臉上沒有擦脂抹粉，也沒有擦口紅，樸素中有股自然的美，六年來，豐盈了些，比以前更見成熟，更具魅力。

　　「妳怎麼穿這一身衣服？」

　　「你以為我出來見你這麼容易？」她講話很衝。

　　他想走到對面，抓住她的手，緊緊地擁抱她，把六年來的相思，一口氣吐完，然而看柳艷冷冰冰拒人於千里外的表情，他遲疑了，挪開的步伐又退回原地，她變了，變得既熟悉又陌生。

　　「這些年過得好嗎？」他找話講著。

　　「還好，你呢？」她抓住餐桌靠背椅。

　　「一家報館擔任記者工作，報社的小記者。」

　　「無冕之王。」

　　她語中帶刺，有點刺耳。

　　「想不到你目前是那邊的紅人。」他反唇相譏。

　　「不紅、不專，怎麼能在這個環境裏生存？」

　　現實，現實是生存之道，目前這兩個戀人處在不同

的現實裏，他們得適應彼此不同的環境。

「那你現在是求仁得仁了，妳一直對共產黨存有幻想。」

「共產黨有什麼不好？」

「是沒有什麼不好，只是喜歡不把人當人看待！」

「你是指土地改革吧？」

「台灣和大陸都在推行土地改革，我覺得台灣比較有人性。」

「請你搞明白，大陸當年是國民黨的天下，現在怎麼樣？老百姓不要國民黨卻要共產黨。」

「老百姓受了共產黨糖衣毒藥的騙。」楊世磊加重語氣。

「歷史即事實，事實勝於雄辯！」柳艷反擊。

這樣辯論下去沒完沒了，他們不是代表海峽兩岸來開辯論會，他們是一對離別六年的戀人啊！

「柳艷！我明白，我們分開六年，彼此的觀念差距越來越大，但是我們不是來吵架的是不是？」

柳艷撤去敵對的藩籬，面露微笑，問說：「還是單身？」

他點點頭。「妳呢？」忽然看見她無名指上戴了他送她的訂婚戒指。

「唉！我們都好傻！」

他應該明白了，聽她的口氣，當然也還是未婚，他深情的望著她，她則避開他的視線，向身旁一架鋼琴走去，她掀開琴蓋，試了幾個音符。

「羅元中真是有心人。」楊世磊的內心說著。

「妳還記得我們的曲子？」世磊問著。

「怎麼忘得了，難道你忘了？」她反問他一句，然

後坐下，彈起他們共同的合奏曲，世磊忙取出小提琴合奏起來，他們融入音樂中了，六年前花前月下的舊夢，再度顯現。

一曲終了，兩人激動地互望著，熱淚盈眶。

「妳有多少時間？」世磊問。

她看看錶：『只剩下一個多鐘頭了。」

「六年的分別，只換得一百二十分鐘。」

他拉住她的手，走到沙發坐下。

「來，以前我最喜歡按摩妳的腳。」

她斜躺在沙發上，兩條腿擱在世磊雙膝上，世磊像六年前一樣，開始按摩她的腳，他捏她的腳指、後跟、小腿，像一個熟練的按摩師，柳艷閉眼享受著，六年來煎熬的日子，她不知多少次想過這個畫面。

他欠身輕輕吻她，試探她的反應，看她仍然閉著眼，才敢緊緊地擁抱她吮吸住她。長期壓抑的感情，像火山般爆發開來了。

突然，柳艷彈了起來：「我忘了去飯店半個小時。」

世磊急了：「我們就，就這樣分開？」

「那還要怎麼樣？」

「艷！我天天想妳啊！」他近於哀求了。

「我也是。」

「今後什麼時候再見面？」

「我怎麼知道？」

「我知道，抓住現實，妳剛才說的！」

他一把抱她起來。

「妳要幹什麼？」

他沒有時間答覆她，他抱著她，用腳踢開臥室門，他把她往床上一拋，匆匆脫西裝、解領帶……

柳艷傻傻看他。

「妳怎麼不動？」

「我看你猴急的樣兒，好好玩。」當年調皮的本性又恢復了。

他來脫她的，她沒有反抗，任他擺佈，六年了，六年來椎心瀝血的相思債，作一次總清結，他們中斷六年心靈的火花又復燃了，愛情的枯樹又綻放著，當世磊『反攻登陸後』他呆住了。

「妳還是…」

她點了點頭：「我早就打定主意，我要把童貞留給你，六年了，如今心願已了，我可以無恨無悔。」

他怔怔好一陣，才匍在她身上像小孩一樣號啕哭了起來：「艷！妳好傻！好傻！」

時間剩下不多了，她盤算回到飯店的路程，沒有多餘的時間再親熱，她叫他躺在床上歇一會，她起來，上洗手間，他已疲倦睡去了。

等他醒來，伊人已離去，留下一張未具名的字條，上面秀娟的字體寫著：『忘了我吧！我們是活在兩個不同世界的人。』

他迅即穿好衣服，衝到門口，衝到大馬路上，他不敢高聲叫喊柳艷的名字，只是一味的跑著、尋找著，他恨自己為什麼要閉眼休息，為何要假寐睡去，一寸光陰一寸金，寸金難買短相聚，他欲哭無淚，惆悵無主，羅元中適時出現。

「不要找了，她已歸隊。」

楊世磊萬分感謝，地握著羅元中的手，哽咽地說：「恩重不言謝了。」

五、

當訪問團專機降落在北京西苑軍用機場的時候，當政府高級官員已排成一列在機場迎接，周總理帶著他一貫的謙和與他們一一握手，然後驅車離去。

柳艷最後一個下飛機，她遠遠就看見韓戰英雄也是高幹的子弟牟崇鼎在向她揮手，牟崇鼎大約三十歲，個子很高、皮膚黝黑、濃眉大眼、穿著空軍服裝，看上去頗為英武，韓戰受傷後調西苑軍用機場主任之職，由於在一個偶然的機會認識柳艷，驚為天人，這一年來窮追不捨，不過柳艷始終與他保持距離。

「柳艷同志！這一趟辛苦了。」牟崇鼎趨前握住柳艷的手。

「還好啦！這是我第一次出國，蠻新鮮的。」柳艷抽回手說。

「妳想出國那還不簡單，找我父親在國務院關照一聲就是了。」他父親是牟永義，某省政協副主席，當然有這個力量。

「謝謝，以後再說吧！」柳艷提了行李要走。

「我送妳吧！」

「不必了！那邊有交通車。」

他當然不讓她搭交通車，他強制命令司機同志將柳艷的行李搬上（上海牌）轎車行李箱，然後與柳艷坐在後座，拉著柳艷的手，柳艷讓他握了一下立即抽回。

牟崇鼎第一次來到柳府。自從大陸變色後，柳艷的父親柳一鳴已受聘北京大學歷史系教授，住在北大一間教授宿舍內，教授宿舍只夠起居作息，比起南京中大寬

暢的宿舍，是寒傖多了。這些年中共為了赤化大陸，加速推行對農業、工商業和手工業『三大改造』，沒收人民全部私有財產，連香煙攤、一輛三輪車也不准私有；『資本家』也和『地主』一樣從此被戴上黑帽子，連同他們的子女都長期備受歧視和迫害。唯獨知識份子尚平安無事，不過這些知識份子對共產政權過強烈的手段，已漸生不滿。

柳一鳴對所有中共幹部都敬鬼神而遠之，看見權貴子弟用（上海牌）轎車送女兒回來，立刻躲進內室，柳太太為了怕失禮，忙不迭地沏茶敬煙，慇懃接待。

「伯母！不要客氣，我們馬上要走。」

「馬上要走？！柳艷才回來。」

「我要替她接風，伯母！伯父呢？」

「剛剛有事出去了。」

「那真不巧，不然大夥一起去。」

「在家裏吃飯吧！牟主任如果不嫌…」

柳艷看看寒傖的家，也實在拿不出什麼來招待客人。

連忙說：「好吧！牟主任既然誠意替我接風，那我們走吧！」

等柳艷和牟崇鼎走出大門，柳一鳴才從內室走了出來。

「柳艷怎麼認識這個人？」

「聽說是政協牟副主席的兒子。」

「牟副主席又怎麼樣？人家有權有勢，我們高攀不上。」

「是啊！雖然說分開六年了，音訊不通，柳艷總是跟人家訂過親的。」柳太太面露難色。

「等柳艷回來，你問問她，她是楊家的人，可不要

胡塗！」

　　柳艷一點也不糊塗，所以這一年來若即若離應付著牟崇鼎，是因為他家庭背景，對她產生有利的條件，柳艷是個有野心的女孩子，她要利用牟崇鼎的家世，為柳家佈織一層保護網，她要利用牟崇鼎高幹的地位，創造美好的未來。

　　（上海牌）轎車停在『新疆飯店』門口，牟崇鼎攙著柳艷走進飯店，這正是晚餐時間，偌大的餐廳已有一大半客人，這裏有羊肉涮鍋，是中共高幹和外國洋人才能來的地方，由於牟崇鼎是韓戰英雄，人民日報曾刊載他的照片，和英勇事蹟，後來又接受毛主席公開表揚，毛主席和他握手的照片，各報曾競向刊登，成為三軍的樣版，因此他在中國大陸，幾乎是無人不知，無人不曉，儘管牟崇鼎戴了墨鏡，想找個角落的位置，避免別人注意，但還是被這家餐廳老闆認出來了，他連忙諂諛的過來招呼，並表示今天由他作東請客，因為他是牟副主席的老部下。

　　由於柳艷在外國牛排大餐吃得倒盡胃口，這種熱呼呼的羊肉涮鍋自是吃得非常愉快，柳艷也喝了一點酒，兩頰紅紅地，把坐在對面的牟闊少，看得心猿意馬。

　　「柳艷同志！」牟崇鼎盯他半天，情深地叫了一聲。

　　「嗯！什麼事？」柳艷用手巾點點嘴唇。

　　「我們認識快一年了吧？」

　　「我不記得了。」她故意潑他冷水。

　　「其實三年以前我就認識妳了，我記得很清楚，那是前年北大畢業典禮上，妳代表應屆畢業生致答詞的時候，第一次看見妳。」柳艷隨父親搬遷北京，插班北大畢業。

「又怎麼樣呢？」她的語氣沒有期盼中和諧。

牟崇鼎吸了一口煙，定定地望了她好一會。

「妳覺得我這個人怎麼樣？」

柳艷看看她，笑而不答。

「怎麼不說話。」

「叫我講什麼呢？」

「外在、內涵都可以批評。」

「外表嘛、你是一表人材，具有男子氣慨，至於內涵嗎？就很難了，因為我對你認識究竟不深。」

「聰明、聰明，妳這個回答，無懈可擊，可得滿分，一般的人以為我是靠家世起來的，其實我還是靠我那份幹勁，才能爬到今天的地位，我常在工作中學習工作，竟如我們偉大的領袖毛主席說的：『我們必須由游泳中學游泳』一樣。」

「你是毛主席忠實信徒。」

「難道妳不是？」

「我當然也是，不過我學的不夠深，學的不夠徹底，今後我還得努力。」

「這次妳能跟著周總理出國訪問，足見領導對妳的信任。」

「對了，我還忘了要謝謝你，是你大力推荐給國務院的。」柳艷舉杯向他敬酒。

他高興地喝了一杯。

「妳知道就好。」他仰頭又乾了一杯，不再斟酒，只是拿著酒杯在桌面上轉動著。

「你想什麼？」柳艷問說。

「是的，我是在考慮如何開口！」

「什麼嚴重的事？」

「不是嚴重的事，是人生大事。」

窺伺在森林後的野獸，要開始猛撲了。

「柳艷！嫁給我吧！」他直截了當的說。

她愣住了，她沒有想到今天晚上牟崇鼎會提出這個要求，她再怎麼練達，也不由得羞得連耳根也紅了，她低下頭，不敢看他。這是個棘手的問題，她原以為還可以拖一些時候，等她事業有所穩定，再作考慮，大概是因為牟崇鼎覺得柳艷出國，是他推荐有功，他不能放過這個良好的機會。

「婚姻大事，我作不了主。」柳艷輕輕回答。

「當然，還須經伯父母同意，三天後我聽你回音好不好？」

什麼好不好？他的語氣盡管極為緩和，可是她知道不容她再有所拖延。為什麼這個時候提出這個問題？尤其是在香港見了楊世磊以後。雖然她與楊世磊活在兩個不同的世界，可是世界每日都會發生驚天動地大事，今後相聚不是不可能？歸途坐在牟崇鼎的（上海牌）座車裡，她的心卻飛上楊世磊身上了。

楊世磊自香港歸來，廖美娟事先已得到消息，到松山機場接他，這個天真浪漫的女孩，一見面就喋喋不休，拉著他的手，問他這幾天有沒有想她？她是不是比以前漂亮？她衣服款式他喜不喜歡？楊世磊的表情並沒有預期的熱烈，她失望地翹上嘴了，雖然楊世磊帶了一些港貨送給她，但是看他眉宇間突然增加了一種解不開的結，話也很少說，她再沒有心眼，也看出有異樣了。所以一到家她就迫不及待問：

「你有心事？」

「沒有啊！」他苦笑一下掩飾。

「你這次去香港，到底幹什麼？事先一點跡象也沒有。」

「我不是跟你說了嗎？代表我父親去處理一些商務。」

「騙人！我問過乾爹，乾爹說，他也不知道。」

「當然，還有報社的事。」

「也不對，我去過你們報社，他們說你是私事去香港。」

「噯！妳煩不煩？我才回來…」他的不滿溢於言表。

「我們要訂婚了，你這樣對我發脾氣，你有什麼困難，可以告訴我。」她微怒的望著他。

「不干妳的事，妳也解決不了。」

「至少我要知道，你來去匆匆，有沒有把我放在眼裏。」

「美娟！別孩子氣了，這次香港之行，我很累，我們改天再聊好不好？」

「不好，你不說清楚，我不讓你休息。」

「妳講理好不好？」

「講理？！是誰不講理？你突然丟下一句話走了，害我苦苦相思三天，吃也吃不好，睡也睡不著，好不容易你回來了，我連問一句也不行。」

『好了、好了，還沒有訂婚，妳就這麼管我，將來結婚，那還得了。」楊世磊沒好氣的說。

美娟呆住了，這是自從認識楊世磊以來，第一次對她發這麼大的脾氣，她噙住淚水，張著嘴，氣得不知如何開口。她是一番好意，她是關心他，但是得到的是一派不是，少女的心被刺傷了，她委屈萬分，狠狠地瞪他一眼，雙手掩臉哭奔下樓。

在門口，碰到要進來的楊世華，楊世華拉著她問說：「什麼事？」

「你管？」她甩開他在門口，跳上一輛三輪車走了。

「吃炸藥了？！」楊世華不解的自語。

世磊內心極煩，倒了一杯白蘭地獨自飲著。

母親走進來，關心地問說：「怎麼回事？才回來就吵架。」

「不是我跟她吵，是她跟我吵。」

「美娟是女孩子，不懂事，你也跟她一樣？」

世磊語塞。

「這次去香港，究竟為了什麼事，我也不清楚。」

「媽！以後你會知道的。」

「現在不能說？」母親又叮了一句。

世磊搖頭。

知子莫若母，兒子是她生的，她怎麼不曉得他的個性，世磊本是個豁達的孩子，不是遇到重大的困難，他不會用酒來解愁。

「世磊！去向美娟道歉，她是關心你。」

「好的，明天我去找她，向她道歉。」

「一定要等到明天嗎？」

「今天我太累了。」

「好吧！先洗個澡，馬上吃晚飯了。」母親停了一會又說：「等你爸爸回來，我怎麼跟他說？」

「我自己跟他說。」

母親看了看他，轉身欲走出去，世磊又突然叫住她：「媽！」

母親訝異，重新坐在他身旁的沙發上，關心的注視他：「世磊！你是不是遇到很痛苦的事，告訴媽，媽幫

你襯托！襯托！」

世磊再也忍不住，像小時候受到委屈一樣，撲在母親膝上嗚咽起來。

母親吃驚了，撫其髮、試探地：「事情這麼嚴重？」

「媽！我在香港見到了柳艷。」

母親睜大了眼睛，幾不信自己的耳朵。

世磊擦了眼淚，望了母親一眼說：「她是周恩來的翻譯，到國外訪問，經過香港。」

「難怪羅元中打電話來找你。」母親喃喃地說。

「我們在一起兩個小時，分別了六年才兩個小時。」世磊雙手插入髮際，又低頭嗚咽起來。

「你們說些什麼？她家裡的情形怎麼樣？」

世磊輕搖著頭，從衣袋裡拿出一張紙遞給母親。母親拿著那張小紙，雙手不由得顫抖了起來，她看著那娟秀的字體「忘了我吧！我們是活在兩個不同世界的人。」

母親眼濕了，怔了半天才說：「這孩子！有她自己的主見，你就忘了她吧！」

「我怎麼忘的了？怎麼忘的了？」他又嗚咽了。

世華在室外門口，聽到了所有的談話，他也呆住了。

六、

柳艷三天來，是在煎熬中渡過的，她忘不了楊世磊，又不便拒絕牟崇鼎，在香港幾十分鐘的夢牽魂繫是她這一生中從沒有的感受，她留下便條叫楊世磊忘了她，可是她自己又怎能真的忘了他？牟崇鼎的限期就要到了，今天他一定會來找她，她又如何回答他呢？

父母這三天來，也盡量避免提及牟崇鼎，因為她父

親既然表明了態度，不問不聞暫時逃避是為上策，然而今天是非攤牌不可了。

國務院下班回來，父親也才下課，父女對坐在客廳，等待母親弄晚飯。

柳艷好幾回起勢想告訴父親牟崇鼎求婚的事，都因為看見父親那嚴峻的眼睛，而不敢開口，最後她終於鼓足勇氣叫了一聲。

「爸！」

「有事嗎？」父親一邊看著報紙一邊問說。

「牟崇鼎他…」

「少提他，我叫妳媽告訴妳，跟他保持距離，你媽沒有說？」

「不是…」

「不是？！噢，那是別的事？」

柳艷扭怩著，但還是一口氣說完：「他、他向我求婚，要我今天晚上給他回音。」

柳一鳴愣住了，他本來可用斷然的語氣告訴女兒，可是他要聽一聽女兒自己的意見。

「那你自己的意思呢？」

柳艷望著地上：「我不知道。」

「妳自己都不知道，做父母的又怎麼替你做主？」

「我希望爸爸給我意見。」

「我已表示得很清楚，妳是訂過婚的，沒有解除婚約…」父親的話沒有說完，他想大學畢業的女兒，應該懂得他的意思。

柳艷和楊世磊幽會的事，她一直保密得很好，她不敢告訴任何人，即使親如父母也不例外，在控制如此嚴密的國家，她怕稍一不慎，禍延父母，禍延全家。

「我也這麼想。」

「那妳斷然告訴他，而且以後跟他斷絕來往。」

「斷絕來往不可能，跟他做朋友，對我們有利。」

柳一鳴不再言語了，他清楚在此時此地需要他這個強而有力的保護網。

門口有汽車喇叭聲傳來，十多歲的小弟文慶，跑進來嚷著：「姐！那個牟主任來了。」

柳一鳴正要迴避，想不到牟崇鼎已提了一籃荔枝踏進屋裡來了。

「這是伯父吧？」牟崇鼎滿臉笑容說。

「是家父。」柳艷介紹著「這是牟主任」

柳一鳴和他握了握手。

「請坐！」

「這點南部特產，不成敬意。」他將一籃荔枝放在茶几上。

母親聽了小兒子通報，連忙在圍裙上搓著雙手，出來招呼，她有點喜歡牟崇鼎，最大的誘惑是他的家世。

「柳艷同志！我們的事，跟伯父母說了吧？」牟崇鼎開門見山。

「這…」

「牟主任！謝謝您看得起我們柳艷，可是這是關係兩個人終生幸福的大事，你不嫌太匆忙了點嗎？」柳一鳴板著臉孔說。

母親還不太明白究理，她沒有聽女兒提起，不過聽老伴的口氣，似乎跟男婚女嫁有關。

「我最近有遠行，也許去三個月，所以我很著急。」

「牟主任！以你的家世，我們是高攀了，不過，我坦白告訴你，柳艷在六年前是訂過婚的。」

「噢！我們相識一年，她並沒有提起。」

「他們！他們去台灣了。」

「噢！他們是反動份子！」牟崇鼎臉上有種不屑的表情。

「他們是商人。」

牟崇鼎站起來，望著柳艷：「你們現在還有連絡？」

柳艷搖頭，也站起來：「這怎麼可能？」

「那不就絕了，分開六年，音訊不通，也許對方已經成家。」

牟崇鼎看著柳艷。柳艷當然不敢透露在香港曾經見過楊世磊，只好低下頭，不再接腔了。

「柳艷同志！」牟崇鼎又用鷹樣的眼光盯住她。

柳艷的頭更低，不敢雙目相對。

柳一鳴開口了，語氣冷冷地。「只怕我們高攀不上。」

牟崇鼎皺了一下眉，他明白在這個關鍵時刻很重要，不要弄不好，把煮熟的鴨子飛走了。因此僅一剎那，他自找台階：「這樣吧！伯父！伯母！多考慮一下是對的，等我出差回來，再來聽回音好不好？」

他略微對柳一鳴夫婦欠了欠身，就大步走出。

柳一鳴夫婦沒有送他，連柳艷也沒有站起來相送，他們聽到門口汽車喇叭揚長而去。

柳艷雖然是國務院外交部聘請的臨時翻譯人員，每天仍得按時上下班，因為每天國外電文還須翻譯和回復，他有個同事張薇，也是北京大學英語系同班同學，張薇的英文比柳艷還流利，但是外貌沒有柳艷出色，所以這一次未能隨團出國訪問，不過張薇脾氣好，凡事吃點虧，在辦公室人緣不錯，是柳艷拒絕牟崇鼎求婚的第二天，一到辦公室就在柳艷身邊說了：「恭喜妳！」

「怎麼突然說這個話？」

「妳好保密。」

「我不懂妳的意思。」

「剛才在國務院門口，碰到牟崇鼎同志，他說他向妳求婚，妳還在考慮，要我替他打打邊鼓。」

「這個人臉皮真厚。」柳艷笑著說。

「妳說的一點也不錯，上次韓戰受傷，送回國動手術，是我男朋友替他開刀的，我男朋友說，他身上的皮，真比一般人要厚。」

說得兩人哈哈大笑。

辦公室其他的同事看看她們，她們才連忙收斂住笑，工作起來。

「妳好傻！」過了一會，張薇又在柳艷身邊輕聲說。

「怎麼呢？」

「這麼好的家世，這麼好的男孩，打燈籠也找不到。」

「那讓給妳好了。」

「可是他看不上我。」

「張薇！我們是好朋友對不對？我也不瞞妳，六年前我訂過婚，男方在台灣。」「噢！」張薇一時不知道說什麼。等了一會，張薇才說：

「六年人事變遷很大，照目前的情形看，簡直是兩個世界，我看關於這點，妳不用考慮了。」

「唉！他家有權有勢，我爸不喜歡。」

「妳爸爸是個怪人。」

「也很難講，大概是他老人家看得清，想得遠吧！」

「當然，這是一生的事，多考慮是對的。」

這一天柳艷的心像是吊在半空中，聽張薇說一早就在國務院門口碰見過牟崇鼎，她以為他會順道來看看

她，可是到了下午四點鐘，牟崇鼎並沒有出現。

「他大概生氣了。」柳艷心裏想著。

快要下班了，辦公室的同事都在收拾東西，準備回家，她單位領導走到她身邊說：「柳艷同志！請妳留一下。」

「有事？！」

「我也不知道，上面交代的，妳跟我走吧。」

柳艷向張薇笑了笑打個招呼。張薇好羨慕她，大概又是要隨訪問團出國，這麼好的差事，為什麼總輪不到自己頭上。

柳艷跟著領導到門口，有一輛小老爺轎車等著她。

「妳去公安部走一趟吧。」領導把她交給一個來接她的年輕男人。

「公安部？」柳艷怔了怔：『為什麼要去公安部？』

「沒有什麼，例行公事，經常出國的幹部常有的事。」年輕男人輕描淡寫說著。

「是不是我又有機會出國了？」

「妳去就知道了。」

那個穿了人民裝的年輕男人，很有禮貌地引讓柳艷上車，老爺車發動了好久，才搖搖擺擺駛走了。

公安部座落在宣武門，外表建築雄偉，內部陰氣森森，那年輕男人帶她走進大門，穿過荷槍的衛兵，到了一間佈置極為簡陋的房間。

房內空空盪盪，只有兩桌三椅，牆上掛了毛主席的照片，其他一無別物。

「這是什麼房間？」柳艷不解地問。

「偵審室。」那個年輕人說。

「偵審室？！要審問我？」柳艷驚訝了。

「我也不清楚。」

這時門推開，進來一個著人民裝的中年幹部，面無表情，就是笑一笑，也是皮笑肉不笑。

柳艷內心寒慄了。

「請坐！」他在座位上坐下，然後叫柳艷坐在他對面桌前的椅子上。

那個年輕的男人則坐在一邊的座位上，拿出鋼筆紙張紀錄。不錯，這個架勢不容再多解釋，明眼人一看就知道，是審問犯人了。

「請問！我犯了什麼法？要審問我？」柳艷問著。

「柳艷同志！不要緊張，這是例行公事，出國的幹部都要接受多次的身家調查。」那個中年幹部和顏悅色的說。

「好吧！你問吧！」

「柳同志是什麼時候到國務院上班的？」

「一個月前，人事命令是三月十六日。」

「什麼人介紹到國務院的？」

「西苑機場主任牟崇鼎。」

年輕男人在一旁記錄下來。

「這次出國擔任什麼任務？」

「翻譯。」

「那個學校畢業？」

「北京大學英語系畢業。」

「這次出國去什麼地方？什麼任務？」

「是追隨周總理參加印度亞洲會議。」

「經過什麼地方？」

「香港。」

「在香港待了幾天？」

「周總理說，這次任務很成功，大家辛苦了，可以在香港玩一天。」

「柳艷同志，我真羨慕你們，天天吃牛排大餐，又到處觀光，還有高薪可拿。」

「我是臨時僱員，薪水不多。」

「那比我們這些出生入死的老幹部可是好多了。」

柳艷不懂他的意思，沒有答腔。

那個中年幹部拿起白開水，喝了一口，又繼續問說：「在香港一天玩了那些地方？」

柳艷看了對方一眼，不知如何回答：「上街去買了些東西。」

「對了，我主要是要問妳，那天妳脫隊三個小時，到那裡去了？』

「完了。」柳艷一身冷汗，暗暗叫苦。

「怎麼不說話？」他還是和藹地問。

「我上街買了一點東西。」

「上街？！去些什麼地方？買了什麼？」

「香港我不熟，東逛逛西逛逛，買了點東西送給父母的。」

「撒謊！」那個中年幹部突然放下臉，重重拍了下桌。

把柳艷完全震懾住了。

「妳明明懂得出國訪問的規定，凡事團體行動，妳為什麼那天下午一個人脫隊？」

她低頭不語，失措地抓緊自己的手。

「柳艷同志！凡是出國訪問的，我們都經過多次身家調查，妳當然成份上沒有問題，才夠資格在周總理身邊，可是這次妳留下污點，妳如果交待不清，對妳是件

非常不好的事情。」

「我本來就沒有什麼嘛！』

那個中年幹部，吸了一口煙，再思考如何對付她。

「說老實話吧！妳已經是我們共產黨黨員，黨信得過妳，偶而犯了點錯事，黨也會原諒妳。」

「我沒有做錯事！」

「我們毛主席不是說過嗎？坦白者輕處，頑固者重罰，告發別人有功者重賞。」

「有人告發我？」她輕聲問著。

「不要問有沒有人告發妳，只問妳有沒有做錯事？還是不肯說實話？」

柳艷低下頭，嘴巴閉得緊緊的。

那個中年幹部在煙灰缸用力捏滅煙蒂，然後向紀錄的那個年輕男人一招手，紀錄的年輕男人立起架起一個強烈的聚光燈，打在柳艷臉上。

「不要！』柳艷雙手擋臉，大叫了起來。

「那妳是招了？』

柳艷點點頭。

紀錄的年輕男人受到中年幹部暗示，立即熄了強烈的燈光。

「我的確去會見一個人。」

「誰？」

「以前的大學同學，現在在香港。』

「叫什麼名字？」

「羅元中！」

「什麼職業？」

「大概是做貿易吧。」

「他的地址妳寫下來。」

他給她一張紙，一支筆，她照實寫下來，這是羅元中事先想好的，如果她回國有人逼問她，最後可以做的擋箭牌。

「沒有會見其他的人？」

「沒有。」她堅決地搖頭。

「為什麼早不說？」那中年幹部又定定看她。

「我以為沒有這個必要。」

「我們還會詳加查証，柳艷同志！很抱歉，耽誤妳很多時間。」他站起身把右臂伸過桌子和柳艷握了一下手，又向那個年輕記錄的男人，點了點頭。記錄請柳艷過目。又請她簽了名，才駕著那輛老爺轎車，送她回家。

柳艷坐專車到家不過七點鐘，有時候下班擠公車，也差不多這個時候，所以並沒有引起父親的注意，倒是母親心細問說：「是誰送妳回來的？好像不是牟崇鼎。」

柳艷儘量裝得若無其事：「是公安部的車。」

「公安部？！」父親的臉色變了：「公安部找妳問話？」

「他們也是大驚小怪，在香港我不過脫隊二個小時，去看了一下羅元中，他們查問這件事。」

「羅元中？！是不是以前在南京中央大學和妳一起演講比賽的？」母親的記性真好。

「就是他。」

「問了又怎麼樣？」

「問清楚就好了，沒有事了。」她輕描淡寫的說。

「小心點，我們的腦袋隨時吊在半空中。」柳一鳴叮嚀女兒。

「爸！不要這麼悲觀嘛。」

「好、好，我不說，反正妳也不小了，自求多福吧！」

「是，爸！」

「時間不早了，吃飯吧！」

這頓飯食不下嚥，勉強吃了一碗飯，就再也不想吃了。這一夜也是翻來覆去，寢不安眠，當初想見楊世磊是不計較後果的，現在她並沒有後悔，當然最好是不要出事。為什麼在返國五天後，才發生這種事？為什麼在拒絕牟崇鼎求婚後，才被傳審？是牟崇鼎搞的鬼嗎？是他！前幾天一定是他在保護她，如今她拒婚於前，他也撤去保護網於後，顯然公安部是看牟崇鼎的態度而定。她想到這裏，全身不由得顫抖起來。

第二天上班，大概是頭天公安部傳她去問話的事，已傳遍辦公室，同事都用異樣的眼光看她，張薇更是把她拉到一邊問長問短。柳艷一直很鎮靜，她深信能平安過關，不會出什麼岔，當然最好是招呼一聲，只要牟崇鼎替她好言幾句，保証大事化小，小事化無，因此她拿起電話掛到西苑機場牟主任辦公室，她還是第一次打電話給他。

電話鈴響了半天，對方來接了，不是牟崇鼎，是他的部下，他告訴柳艷牟主任出去了，她留下話，請牟主任回個電話，但是一個上午，牟主任並沒有回電話，十一點多，她單位領導把柳艷找去，當面告訴她，她暫時可以在家休息，聽後處置。

像一記悶棍似地把她擊暈了。

「領導同志的意思是叫我下午就不用來上班了？」

領導點點頭。

「到今天為止的薪水我們會發給妳，留職停薪，聽候處置。」

下午回到家，無精打采，母親問起怎麼下午不上班？

她推說身體不舒服，請了半天假，可是下午三時，街委會送了一張通知給她，她才感到事態非常嚴重了。

她被處置下放『政治野營』，地點是河北山東交界處，正是她老家的地方。

母親把父親從北京大學叫回來，關起門，父親逼問她在香港究竟會見了誰？她看已無法再隱瞞，只好實說：

「我見了楊世磊。」

父母都意外地怔住了。

「不過，我跟公安部的人說，我是去看羅元中的。」

「他們相信嗎？」

「羅元中替我們安排了一切。」

「妳這孩子！妳這孩子！」父親搖頭嘆息。

「爸！難道我做錯了嗎？」

「你沒有錯。」父親的手放在她肩上，嘉許地：『你們是怎麼見面的？』

「我是請羅元中通知楊世磊來香港見面的，才兩個小時，非常隱秘。」

「世磊和他父母還好吧？」

「楊世磊後來插班台灣大學畢業，他父親做生意也很好，聽說台灣一切都欣欣向榮。」

柳一鳴聽後高興地搓著手：『那很好！那很好！就是受到處分也值得。』

「爸！不會這麼嚴重，明天我去找牟崇鼎。」

「記著！這件事對誰也萬萬不能說。」他是對老伴叮嚀的。

牟公館坐落在北京市朝陽區，佔地頗廣，門口有對石獅子守門，柳艷走近大門，就有穿人民裝的便衣警衛前來招呼，她說明來意，那個便衣警衛用電話向內請示，

不久他放下電話，做了個請的手勢，引柳艷入內。

　　院內花木扶疏，有假山魚池，路邊的韓國草修剪極為整齊，難怪有人說：寧可在高幹府上當差，也不願在農村做領導，但是她不是來欣賞景緻的，她是來求助於牟崇鼎。

　　牟崇鼎在客室門口迎接她，一付不同於往日的嘴臉，使她心裏涼了半截。

　　她被引進寬暢的客廳，佈置豪華而俗氣，牆壁正中懸著當年牟政協副主席和毛主席合影的放大照片。

　　「請坐！」她就坐，他坐在對面帶著注視的眼光望著她，傭人同志奉上有碗蓋茶杯盛的茶。

　　「聽說昨天你到國務院來了，我以為你會來看我的。」柳艷首先打破沉默。

　　「我是想去看妳，但是我怕不受歡迎。」牟崇鼎語中帶刺。

　　「我被審問，你知道嗎？」

　　「聽說了。」

　　「本來想請你打招呼的。」

　　「公安部的事，誰也幫不了忙。」他回答的斬釘截鐵。

　　她哀怨的望他一眼，冰涼的心更往下沉了。

　　「不要小看黨的組織，妳背地裡做了什麼，瞞不了的。」

　　「你是說…」

　　「妳父親說，妳在六年前訂過婚，妳未婚夫的姓名我已查出來了，叫楊世磊，妳這次在香港二個小時交待不清，是不是跟楊世磊約會？」他的語氣一句比一句重，到最後簡直是法官的口氣了。

「我沒有、我沒有、我沒有。」她幾乎要哭出來了。

「沒有就好。」她的語氣緩和了點。

「你想想，我跟他已失去音訊六年，就算是我想見他，談何容易？」

他望她一眼，沒有答腔。

「老實說，我們認識已經快一年，你對我這麼好，這麼照顧我，我早就忘了他了。」

牟崇鼎冷笑一聲：「可是妳兩天前的語氣跟今天的語氣不一樣。」

「街委會已經通知我，把我下放《政治野營》改造，只有你有這個力量，請他們收回成命。」

「恐怕很難，黨的命令，誰能違抗？」

「那你是…」

「我儘量試試好不好？」他敷衍著。

柳艷絕望了，聽他的口氣他已不願助一臂之力，多言又何益？她不能再低聲下氣，糟蹋自尊，於是她站了起來，抬起頭，含著淚說：「那再見了！」

她挺了挺胸，走過花團錦簇的院子，走出牟家大門。

柳艷是個好強的女孩子，她一向是怕事不惹事，惹事不怕事，就讓她千斤重擔一肩挑吧！想到獻身給這一生鍾愛的人，即使受最嚴厲的處分，也算是值得的了。然而她內心仍然熱愛著社會主義，她要用工作來表現，來彌補這次的過錯。

三天後，柳艷在街委會的監視下到了火車站，母親眼睛紅紅地拉著女兒的手不放，父親則站在一邊，千言萬語不知如何開口。

「爸！」柳艷看見父親難過的樣兒，喊了一聲。

「艷兒！去吧！這是給妳一個很好的歷練。」

柳艷點了點頭。

火車汽笛鳴了，她跳上火車，揮了揮手，眼淚再也忍不住流下來，她連忙轉過身，火車已經開始移動了。

「爸！媽！你們放心吧！妳的女兒是打不倒的！」她心裡默默地說。

七、

楊四海從高雄回來，妻子把世磊在香港見了柳艷的事告訴他，他先是極為意外，接著是萬分擔心。

海峽兩岸劍拔弩張，隨時都有可能再啟戰端，為了彼此政權安全，安全人員更是使出渾身解數，稍一不慎，即被扣上『國特』（中共稱國民黨特務），『匪諜』（台灣國民黨稱為中共工作者匪諜），輕者判刑、重者槍決，因此弄得兩邊人民都風聲鶴唳，談虎色變，他是個生意人，生意人在商言商，而且經常出國訪問，不要為了這件事有所影響，他特別約了兒子閉室密談了一個多小時，他垂詢甚詳，無奈世磊是放在柳艷私人感情上，其他很少問及，所以當父親問他，他也是一問三不知。

「爸！我和柳艷在一起才一個多小時，自己的事都談不完，那裏還談這許多？」

「她有沒有可能投奔自由？」父親又叮了一句。

「我、我沒有想到。」

「你真糊塗。」

「如果有多一點時間，我會問她的，可是她留下一張字條就走了。」

世磊從口袋中的小記事簿，掏出那張便條交給父親看。

　　楊四海看後將便條交還世磊，嘴唇抿了抿說：「她的意思是說，今後男婚女嫁，兩不相干？」

　　世磊低下頭。

　　楊四海拍拍世磊的肩，語重心長地說：「沒有對外面人說吧？」楊世磊搖搖頭。

　　「千萬保密，這可不是好玩的。」

　　楊四海下樓來到客廳，楊世華和小妹蓉蓉正在下跳棋，楊世華這幾天來的好勤，他是不是另有目的？

　　等世磊也下樓來，父親問說：「世磊！這幾天美娟來了沒有？」

　　世磊正想回答，想不到世華搶著說：「伯父！您還不知道，自從磊哥從香港回來，兩人好像吵了一架，所以這幾天都沒有看到廖美娟。」

　　「喂！你也喜歡廖姐姐是不是？告訴你，不要破壞人家的感情。」蓉蓉童言無忌，說得世華面紅耳赤。

　　「小蓉！不要胡說！」母親喝阻，然後又對世華說：『世華！你代你磊哥，去找廖美娟，要她來玩。」

　　「好的。」楊世華站了起來，望了望世磊一眼。「磊哥！我把廖美娟找來你要對她好一點啊！」他拍了拍屁股走了。

　　世華等於是奉了懿旨，名正言順在廖美娟教室外敬候，等下課鈴响，廖美娟走出教室，他就一個人箭步攔在她前面。

　　「嗨！」

　　「是你？！」

　　「怎麼？意外？」

　　「有什麼事嗎？」廖美娟把書本挾放在胸前，狐疑地問著。

「本人是奉了你乾爹乾媽之命，前來迎駕。」

「少無聊。」

「是真的，我騙你是個…」世華用手比了個王八。

廖美娟這才噗哧一笑，她是個聰明的女孩，這一個星期她也不好過，想去找楊世磊又放不下這張臉，現在有這個台階，她當然樂得下台階了。

「五點，在校門口等我。」

「遵命！」世華兩腿靠攏，行了個軍禮。

下午五點，他們在校門口會面，世華最近換了新的單車。

「上來吧！我載你。」

「你叫我坐這個？」廖美娟不大願意。

「小姐！這是名車耶！」

美娟看看車、又看看手錶。「時間還早，我們先走走好不好？」

「當然好，我希望永遠相伴，從這頭，走到那一頭。」

「放正經點，不然，我不去了。」廖美娟沒有心情開玩笑。

於是楊世華拖著單車和廖美娟沿著松江路走著，夕陽灑在他們身上，春風徐來，由於有美人相伴，感覺上特別舒適，而廖美娟卻吹不散心中的陰霾，一個星期了，楊世磊沒有照過面，連一通電話也沒有，就算那天她負氣離去，楊世磊也用不到生這麼大的氣？這裏邊一定有原因，她猜想著。

「喂！妳怎麼不說話？」楊世華看了她一眼。

「他自己怎麼不來？」廖美娟突然冒了這一句。

「磊哥啊！本來他是親自要來向妳賠個不是，磕一百個響頭，請求妳的原諒，可是我討了這個差事。」

「貧嘴。」

「噯，不要狗咬呂洞賓，不識好人心。」

「楊世華！我問你，這次世磊去香港，究竟什麼事？」

「我不知道啊！」

「你一定知道，那天我生氣出門，你剛剛進去看世磊是不是？」

「當然，我知道是知道一點，但是我不能說。」

美娟止步，雙目注視他。

「你告訴我，什麼事？」

「你不要問我，待會妳自己問他吧！」

「那天我問了，他就是不肯說。」

「當然了，這種事，誰敢說？」

「世華！你告訴我好不好？」她靠近他，手指撥弄他的夾克衣領，一股體香沁入世華的心脾。

「這、這⋯不行，我不能背上破壞別人感情的罪名。」

「世華！我知道你也很喜歡我，你願意我帶著滿心狐疑跟世磊訂婚嗎？」

「關於訂婚的事，妳還是考慮考慮吧！」

「怎麼說？」

「小姐！我不能再說了。」

「好！你不說，我就不去。」

「噯噯，妳這不是逼我上梁山嗎？好吧！我來問妳，妳曉得世磊在大陸上訂過婚？」

「知道啊！第一次我去世磊哥的房間，不是看見床頭櫃那張，柳小姐的放大照片嗎？你還說我有點像她呢？」

廖美娟低著頭，咬著右手指，突然盯著世華問說。

「他這次去香港是跟她見面是不是？」

「噯、噯，我可沒有這麼說。」楊世華不由得退後一步說。

「一定是的，一定是的，不然他不會吞吞吐吐，一回來就心神不寧，一回來就沒有好臉色給我看。」

「拜託！千萬不要說是我說的。」這句話等於不打自招。

楊世華偕廖美娟走入楊家的客廳，世磊的母親連忙迎上來。

「乾媽！」廖美娟不自然地喊了一聲。

乾媽拉著她的手，疼愛地望著她：「怎麼好久不來玩了？」

廖美娟滿心委屈，差點掉下眼淚。連忙偏過頭忍了忍，勉強擠出一絲笑容說：「最近功課忙一點。」

楊四海聞聲自房間出來。

「乾爹！」美娟仍然叫的不自然，聲音輕得像蚊子叫著。

「美娟！世磊在樓上，妳去跟他聊聊，開飯還有一會。」

他是讓這對年輕人，有一個解釋的機會。

但是他萬萬沒想到，這個定時炸彈，即刻就要爆炸了。

楊世華怕波及自己，推說有事溜之大吉。

楊世磊和衣躺在床上，雙手枕著頭，想著待會美娟來，如何向她解釋。

「篤！篤！」兩下敲門聲。

「請進。」楊世磊站起來。

美娟推開門，一臉寒霜站在那邊。

　　「來了。」楊世磊滿臉笑容迎上去，欲牽她的手，她甩開他。

　　「你以為我不會再來了是不是？」美娟兩眼含著淚水。

　　「美娟！已經過了一星期了，妳還在生我的氣？」

　　「我當然有我的理由。」

　　「我可以向你解釋。」

　　「好！我洗耳恭聽。」美娟一屁股坐在床前的椅子上。

　　「我的確有非常重要的事情不得不去香港。」世磊低聲下氣說著。

　　「去會以前的未婚妻？」

　　世磊愣住了，他不信父母會洩漏這個天大的秘密。

　　「妳聽誰說的？」

　　「若使人不知，除非己莫為。」這個寶島姑娘已經會善用成語了。

　　「即使我去會以前的未婚妻，也不過是多年來未見面，見一面而已。」他半真半假的回答。

　　「現在終於說實話了。」

　　「不管怎麼說，以目前我們的身份來講，妳還管不了我。』世磊已被逼急了。

　　「我們身份還沒有定，我是管不了你，可是你事先事後，應該告訴我一聲，可見你心裏有鬼。」

　　「我不懂妳的意思？」

　　「你是想把那個女人弄到台灣來？」

　　「她不會來台灣，她已經回大陸去了。」他一時溜了嘴說了實話。

　　「她既然能夠來去自如，將來也會離開大陸。」

「那是她的事。」

「你們是不是有所約定？」

「美娟！妳理智一點好不好？」

「那我問你，我們是不是還要訂婚？」

「我、我不知道。」楊世磊低下頭了。

「你想改變主意？」

「不是我想改變主意，而是妳這種態度，我不得不再作考慮。」

「楊世磊！我知道，你從香港回來，就變了，還好，還好在沒有變成準楊太太以前發現這個事實，不然，我不是變成小的了。」廖美娟已失去理智，對著楊世磊吼著。

世磊怕他們爭執的聲音，被父母聽到，連忙好臉輕聲勸說：「妳能不能輕點？」

「輕點？噢！你能做，我不能說？」

「我只是請妳諒解，只此一次，下不為例。」

「算了！」美娟已淚流滿臉，歇斯的里的：『我終於看清你了，你是想腳踏兩條船是不是？告訴你，我廖美娟寧可玉碎，也不要瓦全。」

「美娟！妳給我理智一點行不行？」

「理智？！什麼叫理智？我滿心等待著喜訊早日到來，想不到你卻偷偷去了香港，去會以前的心上人，說不定你已經在香港金屋藏嬌，說不定你明天就把她接來台灣，我不再受騙了，我恨我好傻，我恨我太單純…」

「妳簡直是無理取鬧！」世磊大吼著。

美娟被震攝住，怒目望了世磊一陣，憤怒地拉開房門，哭奔下樓，哭奔過站在樓下客廳驚訝不已的世磊父母。

「美娟！美娟！」世磊的母親想拉住她。

「美娟！美娟！」世磊的父親也大叫著。

但是美娟像一頭激怒的母獅，衝出客廳，衝出院子，衝出大門，叫了一輛三輪車，氣急敗壞的說：「快！你給我拉快一點，離開這個鬼地方。」

廖美娟怒氣沖沖坐上三輪車，她不想回宿舍，又沒有別處可去，只好叫三輪車快拉到西門圓環，她下車後，茫無目的，像無頭蒼蠅，在街上亂逛、逛累了，進了一家冰果店，叫了一客冰歇歇腳，她心中仍然是一團怒火，她恨楊世磊所作所為，心中盤算如何報復，隨手拿了一張報紙瀏覽著，突然有一行字，把她吸引住了，『檢舉匪諜，人人有責。』這八個字旁邊，有信箱號碼和電話號碼。這給了她啟示，她要阻止柳艷來台灣，她要切斷楊世磊對柳艷的一切關係，她沒有深思，她沒有想到後果，她目前一心想的是對楊世磊報復，不讓這對分別六年的戀人重續前緣，於是她在附近文具店，買了信封信紙郵票，她以告密者的身份，寫了這幾個字：

『我要告密，住在仁愛路中段 5 號的楊世磊，最近到香港，會見了女匪幹柳艷，她是共匪周恩來的翻譯，千萬不能讓柳艷來台灣。四月三十日告密者啟』

她寫好信，貼上郵票，往街頭信箱一丟。然後回到宿舍。她彷彿完成了一件偉大的工作，她輕鬆極了，快樂極了。楊世磊！楊世磊！你對我不仁，我只好對你不義，最好是楊世磊把柳艷偷偷接來台灣，在基隆碼頭，被安全人員逮個正著，楊世磊！你去送你心上人的牢飯吧！哈哈…痛快極了。

「喂！廖美娟！妳發神經，一會而愁眉不展、一會兒開懷大笑，妳搞什麼鬼？」室友許芳如走到她床前問

說。

「我剛剛做了一件偉大的工作。」廖美娟開心地說。

「說給我們聽聽，什麼偉大的工作？」室友張家珍也過來坐在美娟床上。

「我啊！檢舉匪諜！」

張家珍手搗嘴，簡直不信自己的耳朵。

「檢舉匪諜？！妳不要開玩笑了。」

「開什麼玩笑，是真的。」美娟一本正經說。

「妳確信對方是匪諜？」許芳如說。

「她是女匪幹，算不算是匪諜？」

「又是女匪幹？又是匪諜？把我弄糊塗了。」張家珍偏著頭，想著這個問題。

「有個人去香港會女匪幹，而且是他的未婚妻。」美娟神秘兮兮壓低聲音說。

「這個人是誰？」許芳如、張家珍同聲問說。

「妳們管這麼多幹什麼？」

「廖美娟！妳要弄清楚，所謂《匪諜》是指在台灣替共匪工作的人，而那個女匪幹，原來就是女匪幹，妳要密告那個台灣人是不是？」張家珍分析著。

廖美娟張大眼睛傻住了。

「《匪諜》這個罪名不是隨便可以安的，有多少人被冤枉關起來，弄得不好，還被槍斃！」許芳如加重語氣說。

「不是！不是！」廖美娟有點亂了，雙手掩耳大叫了起來。

「什麼不是？」張家珍問著。

「我不是那個意思，我不是密告在台灣的那個人是《匪諜》，我是提醒政府，不讓那個女匪幹到台灣來。」

　　許芳如、張家珍越聽越糊塗了。

　　「廖美娟，這種事要深思熟慮，不能衝動，《檢舉匪諜！人人有責》是沒有錯的，那是要證據確鑿方可以做，若是萬一冤枉了人，妳會後悔一輩子。」張家珍到底年齡大一點，父親是軍人，所以對這方面的事理，比廖美娟懂得多了。

　　廖美娟聽了這話，出了一身冷汗，慌了，急了。當初她只一心想報復，想阻止柳艷來台灣，她沒有考慮到那封信寄出去的後果。她傻愣愣地兩眼望著窗外，她彷彿看見楊世磊手銬腳鐐、一臉是血，對她慘叫著：「廖美娟！妳害得我好慘，我不會饒妳！我不會饒妳！」

　　這幾年報上常常登著，槍決匪諜的血腥畫面，使她越想越害怕，越想越恐怖，坐在床上，縮到角落，全身顫抖著。

　　「美娟！妳怎麼啦？」張家珍關心地問說。

　　「我做了什麼事？我做了什麼事？」

　　廖美娟突然跳下床，穿了鞋子就往門口跑去。

　　「喂！廖美娟，已經深更半夜了，妳要去那裡？」張家珍想拉住她。

　　「不要管我！」她瘋狂地跑出去。

　　楊世磊自從廖美娟負氣離去後，內心一直忐忑不安，本來去香港和柳艷見面的事，只有父母親知道，廖美娟是聽誰說的呢？楊世磊一直想不通這個道理。

　　楊四海要楊世磊把負氣跑出去的廖美娟追回來，但是覺得廖美娟太無理取鬧，個性不合，趁這個機會好好思考，未來是不是繼續交往，也未必不是件好事。倒是母親怕廖美娟孩子氣太重，倒處嚷嚷，本來是一件單純的事，不要弄得不可收拾，因此憂心忡忡。

「世磊！我看你還是去找找她，好好勸慰她一下吧！」母親說。

「媽！這樣也好，讓我們都冷靜考慮一下。」

「我是怕會出事！」

「會出什麼事？她又不是三歲小孩。」

「我是說，她這個時候，忌妒的魔鬼在她心理作祟，我怕她失去理智，做了不該做的事。」

「你放心！她心地倒蠻善良，她不會害我。」

「這孩子！人聰明、長得漂亮，就是太任性！」楊四海感嘆著。

「蓉蓉！妳打電話把世華哥找來。」母親又對小妹說。

蓉蓉拿起電話打到叔叔家，嬸嬸說是世華回來又出去了，一個勁問什麼事？楊世磊的母親接過聽筒，告訴這個包打聽的弟妹，是因為世磊跟美娟吵嘴，美娟負氣走了，想叫世華幫個忙，把美娟追回來。嬸嬸聽了又問為了什麼事？世磊的母親只好敷衍她說是雞毛蒜皮小事情，一對小情人難免鬧鬧意氣，沒有什麼大事，這才堵住嬸嬸的嘴。

「好吧！好吧！大嫂！等世華回來，我告訴他。」

「既然世華不在家，那就算了，再見！」

「再見！」

楊世華的母親早就巴不得美娟和世磊鬧翻，因為自從那天大伯五十大壽認識廖美娟後，一心想交結她，若是…她嘴角一笑『會有這種運道嗎？』她不敢相信。

其實楊世華扔下這個定時炸彈以後，就躲開了，跟他預期一樣，美娟興師問罪，不歡而散。

楊世磊的父親和世磊談了一會，母親再三叮嚀世磊

明天無論如何去把美娟找來，好好安撫，免得她口無遮攔，惹是生非。正準備各人就寢，突然門口電鈴聲頻响，而且聽見美娟在門口大叫著：「世磊！世磊！快開門！」

楊世磊和父母都感到詫異，為何廖美娟出而復返，是不是出了什麼事？世磊連忙打開門，廖美娟一臉慌張，見了世磊就投向世磊的懷抱，哭著說：

「磊哥！我對不起你！我對不起你！」

楊世磊更是丈二和尚摸不著頭腦，推開她，驚異地望著她：『妳說什麼？』

「你要原諒我，我做了件天大的錯事。」

楊世磊的母親連忙扶美娟坐下，輕聲輕氣的說：「你做了什麼錯事？」

「我、我⋯」廖美娟望著大家，不敢說下去。

「妳照實說，沒有關係，我們不會怪妳。」楊四海坦然地說。

於是她斷斷續續，一邊哭著，一邊把事實經過一五一十說了出來，如何在世華嘴中得到真象，如何在報上看了『檢舉匪諜，人人有責』給她的啟示，如何告密投書，以及如何想到後果⋯

聽得楊世磊和他父母三人冷汗直流，面如土色，驚駭萬狀。

楊世磊第一個反應是氣得跳起來，扳住美娟的雙肩猛然地搖動著，大聲嚷著：「妳、妳怎麼做出這種事情來？」

「磊哥！是我不好，我對不起你，你打我吧！』

楊世磊真的揚起手要刷過去，被母親及時拉住手。

「你現在打死她也沒有用。』

「那封告密信，寄了多久了？」楊世磊厲聲問說。

「就是剛才，寄了信，我才回宿舍的。」

「妳、妳！唉！」世磊打也不是、罵也不是，只好氣得跳著腳。

廖美娟一直哭個不停，一臉的懊悔表情，令人不忍再去責罵她。

楊四海向妻小使了個眼色，楊世磊的母親把美娟摟在懷中說：「孩子！妳做了這件事，確實是太糊塗，但因為妳出發點是愛世磊，所以我們也不準備責備妳，好在，妳及時懊悔來告訴我們，我想，我們會有辦法補救。」

美娟淚眼望著楊四海。

楊四海說：「信丟進郵筒，追回來是不太可能的了，不過，今天是禮拜六，明天禮拜天，這封信下週一才能到達警備總部，那邊我也認識一兩個人，我想可以想想辦法補救。」

「乾爹！那我再寫一封信，說我是一時忌妒，氣昏了頭的，其實沒有這件事，好不好？」

「不必了，不要越描越黑。」

「磊哥！你不會被抓去吧？」廖美娟抓住世磊的胳膊問說。

「說不定被槍斃！」楊世磊沒好氣推開她。

廖美娟又被嚇哭了。抽噎不止。

「我想不會這麼嚴重。」楊四海說。

「好了，現在時間不早了，妳今天晚上就住在客房吧！」楊世磊的母親過來拉美娟的手，平和地說。

廖美娟點了點頭，跟著楊世磊的母親上樓，她還三步一回頭望著世磊，一臉懺悔。

「爸！我想我們主動向有關單位說明一下。」

「好，下週一我陪你去。」

　　下週一上午十點多，楊世磊帶著自白書由父親陪著向警備總部說明。

　　那個承辦人倒是很客氣，一點沒有問話的氣氛，像是老朋友閒聊一樣，楊世磊說明去香港經過，沒有半點隱瞞，一五一十照實坦白說出來，楊世磊再三強調，這次相會，純粹基於私人感情，絕無別的因素。而楊四海也表示楊家是生意人，而且是後補立法委員，當年追隨政府遷來台灣，是不認同共匪。這幾年完全响應政府經濟建設，平時對勞軍也大力贊助，曾當選『軍人之友』，對領袖對政府絕對忠貞不二。

　　警總承辦人聽了他們父子剖心的一番話，僅表示收到告密信會歸檔存查，不過要楊世磊今後要特別注意言行，免節外生枝。

　　楊家對政府的忠貞，有案可查，基本上是沒有什麼問題的，倒是楊世磊和廖美娟的感情，經過這件事後，留下了裂痕，而且這個裂痕再也無法修補完整了。

八、

　　同柳艷一起下放勞改的男女有二十來人，由一個公安人員護送坐了一天一夜牛步化的火車，到達了河北山東交界的柳大莊農場落腳。

　　這裡是柳艷的家鄉，記得多少年前跟隨父母來柳大莊，堂叔柳天柱家做過客，那時堂叔是大地主，佃農、僱農、長工數十人，牛馬驢成群，光是家裡的女傭就有八個之多，收割小麥季節，門口曬麥場，堆積如山。堂叔家是個大四合院，高聳的圍牆，褐色的大門，門口一對石獅子，很有氣派，院內花木扶疏，小魚池養了金魚，

兩邊走廊雕樑畫棟，進入圓門，才到達正廳，堂叔大約
有四十來歲，方面大耳，滿臉紅潤，絲毫看不出擁有數
百畝田地的莊家漢，嬸嬸也是面目白淨，講話細心細氣，
媽一個勁說她比城市裡的女人還秀氣。可是新中國成立
了，窮人翻身，富人身翻，在當年土改時，叔嬸被清算
鬥爭掃地出門，如今下落不明，所以當父親得知柳艷被
下放家鄉勞改時，囑咐她順便打聽叔嬸下落。至於堂叔
的田地部份分給佃農、僱農、貧農，部份由人民政府徵
求保留，集中作為示範農場，這裏的『政治野營』勞動
改造場地，就是由她堂叔和別的地主徵收而來的…

　　「誰是柳艷？」柳艷被一句山東腔驚醒，她才意識
到，她們一行正在聽一個滿臉絡腮鬍子的山東大漢訓話。

　　「牛支書問誰是柳艷？」一個佩有黃色袖章的女幹
部重覆問著。

　　「報告首長，我是！」柳艷立正答著。

　　牛支書定定望了望她，粗糙的手摸了摸下巴。然後
他提高聲音對大家說：「你們看左邊有塊標語，上面寫
著：『誠心誠意勞動，不折不扣改造』這也是我對你們
的期望，希望你們好好地幹，表現好的，我會向上級匯
報摘帽，早日結束勞改。」他停了一下又問說：「你們
都聽清楚了？」

　　「聽清楚了。」眾人大聲回答。

　　「好吧！男的由第五分隊帶走，女的由第七分隊田
分隊長帶走。」

　　這時已近黃昏了，金色的夕陽照著大地，照著廣大
一片微風吹來搖搖晃晃的麥穗，今年肯定是個豐收年。

　　天漸漸黑了，一聲聲銅鑼聲響起，穿著『勞改』字
號衣服的男女，拖著疲憊的身軀，從四面八方歸來，男

的湧向前邊七棟長方形的茅草屋，女的則向村子走去。到處可見標語和毛主席肖像，標語用紅色油漆寫著：『加速推行三大改造運動』『堅決响應毛主席農業合作』『一定解放台灣』及『無產階級萬歲』『新社會主義萬歲』等。

　　柳艷再也沒有想到，第七分隊的住所，竟然是堂叔的四合院，圍牆依然在，但牆壁上漆滿了標語，牆頂長了野草，大門的油漆剝落了，門前一對封建思想的石獅子不見了，院子裏以前是花木扶疏，現在因乏人整理，到處是殘花野草，雕樑畫棟走廊，風吹雨打陳舊不堪，客廳內沒有字畫，沒有裝飾物品，有的是她們晾在那邊雖然洗淨仍然髒兮兮的內衣褲，正廳可容三十人打地鋪，洋灰地面鋪了陳舊的麥稈，由於冬春非雪即雨，陽光稀少，窗戶又被釘死，一進去就嗅到一股濕霉味，令人噁心。但畢竟比他們男人住的茅草屋好多了，一些才收工的女勞改犯人，不顧一身泥土汗臭，就像死豬一樣在麥稈上躺下了。

　　柳艷領到一套『勞改』字號的衣褲，一雙解放鞋，一條破舊的毯子和一床發霉的破棉被。床鋪分配在邊間，與田分隊長緊鄰。當然田分隊長是睡著木板床的。

　　看得出來，田分隊長對柳艷是比較禮遇的，對別人講話惡聲惡氣，對柳艷則是滿臉笑容，原來牟崇鼎已來過電話，請牛支書特別照顧，碰巧那個牛支書當年曾經是牟副主席的舊屬，所以對柳艷另眼相看了。

　　田分隊長又對他們四個新人說明此地的規定和作息時間：早上五時起床、五時十五分早餐、五時三十分集合工作、中午十二時吃午餐、休息一小時、下午一時繼續勞動、直到晚上七點才收工、中午和晚上飯後要開會

檢討或聽訓，她們分成若干小組，互相監督，新來的人就編成一組，由柳艷擔任小組長，如有逃亡，須負連座的處分。

　　鑼聲又响了，躺在地上的人立即跳了起來，拿起自己飯盒茶缸向門口走去，門口炊事員發著晚餐，每人二個饅頭、一碗青菜湯，柳艷沒有什麼食慾，只領了一個饅頭、一碗湯。一個濃眉大眼高大的女勞改犯立即瞪了他一眼說：「為啥只領一個，領兩個，妳不吃我吃。」

　　柳艷只好也領了兩個饅頭，一個給了那個高大的女人，她連謝也不謝一聲。

　　飯後約過了十分鐘，鑼聲再起，大家坐在正廳麥桿上，開會檢討，那個濃眉大眼高大的女勞改犯發言最多，指責這個不賣力、指責那個偷懶怠工，被指責的死不認帳，並反指責他作威作福，光動嘴不動手，若不是田分隊長在場，準會打個頭破血流，柳艷實在太累了，不時打著哈欠，坐在她一邊同來的曲小玉，不時捏她的大腿，這樣挨到九點，總算可以休息了。柳艷也懶得梳洗，在分配到自己的位置上，舖了毯子，一頭就倒下，蓋上酸臭味的破棉被，打算蒙頭睡個大覺，可是奇怪的很，她現在反而睡不著了，她睜大了眼望著上面的斑剝樑柱、望著四週剝落的牆壁，想到當年來看堂叔的片片斷斷，那掛在牆上的名人字畫呢？那插著花朵的花瓶呢？那秋風吹動的窗簾布呢？那掛在正中央的玻璃燈呢？新社會真是天堂嗎？舊社會真是萬惡嗎？以前的地主剝削農民，所以農民起來清算他、鬥爭他，分到幾畝田地，以為真的窮人翻身了，可是現在又是什麼農業改造，這些農民分到的田地，要與政府合作生產，田契地契被政府收走了，他們又變成無田契的僱農，這種事公不公平？

她不懂，她向來對社會主義存有幻想，所以又替自己找答案，目前這種『均窮』情形，大概是達到『均富』的必經過程了。接著又想到她叔叔、嬸嬸，目前不知道在何方？好在她爺爺兩兄弟，一是前清秀才，只知琴棋書畫，不善理財，所以家道一直興不起來，只栽培了一個大學教書的兒子，就是柳艷的父親，一個經商開油坊，又善理財，賺了不少錢，積了數百畝家產，然而新中國成立了，反而被清算鬥爭，人有幸與不幸要怎麼說？以前父母羨慕堂叔，如今堂叔是不是也在羨慕父母呢？接著她又想到今天這個處境，是為了與世磊見面，她想起那天與世磊幽會，世磊猴急得樣兒，不進噗哧地笑了起來。

「柳艷！妳還笑得出來？」睡在她緊鄰的曲小玉說著。

「妳怎麼啦？」

「我想哭。」曲小玉哽咽著。

「想些高興的、甜蜜的事，心裏就舒坦些。」柳艷輕聲勸著。

「我沒有高興、甜蜜的事。」

「那就當作是一種磨練，古人不是說嗎？『天將降大任於斯人也，必先苦其心志、勞其筋骨。』」

小玉突然大叫起來：「什麼東西在我脖子上爬，癢死了。」

「大驚小怪，誰沒有被臭蟲、蝨子咬過？睡覺、睡覺，不要吵了。」那個濃眉大眼的高個女人說話了。

突然，柳艷臉上、脖子上、手上、腳上，也是癢癢地麻麻地，她大叫起來：「領導！領導！快拿手電筒給我，照照看是什麼東西？」

　　田分隊長這才拿手電筒一照，幾十隻臭蟲正在柳艷脖子上爬著，柳艷瘋狂地抓著、刷著，有的跑入棉絮內，有的跑入麥桿中、有的被抓死，弄得手上、脖子上都是血，柳艷把棉被一丟，跳了起來，縮到屋角洋灰地上去了。

　　「趕明兒把所有麥桿換了，棉被用滾水燙過就沒事了。」田分隊長輕描淡寫說了就去睡大覺了。

　　柳艷縮在屋角，小玉也過來和她擠在一塊。

　　「妳現在還唱高調嗎？」小玉輕聲問著。

　　柳艷無言以對了。

　　這一夜柳艷似乎未曾闔眼，等到疲極睡意正酣時，又被鑼聲驚醒。

　　五點十五分早餐，喝了兩碗稀飯，五點三十分田分隊長分配工作，曲小玉和另一位新來的程英兩人負責把舊的發霉的麥桿燒了，再去田裏找新的麥桿換上，破棉被用沸水滾過曬乾。柳艷則被分配到廚房幫忙炊事，其他的人下田收割小麥。

　　負責三百多人的大灶，五個炊事員，都是老弱殘兵，也就是從勞動第一線因體力不支，暫時換下來的，反正也沒有多少菜，也不需要什麼手藝，除了一個老炊事員是負責指導擀麵蒸饅頭，或做窩窩頭，一菜大部分不是青菜蘿蔔就是瓜類，一湯也就是加點豬皮、切點瓜絲，因為每人一個月伙食費才八元人民幣，食油一兩、糧食二十二市斤而已，當然幹部另外開伙，因為他們還需要趁吃飯時檢討工作得失。

　　柳艷被派到廚房大受歡迎，第一天僅負責搬運麥桿當柴燒，如此簡單而已，但是她還是學著捏饅頭，搶著做其他的工作，無形中提高了其他人的工作情緒，這天，

中餐、晚餐，有人發現味道有點特別，也許是多了點油水吧。

洋灰地面的麥稈換了，破棉被也用沸水滾過了，照說今晚可睡個舒服的覺，可是睡到半夜那個濃眉大眼的多嘴婆突然大叫了起來：「什麼東西在我褲襠裡爬？領導！快拿手電筒來！」

所有的人都被驚醒圍過來看，田分隊長用手電筒一照，一條小花蛇，從濃眉大眼女人的褲腳管溜了下來。

「蛇！蛇！」

有人驚叫著，有人摀嘴笑著。

「是誰？是誰惡作劇？」她暴跳如雷。

小蛇被打死了，有人建議趕明兒砍去蛇頭開腸破肚，丟進湯裡增添鮮味。

事情很明顯，是曲小玉、程英從田裏抱來的新麥稈，小花蛇附在麥稈上帶進來的。

「大家再把麥稈清一下，看看還有沒有其他的東西。」田分隊長倒是沒有責備曲、程二人。

於是點了蠟燭，個自檢查，還好沒有第二條蛇出現。

「領導！我們願意接受處分。」曲小玉、程英齊聲說。

「由於妳們新來，我也不忍處罰妳們，況且妳們已經認錯，以後做任何事小心謹慎一點就是了。」田分隊長說。

「不行！若是那條小蛇再往上爬，那還得了。」濃眉大眼的女人說到這裡，引起一陣哄笑。

「賠我精神損失，明天每人賠我一個饅頭。』

「是、大姐！」曲小玉、程英齊聲說。

這個插曲就到這裡落幕。

　　大家又躺下睡了，不多時鼾聲四起，可是柳艷沒有闔眼，她總覺得麥桿下有什麼東西在蠕動。她突然想到以前在報上看到一則新聞，有一個少婦穿了短褲，蹲在街旁挑選鱔魚，不意鱔魚一躍，跳進他的褲襠，鑽進陰道，弄得住院治療。剛才那個濃眉大眼同志很幸運，如果小花蛇往上爬，後果就不堪想像了。

　　曲小玉翻了身面對柳艷，看她還是睜了雙眼就輕輕地說：

　　「柳艷！我真想哭！」

　　「怎麼又想哭？」

　　「我什麼事都做不好！」曲小玉哽咽地。

　　「不經一事、不長一智，下次小心一點就是了。」

　　「奇怪！妳對什麼事都這麼有信心？」

　　「是嘛？！」

　　「是啊！」

　　「天知道！」

　　柳艷閉上眼，她又回憶著在香港與楊世磊見面的情景，唯有想到楊世磊，唯有念到她與楊世磊那段椎心瀝血的愛情，再大的打擊，再多得痛苦，她也能忍受得住。

　　第二天柳艷擰了那條小蛇到炊事房，砍了頭、破了肚、清洗乾淨，丟進湯裡加料，今天是第二天，對於炊事工作了然於胸，老練多了，碰巧有一個人病倒了，人手缺少，她就加把勁，加入洗、切、煮行列，炊事老同志，誇她頭腦聰明、手腳靈活，後來得知她曾追隨周總理出過國，在外國領導面前當場翻譯，把她奉為觀音菩薩轉世。

　　「別誇我了，那是封建思想。」柳艷說。

　　「可不是，我沒有讀過什麼書，打比喻不對，妳多

原諒，那我稱呼妳現代梁紅玉吧！」

「不對、不對！梁紅玉是只知道使槍弄劍，應說是現代諸葛孔明。」另一個說著。

「也不對，應該是現代秋瑾！」

「你這小子越改造越回去了，那是國民黨的革命女英雄。」

「是嘛！你看我胡說八道，該打！」他自己打了兩個嘴巴。

「你們別打比喻了，我什麼也不是，我是又紅又專的柳艷！」柳艷趕快幫那人掩飾。

「你們看柳艷同志，長得頭是頭、腳是腳，應該是我們勞動改造之花！』又有一個人叫著。

「對、對，勞動之花，改造之花！』正在大家七嘴八舌歡樂的氣氛瀰漫著整個炊事房之時，不意田分隊長一臉笑容叫著進來。

「柳艷同志！柳艷同志！」

「分隊長找我？」柳艷連忙迎上。

「快回隊上去，有貴客光臨。』

「貴客？！誰啊？」柳艷問著。

「北京機場的牟主任！」田分隊長有意把『牟主任』三個字講大聲一點。

這是一個天大喜訊，柳艷初來乍到，人生地不熟，牟崇鼎能千里迢迢來看望她，這給足了她面子，心中極為安慰，畢竟他還是重視她、愛著她得。

一路上田分隊長一個勁地打聽柳艷和牟主任的關係，對柳艷巴結萬分。

「柳艷同志，妳人長得漂亮，學問又好，又認識牟主任，將來前途肯定無量。」

「領導！我是來勞改的。」柳艷說。

「那是上級有意給妳磨練的機會，給你體會農村生活，我看多了，這個勞改營，藏龍臥虎，將來還不知道誰領導誰呢？」

真的那輛《上海牌》轎車停在門口，跨進門真的看見牟崇鼎穿著空軍服裝挺拔地背對著大門。

田分隊長向柳艷眨眨眼，推了她一下，就知趣地走出大門。

柳艷站在那邊，正想熱情地喊他一聲，牟崇鼎轉過身，板著臉，一雙逼人的眼睛盯著柳艷，把柳艷原先的一腔熱血，降到冰點。

「謝謝妳來看我。」柳艷仍然高興地伸出手。

但是對方並沒有伸出手相握，柳艷只好悻悻把右手放下。

「我來看妳？妳有多大的面子？我是來質問妳！」意外地牟崇鼎語氣很衝，充滿火藥味。

「來質問我？質問我什麼？」柳艷不解地說。

「妳跟公安人員說，上次妳在香港脫隊兩個小時，是去看當年大學同學羅元中？」

「是啊！」她大聲的說。

「妳還理直氣壯？」

「我不懂你的意思。」

「妳看了這個就懂了！」牟崇鼎說完從上衣口袋掏出兩張照片，憤怒地甩在地上。

柳艷蹲下去撿起來一看，立即臉色鐵青，全身不由得顫抖起來。原來一張是楊世磊的、一張是自己的，背景都是那個英國船員家的大門。

「這個人是誰？」牟崇鼎指著楊世磊的照片問說。

「我不知道。」柳艷心虛地答。

「我倒知道，他就是妳在台灣的未婚夫楊世磊。」

「你認識他？！」柳艷索性嘻皮笑臉。

「公安人員已查明了，也拿了這張照片去問過在香港的羅元中，羅元中證實他就是楊世磊。」

柳艷啞口無言了。

「柳艷同志！妳也太疏忽大意了，在周總理身邊，不可能沒有公安人員，我老實告訴妳吧，妳的一舉一動早就有人監控，妳先從那個船員家中出來，過了一會楊世磊也從那個大門出來。妳現在怎麼說？」他兩眼好似噴出怒火，聲色俱厲地說。

柳艷低下頭，以無言代替回答。

「妳對國家不忠，對男友不專，應受嚴厲處分！」他說完楊起手刷了柳艷兩個耳光，打得柳艷眼冒火星，嘴角流血。

牟崇鼎在死盯著她十秒鐘，才氣沖沖走出大門。

「首長！你走了！」一直在門口偷聽的田分隊長迎上說。

「柳艷是反動份子，妳給我嚴加督導！」牟崇鼎丟下這句話，坐上《上海牌》轎車走了。

柳艷好似五雷轟頂，被閃電擊中一樣，撫著臉呆在那邊，這是事先沒有料到的，真是百密一疏，現在人証物証俱在，賴也賴不掉，她還能說什麼？

田分隊長換了另一付嘴臉進來。

「柳艷同志！剛才首長的話，我在門外全聽到了，明天妳給我好好下田工作吧！」

她說完也走了。

留下柳艷一個人呆在那邊，腦中一片空白，明天將

有什麼災難降臨到她身上呢？明天？！管他的，到明天再說吧！她學著『亂世佳人』裏的郝思嘉。

　　第二天，她真的被調開廚房，派去地裏工作，目前勞動營有三種分工，一是收割小麥、二是收割播種玉米，三是種下玉米長苗後施肥，柳艷被安插在施肥隊，她得去牛欄馬欄，用畚箕去運那些，日久經過牛群躺臥的稻草麥桿，上面有牛馬的大小便，已被踩得稀爛，臭氣沖天，她用鐵扒扒進畚箕挑到地裏，然後用雙手一一在玉米苗旁施肥，蛆爬在她那白嫩的手背上，她沒有皺一下眉，她逆來順受，沒有絲毫怨言，田分隊長在旁監視她做，有時甚至用幸災樂禍的眼光看她。

　　「活該！活該啊！誰叫妳對牟主任不忠？」田分隊長心裏想著。

　　這夜田分隊長向牛支書匯報時，牛支書嘴巴撇了撇，摸了摸下巴：「田麗！放她一馬吧！看她也怪可憐的。」

　　田麗詫異地望著牛支書，這個鐵面無私的山東大漢什麼時候也心軟了：「首長是說？」

　　「妳沒看出門道？從北京到這裡路不近吧！牟主任能自己開車跑來，難道就是為了發一頓脾氣？告訴妳！有愛才有恨！」

　　「是、是，我沒有想到。」田麗拍著自己的腦門。

　　「問題看遠一些，眼精擦亮一點。懂嗎？」

　　「懂！懂！」田麗連忙點著頭：「謝謝首長指導」

　　「妳還嫩著點呢！嘿嘿…」牛支書點了一支煙走開了。

　　於是第三天田分隊長對柳艷的態度，又一大轉變，雖然沒有起先那麼討好巴結，倒是相當友善，還誇她昨

天施肥工作，做得很徹底，工作勤奮，她已經在考核紀錄上記上一筆。

　　柳艷聽後苦笑一下，並未答腔。施肥的工作烈日下不是挑糞、就是揀稀爛臭氣沖天的草麥桿，這種工作若是在家裏，就是打死她，她也不會去碰一下的，可是現在人在屋簷下，不得不低頭，把那種打心窩裏的噁心，強制壓制下去，人要學會生存之道。

　　很意外的，今天分派她的工作是收割小麥，這是男女混合編組，女的全部負責拔麥，部份男的負責搬運，不用鐮刀收割，用拔的方式，是為了麥桿當柴燒多些燃料。柳艷和曲小玉、程英一小組，一邊工作、一邊談談笑笑，三日來，三種不同的工作，她幾乎都經驗過了。當然這不是好玩的，也不能偷懶，因為每人有每人的責任區，為了逞強好勝，拼命的工作，半日下來，柳艷那白嫩的手掌，已經起水泡了。

　　三百多人在地裡工作，烏鴉鴉一片，有的收割、有的搬運、有的犁田、有的施肥，當中午鑼聲響起，炊事同志，運來午餐每人發三個玉蜀黍作的窩窩頭和一大匙白菜湯，每人找個陰涼處用餐，最先領到的人已經吃完了，後邊的人還在排隊，排在最後得是個滿頭白髮一臉滄桑的老人，他佝著背、跛著腿、步履蹣跚，他彷彿與人無爭、他彷彿吃不吃無所謂，他所以拿著飯盒去排隊，是例行公事而已，這個人引起柳艷注意。最後終於輪到他了，他僅領了一個窩窩頭、一點湯，蹣蹣跚跚找一個偏靜的地方去了。

　　中午可以休息一小時，擴音器响了起來，先放了一首軍歌，接著是宣揚社會主意的如何優越，共產主義如何變天堂的說詞，最後是响應毛主席的號召，响應『農

業改造』『私營公商業改造』『手工業改造』三大改造。老人聽了這裏，譏諷的笑了一下，他看到柳艷在注意他，連忙低下頭去。

　　等老人慢吞吞吃完，一小時過去了，鑼聲又响，大家回到工作崗位，不知怎麼柳艷再也沒有離開那個老人的視線，意識裡似乎有點面熟，但再也想不起來在那裡認識過，究竟是誰？

　　老人分派在犁田組，正好在柳艷工作區附近，犁田本是牛馬的工作，但因為牛馬不夠使用，為了搶時間，也有人工代替，但是令柳艷意外地那老人竟做牛做馬拉犁犁田。這引起她很大的不平，也引起她很大的同情，年輕力壯的為什麼不去犁田？而讓一個跛腳的老頭承担這麼重的工作。她的不平質問一個老勞改犯，老勞改告訴她，那個跛足老頭是個大地主，當年不知剝削多少農民，現在是現世報。

　　「地主？」震顫柳艷！難道是堂叔？難怪有一點臉熟。新社會是排斥溫情主意的，她把這個秘密埋在心底，等明天見機行事，弄個清楚。

　　次日中午領午餐的時候，柳艷故意延後排在最後一個，跛腳老頭一再讓她排在他前面，她執意不肯，引起老人注意，他打量她，也不由怔了一下。

　　「同志！你貴姓？」柳艷親切的低聲問。

　　「姓柳。」老人低聲答。

　　「我也姓柳。」柳艷又低聲說。

　　「您就住這個村子吧？」老人回頭詫異地望了她一眼。

　　「我以前去過您府上。」柳艷試探地。

　　老人更驚奇了，頻頻回頭望柳艷。

「我爸爸叫柳一鳴。」

老人雙目瞪得好大，嘴顫抖著，半天說不出話來。

「你是叔叔是不是？」柳艷哽咽了。

老人點了點頭。

「叔叔！」柳艷輕輕叫了一聲，眼淚奪眶。

老人向左右看了看，其實這時已勞動半日，領到午餐的在樹蔭下狼吞虎嚥，正在排隊的，飢腸轆轆，大家全是『勞改』字號衣褲，除了有心人，沒有誰注意誰。

領午餐的到排尾了，剛好在臨時搭蓋解決大小便的茅房旁邊，老人看此處比較隱秘，才回轉身拉了拉柳艷的手。

「妳是豔兒？」

柳艷點點頭。

「妳、妳怎麼會來這裡？」

「說來話長。」

「唉！」叔叔嘆息著。

「喂！你們吃不吃？」分發午餐的人不耐了。

「噢！對不起！對不起！」柳天柱一跛一跛上前領取了一份窩窩頭和一點湯。

最後一個是柳艷，柳艷低著頭，還是被人認出來了。

『你不是柳艷同志嗎？』

柳艷點了點頭。

「我們挺想念你，回到炊事站來吧！」

「少跟她囉嗦，她是反動份子！」另一個年輕一點的炊事同志沒好氣的說。

很顯然，是田麗洩了底了。

夜間，柳艷躺臥在麥桿上，把七年前見過的堂叔和現在的堂叔，再也湊不到一塊。那時候的堂叔黑髮油亮，

面孔紅潤，一襲長衫，堂堂正正，一雙眼睛炯炯有神，怎麼會變成現在這個樣子？五〇年新中國成立不久，堂叔和其他地主一樣，遭到無情的清算鬥爭，弄得家破人亡，詳細的情形並不了解，在這個恐怖的時代，劃清界線猶恐不及，誰還敢去打聽親朋的情形？即使至親也只能內心乾著急而已。

　　另一處茅草屋地鋪躺著的柳天柱，也在想著柳艷，他作夢也沒有想到會在這裏遇到自己的親姪女，七年不見了，長得這麼標緻，若不是她先說明，他是不敢相認的，真是柳家的好閨女，國民黨撤退前，還聽說和一個殷商揚四海的兒子訂婚，後來揚四海跟隨國民黨去了台灣，不知現在有無連絡？

　　為了進一步了解彼此的情形，他們總會找機會接近，但不敢長談，都是今天說兩句，明天說兩句，這樣過了半個月，柳艷對他堂叔這幾年的情形，才有一個初步的輪廓。

　　數百畝的田地是在有心人陷害鬥爭完的，他被戴上地主惡霸的高帽子，遊街示眾，他們指示他的佃農、僱農，用莫須有的罪名，瓜分他的田產地契，有一個佃農指出多少年前，柳天柱的耕牛曾踩死他的一隻母雞，母雞不死可生蛋，如此循環下去，雞會變鵝、鵝變豬、豬變牛、牛力多年生產，如此推算下去，賠了十畝田地。

　　又有一個僱農指柳天柱曾用過他的火柴，這盒火柴是他從上海帶來的，當時的價值，加上運費，被瓜分了兩畝田地。

　　又有一個佃農指他父親是因種柳天柱的田，積勞成疾，終於一病不起，也被分到兩畝田地。

　　反正凡是人能想到的惡毒花招，都想出來了，最後

數百畝田地沒有了，四合院搶佔了，掃地出門。二十來歲的兒子氣憤不過，找共產黨幹部論理，不久意外死亡。柳天柱的妻子因受不住各種打擊，患精神分裂症，送進了療養院。

　　柳天柱一直不承認自己犯錯，被關進牛欄達三年之久，他因大罵幹部，腿被打斷，過著非人的生活，後來聽說妻子還在人間，為了想和妻子見面，他軟化了、他低頭了，他承認一切的錯誤，罪有應得，才把他放出來，分派到這個勞動營改造。等他辦好手續，要去見妻子的時候，療養院傳來消息，說他妻子早於一年前上吊自殺了。

　　柳艷這個生長在象牙塔裏的女孩，生長在高級知識份子家庭中的女孩，若不是她親眼目睹、親耳所聞，簡直不信這是事實，她向來以新社會自豪，以新思想自居，她對黨是不折不扣的信任服從，她在大學學生時代中，黨性最強，常常帶頭宣揚黨的政策，為黨立功賣命，可是現在知道堂叔的遭遇後，她痛苦了，她的信仰動搖了，「不！不！這不是真的！」她喃喃自語。

　　當然，柳艷也向堂叔坦白一切，堂叔大誇她勇敢，不愧是柳家的好閨女。

　　有一天，午餐，有個勞改犯吃窩窩頭太急，被哽在氣管噎死，發生意外，大家都去圍觀談論的時候，柳天柱找到了柳艷，把她找到一邊問說。

　　「艷兒！妳想出去?」

　　「當然。」

　　「那批鬥我。」

　　「叔叔！」

　　「艷兒！妳是我們柳家的命根，柳家的希望，不能

斷送。」他一邊向四邊張望，一邊急切的說。

「我不能這麼做。」

「這是唯一一條生路，妳要為黨立功，才能摘帽平反。」

「我不能批鬥叔叔。」柳艷斷然拒絕。

「叔叔生不如死，妳批鬥我，不但可救了妳，也可解脫了我。」柳天柱解說著。

柳艷還是搖著頭。

「最近他們又再搞什麼三大改造，那是障眼的手法，什麼農業合作？到時田契、地契又被他們收去，當年清算我的農民，又變成佃農、僱農，這些話我私底下和人說過，妳可以做為有力批鬥我的証據！」

柳艷傻掉了，這個長輩他已想妥了一切。

「五月一號到了，他們一年要辦一次擴大檢討會，妳可以在那個時候…」

這時鑼聲响起，他們又分頭工作，噎死的勞改犯抬走了，這年頭人命不值錢，就像是湖面起一個泡泡，風一吹，泡影不見了。

曲小玉有些好奇問柳艷說：「我看妳經常和那個跛腳老頭說話。」

「他是我堂叔。」

「大地主。」

「剝削人民的壞蛋。」曲小玉說。

「我們犁的地，就是他的地，我們住的房子，就是他的房子。」

曲小玉沉默了好一陣子才說：「雖然是親戚，還是少接近的好。」

「謝謝妳，我知道了。」

以後幾天，柳艷認真地考慮這個問題，自新政府成立以來，子女可以批鬥父母、學生可以批鬥師長，倫理道德淪喪，竟如堂叔所說，這是一條路，一條活路。然而她還是狠不下心，叫她六親不認，她做不到！

擴大檢討會要舉行了，這天提早半小時收工，提早半小時晚餐，曲小玉她們究竟入社會不深，還以為是提早慶祝勞動節，舉行康樂晚會啾啾喳喳，老勞改犯卻是個個憂心忡忡，他們的經驗是每次擴大檢討會，都會有人出事，只要禍不從天降，就是大吉大利。

會場設在柳天柱曬麥場，靠圍牆搭了一個小型的台，台上掛了一盞煤氣燈，照得四週雪白通亮，勞改犯一批批帶進會場席地而坐，柳艷她們安排坐在台下第一排，附近的農民也被邀請。

台上一張四方桌，坐了牛支書和一位上級指導，田分隊長大概是司儀，手裡拿著擴音器，指手畫腳，調度群眾。

柳艷的心收緊著，手心冒著冷汗，他偷偷窺視四週，沒有找到堂叔『這樣也好，他沒來，我就不用舉發他，就當是看同樂會吧！』她心裏想著。

「請上級指導致詞。」田麗司儀將那個擴音器雙手交在上級指導手裡。

上級指導講話都是老套，先是宣揚黨的政策，黨的大型式，以及嘉勉牛支書，因為黨和牛支書的領導有方，使得這個農勞改場，農產品又創下新的紀錄，希望大家進步更進步，成功更成功，他的致詞在熱烈掌聲結束。

接著由田麗宣讀工作通報，一是縣裡的通報，指某地有壞份子，藉故反抗『三大改造』『農業改造』運動，充分顯示仇恨黨和人民的反動和階級本性，並當眾依法

判處有期徒刑十年。另一份是地區通報：指某地勞改營勞改犯某某，不知徹底改造，在勞改營散佈謠言，蠱惑人心，意圖滋事，經黨及時發現逮捕，依法判處有期徒刑十五年。

這兩份通報唸完，把台下數百人震攝住了，台下鴉雀無聲，人人自危，因為這些勞改犯多少都曾經發了點牢騷，他們深怕被批鬥，他們害怕揪出帶頭示範。

正待山東大漢牛支書拿起擴音器準備說話，突然靜寂的空氣中，响起『哈哈』兩聲乾笑聲。

是誰向天借膽，如此猖狂，不由得引起台上、台下所有人的注意。

「誰？是誰？」牛支書厲聲叫著。

沒有反應。

「這種舉動是反社會主義、反黨，絕對不允許，剛才乾笑的給我站出來！」

數百雙眼睛四周搜索著。

群眾中心有人叫著：「報告首長！是反動份子柳天柱！」

「把柳天柱帶到台上來！」

立即由二名荷槍的民兵，把柳天柱從地上擰起，押著他，一跛一跛向台上走去。

柳艷吃驚了，血液凝住了，是堂叔故意製造事端，讓她起來發難。

柳天柱被推上台佝著背雙手垂立在那裏。

「柳天柱！你說！你剛才為什麼笑？」

牛支書忍著怒火，和平地問他。

柳天柱望了他一眼沒有答腔。

「這是一枝毒草，我們就趁這個機會清算他、鬥爭

他！」

「清算他！鬥爭他！」台下的聲音響徹雲霄。這些勞改犯，集中目標，借題發揮。

「報告！我要批鬥他！」

突然柳艷自人群中站了起來，大聲說著。

眾人的焦點，集中在她身上，她快步向台上走去。曲小玉張口結舌，不信眼前的事實。

台上的上級指導，牛支書、田分隊長，詫異的注意她的行動。

柳艷向三位幹部行了禮，然後向台前站去，手指著柳天柱大聲說：「你們知道他跟我什麼關係嗎？」

「我知道，他是妳的堂叔！」曲小玉叫著。

牛支書、田分隊長頗為意外。台下有嗡嗡聲。

「今天我要在大家的面前，跟他劃清界線。」

柳天柱滄桑的臉掠過一絲不屑的微笑。

「柳艷同志！妳是從什麼時候，才知道他是妳堂叔？」田麗問著。

「半個月前。認出我以後，他一直在我面前做工作，批評社會主義、批評黨！誣衊我們黨的農村政策。」

「柳艷！」柳天柱大叫了起來。「妳不該說的，妳答應不會說的。」

「對敵人不能手軟、對敵人不能仁慈，仁慈就是對人民的殘忍。」柳艷背著教條。台下響起一片掌聲。

「哈哈！」柳天柱狂笑起來：「三流的演員，背教條都背不像，哈哈…」

氣得柳艷咬牙切齒。

牛支書走到柳天柱面前，抓起他的頭髮：「那我倒要問你，你又是第幾流的演員呢？呸！你根本不入流！」

他甩開柳天柱，面對群眾說：「黨是寬大仁慈的，對小錯小過，黨鞭永遠是高高舉起，輕輕放下，可是對大是大非，黨是非弄清楚不可。柳艷同志！妳可以舉發他嗎？」

「當然可以。」

於是柳艷用悲傷的聲調，打從她幼時隨父母來看這位堂叔，開始敘述她的遭遇，因為她父親是窮教書匠，柳天柱則是大地主，那時她祖父病重，（和柳天柱的父親是親兄弟），想向這位堂叔借錢醫療，堂叔要僅存的一塊莊田底押，後來祖父死了，錢還不出來，這塊田就變成他的田地。

「他年輕的時候，就是吝嗇成性，貪婪無度，毫不顧念兄弟之情。」柳艷說到這裏提高了聲音：「他那麼多田地，我想大多都是用不正當的手段強佔來的，這種人我們不應該打倒嗎？」

「打倒他！打倒他！」台下鼓譟著。

「萬幸新社會成立了，他是新社會的敵人，自然被清算鬥爭，掃地出門，可是他一直不承認有罪，他還誣蔑新社會搶佔他的田地，霸佔他的房產…」

「叫他跪下認錯！叫他跪下認錯！」台下叫著。

兩名民兵在柳天柱身後踹了一腳，他不由自主地跪了下去。

「在這裏我們見面了，我看他年老又殘疾，也不記仇，常常找他聊天，我們到這裏來，是來勞動思想改造的，理應『誠誠懇懇勞動，切切實實改造』，可是他每次見面，他都向我做工作。」

「反動份子！反動份子！」台下有人叫著。

「柳艷同志！他向妳說了什麼？妳坦白說出來！」

田分隊長問說。

「他說最近毛主席號召的三大改造，是障眼的手法，是欺騙人民的把戲！」

台下騷動了起來，這些話大家心裏都明亮，但是誰也不敢說出來。除非他不要命了。

上級督導和牛支書也震驚了，他們密商了一會，中支書到柳天柱身旁，抓起他的頭髮問說：「你真說過這些話嗎？」

想不到柳天柱毫無懼色，挺了挺胸說：「不錯，我是說過這些話！」

牛支書一個耳光刷過去，打得柳天柱滿口流血。

「我認為我說得沒有錯！」

「你還要強辯？」牛支書咆哮著。

「我不是強辯，這是事實，你知、我知、天知、地知，什麼農業合作，到時候田契、地契又被你們共產黨收去了，當年清算我、鬥爭我，分到田地的農民，又變成佃農、僱農！甚至比以前更不如。」他大聲的嚷著：「農民同志們！勞改同志們！你們以為你們翻身了嗎？狗屎！狗屎！」

柳天柱豁出去瘋狂地叫著。

突發的情況，使台上三位領導慌了手腳。

台下再也沒有人鼓掌，顯見是受到蠱惑了、認同了。

牛支書連忙對民兵大喝道：「把他拖下去，把他拖下去斃了！」

兩個民兵來拉柳天柱，他死命反抗，並且大聲叫著：「柳艷！你這個走狗，你不是柳家的女兒，我到陰間都要跟妳劃清界線！」

「拖下去！拖下去！」牛支書再度發命令。

　　柳天柱被拉站起來，他還是大聲吼著。

　　「勞改同志們！我還要告訴你們，『勞動改造』是他們共產黨玩弄名詞中最卑鄙得一個名詞，他們是違憲的、是非法的暴行、他們硬把『勞改』說成是『幫助人民修正思想』，他們把我們當成牛馬，只給草料，不付工資，替他們製造經濟利益，最後誰富了？是共產黨！最後誰窮了？還是人民！」

　　民兵拉他、打他、拖他，他死命反抗、死命吼著。

　　柳艷的心在滴血，他不忍側頭看堂叔一眼，她當機立斷呼著口號：

　　「打倒反動份子！」

　　「打倒反動份子！」台下呼應。

　　「灰塵不掃不走！階級敵人不鬥不倒！」

　　「灰塵不掃不走！階級敵人不鬥不倒！」群眾跟著喊：

　　「拔除大毒草！」

　　「拔除大毒草！」台下叫著。

　　近處傳來兩聲槍響，柳艷愣了一下，隨即又力竭聲嘶的叫著。

　　「無產階級專政萬歲！」

　　「無產階級專政萬歲！」

　　「共產主義萬歲！」

　　「共產主義萬歲！」

　　「毛主席萬歲！」

　　「毛主席萬歲！」

　　柳艷喊一句，其他人跟一句，情緒達到頂點。

　　「柳艷同志大義滅親，我們應該跟她學習！」牛支書呼喊著。

「跟柳艷同志學習！」田分隊長領導呼口號。

「跟柳艷同志學習！」台下聲音此起彼落響徹雲霄。

以後幾天全國大小報紙都在轉載柳艷大義滅親舉發堂叔的事件，一時成為新聞焦點，一時成為人民茶餘飯後的談話資料。

柳艷呢！白天拼命工作，以求得黨的信任，夜間她對著月光暗自流淚，感謝堂叔，竟如堂叔所說這件事救了她，也解脫了他。「世磊！世磊！都是為了你，為了你！」

九、

楊世磊赴香港與柳艷見面事件，並不如楊四海所想平和落幕，兩岸仍然緊張對峙，情治人員對大陸淪陷區逃出人員，嚴密盤問，或事後被人檢舉，一些政要名人，都因來台『自白書』，未能坦白交代曾參加共黨『讀書會』，面臨判刑入獄。

風聲傳到楊世磊耳裡，頗有驟雨欲來風滿樓之感，一日楊世磊收到警備總部傳票，該來的還是來了。

父親楊四海看了傳票，對世磊說：「傳你去問話，是例行公事，不必緊張，你老實說就是了，我們又沒有做虧心事。」

這天，是陰雨天，世磊隨便在門口置傘桶拿了一把雨傘步出家門，突然一陣急風襲來，這把大概是下女買菜用的舊傘，當不起急風，傘筋翻過來，不能用了，淋了一身水濕，真是應了那句話：『人一倒霉，喝開水都會塞牙』。

楊世磊坐計程車準時抵達重慶南路警備總部，說明

來意，就有一名士兵帶他到偵查室。

　　偵查室一如大陸偵查室一般，彷彿是一個師傅教出來的，空間不大，佈置簡單，僅一木桌三木椅，正面牆上掛了一幅蔣總統巨型照片，牆邊安置了一具強烈聚光燈。另邊有個不大的玻璃窗，可觀察室內偵查情形。

　　偵查員還是第一次見到的那個李參謀，上次有父親陪同，他好像和顏悅色，今天帶來一個上士文書進來，一臉寒霜，僅擠出一絲笑容，點了一下頭，以手示意，要世磊坐下，就開始說話。

　　「廖美娟檢舉的信早就收到了，因為最近參加三民主意研習班受訓很忙，所以拖到今天才傳你來問話。」

　　「是、是，給你們添麻煩了。」楊世磊正襟危坐，因以前見過面，並不很緊張。

　　「我們雖然認識，因這是例行公事，我還是得從頭開始問，叫什麼？」

　　「楊世磊！」

　　「那裡人？」

　　「南京。」

　　「父親叫什麼？」

　　「楊四海，巨旺公司董事長，候補立委。」楊世磊照實回答。

　　「什麼時候來台灣的？」

　　「民國三十八年七月，大陸淪陷前，就來台灣了。」

　　「你父親楊四海前輩的出身經歷，我們已經調查得清清楚楚，今天不問了。今天我要問的是，你去香港怎麼會見大陸女匪幹柳艷的情形，請詳盡說明。」

　　「好的，柳艷是我在南京中央大學英語系同學，我三年級、她一年級新生，因參加英語演講比賽，講題是

『林肯在蓋茲堡談民有、民治、民享。』我得最高分，她得到第三名，另一個二年級同學羅元中得第二名，就這樣認識，後來又一同參加『愛樂社』，她彈鋼琴，我拉小提琴，彼此相互吸引，進而相愛，訂親。」

「你是說柳艷是妳未婚妻？」

「是的。」

「柳艷的父親叫什麼？幹什麼的？」

「他叫柳一鳴，中央大學的歷史系教授。」

李參謀彷彿聽故事，上士文書疾筆記載。

「分開六年了，怎麼又連絡上？」

「長官，是這樣的，我們全家是在大陸快要淪陷，就追隨政府到台灣來了，柳艷一家因柳艷母親生病剛剛出醫院，講好等她母親康復，再來台。可惜，不多久，戰局劇變，大陸淪陷了，另個同學羅元中全家遷到香港…」

「我是問你怎麼和柳艷見面？」李參謀嫌他囉唆。

「是、是，這是後來才知道的，柳艷父親調北大，柳艷也插班北大英語系畢業，因成績優異，被選派為國務院翻譯，這次她是隨中共總理周恩來參加印度亞洲會議，返抵香港，休息一天購物…。」

「所以…」

「對，所以柳艷覺得這是千載難逢的好機會，她試著連絡羅元中，又請羅元中通知我，而碰巧我也正想去香港，找羅元中打聽柳艷消息，出國手續辦了一半，我接到通知，連忙加急辦理出國手續，到了香港…」楊世磊停下喝了一口水。

「後來你們就見面了？」

「沒有那麼順利，羅元中彷彿怕什麼，帶我轉了好

幾個地方，最後到了海邊一個英國船員家裡，英國船員赴英國度假,請羅元中代看房子,所以安排在那邊見面。」

「嗯！這個羅元中設想週到。」難得李參謀誇讚了一句。

楊世磊繼續說下去：「柳艷假扮香港傭人,在那裏邊拖地板等我,我們見了面有點生澀,相隔六年,有點敵意,我譏諷她大陸沒有新聞自由,她也反答台灣也自由不到那裡去,我看她手指上還是戴了我贈送她的訂婚戒指,我愣了一下,我們看見有鋼琴、還有小提琴,這當然是羅元中刻意安排的,我們不由自主地走前,她彈鋼琴,我拉小提琴,我們有鋼琴小提琴協奏曲,不約而同的合奏,我們又回到六年前,我熱淚盈眶,他也熱淚直流,一曲畢,我們無言相對。我說：『我替你按小腿。』這是我們多年親蜜的舉動,我們走向沙發,她躺在沙發上閉眼享受。她說,很多次她想到這個畫面,才紓解內心痛苦。我再問她還有多少時間？她看看手錶,還有一個半小時,我是年輕人,熱血早已沸騰,沒有經過她同意,我飛快抱起她,踢開房門,就、就…。」

李參謀和文書上士呆呆瞪視著楊世磊,等待他繼續說下去。

楊世磊喘了一口氣,雙眼紅了,哽咽地說：「她、她竟然是處女。…」

「什麼？」李參謀也意外呆住了。

「柳艷說：她要把童貞獻給我。長官！我是一個青年,共產黨不是一杯水主義嗎？我太意外了,我也太感動了,我抱著她痛哭失聲。」

「嗯,很感人。」李參謀似也受感染。「你們沒有談其他的事？」

「我們兩人親蜜都來不及,那還有時間問及其他?」

「柳艷沒有做統戰工作?」李參謀還是不放心。

「沒有、沒有,絕對沒有,後來她叫我休息,她去洗手間,我却假寐睡著了,等我醒來,她已走了,留了一張未具名的字條。」

楊世磊從口袋小心翼翼掏出那張柳艷寫的字條呈上。

李參謀唸著:「忘了我吧!我們是活在兩個不同世界的人。」

「很好,我替你收起來,這是重要證據。」

「我、我…」世磊想取回,這是多麼珍貴的紀念品。

「張士官,你去複印一份。」

張士官應聲拿了那張字條,走了出去。

楊世磊萬分感激。

張士官複印回來,李參謀將原字條交還楊世磊,楊世磊寶貝似的放入口袋。

「長官!我可以發誓,除了兩情相悅,沒有涉及其他,如果今後你們查出我對國家領袖不忠,你們槍斃我好了。」楊世磊掏心掏肺地說。

李參謀等張士官記錄整理完畢,對楊世磊說:「請你看一下,沒有問題,請簽名。」

楊世磊看了記錄,不必修改,就簽了名。

「問話到此為止,我把這個問話,分送其他情治單位,我想不久就可結案了。」

李參謀與張士官站起步出。

楊世磊也站起相送。他心中輕鬆自在離開警總。他們沒有為難他,也沒有當犯人似的嚴詞犀利問話,他們知道楊世磊父親楊四海政商人脈廣,不能得罪。

　　楊世磊回到家，父母仔細問偵查情形，楊世磊一一作答，均認為可能就此結案了。

　　但是嗣後多日，調查局、國防部總政治部，情治單位，一連數次被約談問話，疲勞轟炸，沒完沒了，弄得楊世磊心情壞到極點。楊世磊父親則到處打點送禮，期能大事化小、小事化無。

　　情治單位甚至想吸收楊世磊為情治單位工作，為世磊堅拒，因為他自己都是瞎貓碰到死老鼠，不知何年何日再能遇上柳艷。

　　這段時間，廖美娟來過幾次，世磊均沒有好臉色給她，有次，美娟主動投懷送抱，世磊推開她，她嗚咽哭著跑走了。

十、

　　當廖美娟帶著一肚子心事回到台中老家，廖家正是第一季稻米收割農忙時節。台灣這個寶島，因氣候暖和，四季如春，水田一年可栽植三次，蓬萊米香甜可口，因此有蓬萊仙島之稱。

　　美娟的母親戴了草笠，正在門口烈日下，曬著穀子，美娟老遠就喊著：「阿母！」

　　美娟的母親停下工作，抬頭一看原來是寶貝女兒回來了。

　　「阿娟，蹬來了。」

　　「阿爸呢？」

　　「他們都在田裏。」

　　「我也來幫個忙！」

　　「算了！妳還是進去歇著吧！」母親一向呵護女

兒，看她長得也著實可愛，所以打心眼裡疼著。

　　傍晚，美娟在廚房幫忙母親料理晚飯，以前每次回來，都是說東說西哼哼唱唱，這次有了異樣，悶不吭聲，鬱鬱寡歡。

　　知女莫若母，女兒一定有了什麼心事了，母親不安地問著。

　　「怎麼，美娟妳有什麼心事？」

　　「沒有哪。」

　　「我不信，是不是跟楊世磊鬧彆扭了？」母親盯著她問。

　　美娟轉身抽噎起來。

　　「妳這孩子！妳這孩子！」

　　美娟眼淚汪汪抽噎的更厲害，母親遞給她一塊毛巾，要美娟擦眼淚。

　　「是跟楊世磊吵架了？」母親又盯上一句。

　　美娟一邊擦淚一邊點頭。

　　「談戀愛就是這樣，一會好、一會鬧…」

　　「不是、這一次不一樣。」美娟輕聲說著。

　　母親愣了半天，才說：「等農忙過了，我和妳爸去台北看看楊世磊…」

　　廖布袋夫婦在農忙過了，真的帶了農產品土雞，由美娟陪著來楊家拜訪，廖布袋那日漸膨脹的肚皮，滿口金牙及爽朗的笑聲，是他的金字招牌。楊四海熱烈地拉著他的手說：

　　「廖先生！聽說今年收成很好，恭喜了。」

　　「是啊！是比往年好，這都是政府的德政。和你楊老闆的關照。」

　　「那裡、那裡，我能幫什麼忙？你太客氣了。」

「是…是真的，以前我們不懂使用農藥，是你楊老闆介紹的，才使我們今年收成特別好。」

「哦，你是說這個，那天碰巧一個肥料公司的朋友來看我，我想到你，向他打聽一下，不過是一點皮毛。」

「反正我跟楊老闆交了朋友以後，我們家裡就興旺起來了。」廖布袋爽朗的說著。

廖太太一直站在一邊傻笑，態度比第一次來隨和多了，這時她將提了農產品土雞的兩手揚了揚對楊太太說：「這點小意思。」

「你看、你看，來玩就是了，每次都帶這麼多東西真不好意思。」

楊太太吩咐下女提到廚房，陪廖太太、美娟坐下閒話家常。

「楊老闆，我有一句話想問你。」廖布袋突然壓低聲音說。

「請說！」

「最近報上天天登著，大陸上共匪對人民清算鬥爭，是政府的宣傳，還是真的？」

「哦、你是問這個，當然是千真萬確的，大陸上老百姓真可憐。」

「我懂了、我懂了，所以我現在感到特別快活，人在福中，要知福。」

「廖先生！你的名字取得好，廖布袋！廖布袋！我看將來黃金台幣要用布袋來裝了。」

「見笑！見笑！哈哈…」廖布袋開懷的笑著。

美娟一直拘謹坐在那邊陪父母應酬著，來了一會了，沒有看見世磊的影子，內心有點著急，也不便發問，自從上次發生那件事情以後，她變乖了，乖的有點異常。

正在這時候楊世磊才懶洋洋步下樓來。

「廖叔叔！廖媽媽！哦，美娟也在，昨天夜裡有件新聞採訪到半夜才回來，所以一直起不來，沒有早點下來招呼，對不起啊！」楊世磊對廖布袋說著，然後去到美娟身邊，手擱在她肩上，美娟肩膀動了動，世磊的手沒有移開，也就讓它擱在那邊了。

世磊為了讓大家寬心，還低下頭故意吻了美娟的秀髮，表現親熱，美娟白了他一眼，臉紅了起來。

「世磊！你最近是不是和美娟鬧什麼彆扭了？」廖布袋開門見山問著。

「沒有啊！哦！可能是美娟有點誤會。」世磊做瀟灑狀說：「最近有人說我去香港是去會以前的未婚妻，伯父！伯母！你們想想，這怎麼可能？鐵幕耶！人們怎麼隨便能出來？是有人故意破壞我和美娟的感情。」

「對！對！我也這麼想，大陸上的人怎麼能出來？一定是空穴來風。」廖布袋贊同地說著。

美娟又白他一眼沒有作聲。

「美娟！我們很久沒有看電影了，我們看電影去。」世磊建議著。

「對！對！你們年輕人，出去玩玩。」世磊的母親也打著邊鼓。

「阿娟！妳跟世磊去看電影，我們吃過中飯就回去了。」廖美娟的父親也附和著。

美娟望了望大家，無奈地站起。

「伯父！伯母！我不賠了。」世磊摟著美娟走出大門。

外邊的天氣驟變，烏雲密佈、不時的閃電，隱隱的雷聲，好像要下大雨，美娟站在門前甩開世磊摟著腰的

手。

「表演到此為止。」

世磊怔住。

「你真是一流演員。」美娟譏諷地說。

「美娟！我不是演員，真的想看電影。」世磊一本正經地說。

豆大的雨點突然下了起來，世磊連忙叫了一輛三輪車，他們跳上車，車篷早已拉起，擋雨布也放下來了，他們好似關在狹小的密室，身子挨著身子，還必須騰出一隻手摟著另一人的腰，才不見擁擠，在這種情況下，再大的誤會、再疏遠的感情，也被這感情的蒸爐蒸發了。

楊世磊當初看上廖美娟，除了兩家通好，另外也因美娟的外表酷似柳艷，身材高挑、雙腿修長，他愛的是柳艷的影子，如今在香港見了柳艷，就覺得他不是真愛美娟，所以有點退縮，他常常自問：「這樣下去對美娟是否公平？」因為他心中起了矛盾，想見面又怕見面，再加上美娟醋勁特大，上次發生檢舉匪諜密函事件，對將來是否幸福起了存疑。

然而在現實的境遇下，他不得不敷衍：「一切順乎自然吧！」他心中暗暗下著定論。

美娟呢？這個多情的寶島姑娘，經過這次波折以後，又燃起希望之火，更重視這份感情，尤其這天又看了費雯麗和勞勃泰勒主演的『魂斷藍橋』，她感動地在世磊懷中哭得淚人似地。

他倆的感情又恢復到原點，美娟的兄長廖大發即將結婚，她特別邀請世磊去鄉下喝喜酒。而且千叮萬囑，不管報社怎麼忙碌，也不得缺席。

那天廖布袋夫婦來楊家拜訪，除了探視世磊，另外

也是親送兒子結婚的喜柬來的。

　　碰巧那天政府召開工商會議，楊四海不克赴南部親自道賀，除了致送一個特大的賀儀外，並請世磊代表楊家參加。

　　廖大發的婚禮在當地是一件大事，在廖家門前曬穀場搭了一個長長的遮雨棚，宴開五十桌，娘舅送的喜帳上掛滿了百元大鈔，省議員送的『耕者有其田』中堂鏡框，掛在顯眼的地方，暗喻廖家因政府推行『耕者有其田』政策經營模式成功致富，一語雙關，引起世磊莞爾。

　　世磊被安排在第二桌，美娟有意喧染，一會剝荔枝塞在他口裡，一會又剝糖給他吃，狀極親熱，再加上世磊確也是長得體面，引起鄉里親友注目，這裡叫著美娟什麼時候請吃喜糖，那邊喊著美娟打聽何時喝喜酒，這一對金童玉女，搶盡風頭，似乎喧賓奪主。廖布袋夫婦看在眼裡，笑得合不攏嘴。

　　在回台北的火車上，美娟仍然是興高采烈，世磊則悶悶不樂，美娟醋勁又發作了，質問世磊是不是又在想念柳艷，面對熱情的美娟，世磊內心苦悶了。

　　楊世磊從台灣中部回來第二天，收到警備總部結案通知，重點如下：

　　一、姑念楊世磊是為情所困，不諳法律規章，輕判在軍法局勞役三十天，每天洗衣一百件。

　　二、每週研讀蔣總統訓詞一篇並做心得報告。

　　三、三年禁止出國，每月底向警備總部報到一次。

　　這是輕判了，但對楊家來說，是平生的奇恥大辱，千萬不能外洩，就是親如胞妹及堂叔一家，也蒙在鼓裡。

　　楊父指示楊世磊先向報社請事假一個月，對外宣稱將去海外友邦國『宏都拉斯』探訪農業改造，然後在一

個月夜，攜帶簡單行李，由父親楊四海陪同向台北市景美軍法局報到。

　　不知從何處運來這麼多囚友，十個勞改犯，每天每人規定洗一百件，無洗衣機，用雙手在洗衣台洗，槌（木棍）、曬、收、一條龍作業。由一士兵監管，不得敷衍、不准偷懶，既然有責任規範，今天不能洗一百件，多餘併作明天完成，所以每個勞改犯無不奮力打拼，完成任務。

　　一個禮拜下來，雙手泡在肥皂水中，已起泡脫皮。楊世磊服過兵役，而且是為了愛情，為了柳艷，毫無怨言。

　　這段時間，廖美娟去過楊家幾回，楊世磊父母仍然熱烈接待，只是沒有看見世磊，心頭起了懷疑，又不便多問。有次，世磊的小妹楊蓉蓉在花園抓蝴蝶，她輕輕問她：「小妹！妳哥哥呢？是不是出差去了？」

　　「去國外了。」蓉蓉說。

　　美娟一聽，心頭不由一怔，難道又是去會那個女匪幹柳艷？

　　「是嘛？難怪我每次來，都沒有看見他。」

　　美娟在法商學院碰到世磊堂弟楊世華，也打聽世磊情形。

　　「聽說世磊去外國了？！」

　　「嗯！我伯父伯母說，是去『宏都拉斯』採訪農業改良。」

　　「哦。」

　　「他沒有告訴妳？！」

　　美娟搖了搖頭走開了。

　　她心煩了，前段時間她兄長結婚，世磊去了中部喝

喜酒,不是兩情相悅?怎麼去遠門也不打聲招呼？她心中懷疑更甚,由於上次經驗教訓,她不敢再去報社打聽是公差還是私事,也不敢向乾爹乾媽多問一聲,整日整夜悶悶不樂,度日如年。

好不容易一月過去了,楊世磊勞役滿期,由於平日逆來順受,毫無怨言,而且研讀蔣總統訓詞,讀書心得也寫的得體,獲得長官肯定,還拿了模範勞役獎。

也是父親親自到軍法局,把楊世磊領回,到一個事先計劃好的商品店,購買香港糖果禮品,再趁小妹蓉蓉尚未放學,要下女在院子內放一火盆,世磊在火盆上穿過去霉。

這夜特別為世磊煮一碗豬腳麵線,再吩咐世磊入浴修臉,準備明天大宴客。

叔叔嬸嬸世華來了。

鄰居好友來了。

美娟也請來了。

世磊經過刻意修飾,煥然一新,分送禮物,還說了一些異國風情趣事,眾人深信不疑。

三八嬸嬸說:「世磊!恭喜了,你這次勞苦功高,必定升官了。」引得哄堂大笑。

世磊上樓到臥室。

美娟也緊跟而至。

美娟含淚望著世磊,趨前欲握世磊手。

世磊退後不讓她碰手。

「怎麼啦？你手裡握了什麼？」

世磊後退,雙手放身後,更引起美娟猜疑,她一把抱住他,抓其手,見世磊雙手脫皮起泡,驚住了。

「你手怎麼啦？」

世磊苦笑搖頭。

「你說，你說。」

「你真以為我是去"宏都拉斯"？」

「那去哪裡？」

「景美軍法局，每天洗囚衣一百件，三十天洗三千件，是妳那封告密信所賜。」

美娟呆住了，她是萬萬沒有想到，這許多日子，他是因為她吃苦，做勞役。

「對不起，是我害了你。」美娟猛摑自己耳光，然後跪在世磊腳前，抱著世磊雙腿痛哭失聲。

世磊呢，也含淚，攤開雙手，面對這個熱情的少女，不知是愛？！還是恨？！

十一、

柳艷大義滅親，對黨立功，摘帽平反，牟崇鼎親駕紅牌轎車，來接她返北京。

農改場牛支書及田分隊長率領勞工群眾，在道路兩旁喊『向柳艷同志學習』『無產階級專政萬歲』等口號相送。

最後群眾散了，牛支書向田分隊長說。

「我以前跟妳說的話，妳還記得嗎？」

「究竟薑是老的辣。」田分隊豎起大拇指說。

途中，牟問柳艷，有無和香港羅元中聯繫？柳艷當然否定，牟不信，引起柳艷憤怒。

「噯！領導！妳是怎麼啦？是無事找碴？」

「我不過隨便問問。」

「你明明知道我不可能再和他聯絡，故意氣我。」

「好了、好了，不說了、不說了。」牟崇鼎對柳艷是又恨又愛，免得多日不見又起風波，他只好閉口不言，專心開車。

柳艷損他一眼，見他悶悶不樂，嘴角撩起一絲微笑，過了好一會，牟崇鼎看了柳艷一眼說。

「我告訴妳一個消息。」

「你又升官了？！」

牟崇鼎搖了搖頭：「聽說政府正在籌備北京電視台。」

「很好，老百姓有福了。」

「你想不想去電視台擔任記者？」

柳艷內心一振，嫣然一笑。

「怎麼？你能幫我？」

牟崇鼎也笑了笑。未置可否？

「怎麼嘛？你能助我一臂之力嗎？」

牟崇鼎故意不立即回答，等了好一會，看柳艷著急期待的樣兒，才說：「我爸已經打通關節，八成沒有問題。」

柳艷一聽，幾乎高興地跳了起來。

「真的？！這是我夢寐以求的事，若事成功，我一定大大謝謝你。」

「妳等好消息吧。」

柳艷微笑偏頭看了牟崇鼎好一會，不意在牟崇鼎臉上狠狠親了一記。

於是兩人轉怒為喜，盡釋前嫌。

　　　　　※　　　　　※　　　　　※

中共解放大陸後，知識份子對其專制殘暴統治，大感不滿。

一九五七年，上半年毛澤東發動『百家爭鳴，百花

齊放。』運動，號召知識份子對黨和國家政策發表意見，並提出：『言者無罪，聞者足戒』的保證，鼓勵學者『大鳴、大放。』

　　柳艷的父親柳一鳴，為北大名歷史教授。這日柳一鳴和數位教授及民盟人士，大談『鳴放』事，其中有『民國四公子』之一美稱的張伯駒，晚清戊戌政變要角康有為之女康同璧、社會學者費孝通、羅隆基、儲安平等人，有人主張抓機會，大鳴大放，吐吐苦水，柳一鳴則保留態度，但因他地位崇高，其他教授以他馬首是瞻，他苦勸不果，只有硬著頭皮，同意大鳴大放。

　　於是北京大學一張張大字報貼在校院中，尤以費學通一篇膾炙人口的：『知識份子早春天氣』；儲安平批評中共『黨天下』；羅隆基更是尖銳批評中共：『現在是無產階級小知識份子領導資產階級的大知識份子。』等文章在報章雜誌發表、控訴暴政，鼓吹變革。共產黨受到猛烈評論。

　　牟家父子談此次『大鳴大放』太過開放，已引起毛主席心中不快。

　　果然不久，中共喉舌，人民日報首先登出社論翻案，把『鳴、放』說成『引蛇出洞』，便於聚而殲之的『陽謀』，教授們人心惶惶，恐怕大禍臨頭。

　　北大黨委決定辦人，目標是帶頭的教授柳一鳴。

　　『北京電視台』創立了，即將開播，柳艷記者事已成定局，即將發表，在這個重要關口，偏偏父親又出事。

　　柳艷批鬥堂叔塑造英雄，牟崇鼎趁勢鼓勵她批鬥其父，才能救父救自己，而且黨也再度考驗其對黨忠貞度，柳艷痛苦煎熬兩天，終於著文投寄『人民日報』，控訴父親柳一鳴，心懷舊社會，對新政府改革一向不配合，

不積極，對女兒批鬥堂叔的舉措深惡痛絕，曾揚言脫離父女關係，從今日起若父親不知回頭是岸，將徹底與其劃清界線。

文章在『人民日報』刊出，令親者痛、仇者快，父母及其親戚當然不諒解。

夜，柳艷向父母哭訴，在此情勢下，出於無奈，才出此下策，並懇求父親放下身段，向共產黨輸誠，以保自己、保家。

這時反『右傾』如火如荼，多少知識份子被整，民盟人士噤若寒蟬，柳一鳴也只好順應女兒懇求，向北大黨委輸誠，指係迫於同人鼓吹無奈，才帶頭大鳴大放，今後將下功夫學習，馬克斯列寧主義明判是非，做一個知識順民。

真是人在屋簷下不得不低頭。

北大黨委覺得柳一鳴仍可利用，命他一月研讀共黨理論三篇作成心得報告，以觀後效。

一場巨禍消弭於無形，而柳艷也正式獲得『北京電視台』記者新職。

夜深沉，柳艷仍無睡意，她步出小花園，她含淚望著天上的月光，喃喃說著：「世磊！世磊！我們活在兩個世界，你呢？」

台北早上，楊世磊的父親楊四海在客廳翻閱民營『聯合報』，看見外電報導大陸『三反』『五反』，中共專制暴政，死傷數百萬人，不由得搖頭嘆氣。

「老爺子，報上說什麼？讓你唉聲嘆氣？」世磊母親問說。

「你看看，毛澤東要人民『大鳴、大放』人民真的『大鳴、大放』，又把『鳴放』說成是『引蛇出洞』便

於『聚殲』的『陽謀』，政策朝令夕改，叫人民怎麼遵行？報上說：以前中共土地改革，沒收地主土地，清算鬥爭，殺害了數百萬人，這次對知識份子又大迫害，死傷百萬人，怎不叫人『怵目驚心？！』」楊四海感慨的說。

「你關心這些，又有什麼用？」

「兩岸雖然敵對，但總是自己同胞。」

「算了、算了，不用提了，提了心頭煩，還是關心我們身邊的事吧？」

「什麼事？」

「颱風啊！報上有沒有颱風消息？」世磊母親關心地說。

楊四海翻了翻報紙。

「有，十六級強烈颱風可能直撲台灣中部。」

「那趕快通知你的好友廖布袋，要他趕快防颱。」

「好、好，我馬上打電話。」楊四海立即撥電話。

「廖老闆，我是楊四海呀！氣象局發部強烈颱風消息，你知道嗎？嗯、嗯，好的，多一份準備，少一份損失，對、對，我們一同防颱，再見。」

楊四海掛了電話，喜形於色。

「廖布袋怎麼？」

「他說感謝我打電話通知他，究竟好朋友。」

台灣中部廖布袋聽說有颱風消息，內心就很緊張，因為他是大地主，農民靠天吃飯，二期稻作下田不久，如何不致淹沒。山坡地最怕山洪暴發，如何防備？接了楊四海一通電話，除了要妻子購買蠟燭乾糧，以便不時之需，還立即帶了老大去農地巡視。

楊四海這邊，也在門窗上釘木條鞏固，以防巨風暴

雨侵襲。

全台灣都在做防颱萬事準備，氣象局卻傳來消息，強烈颱風『芙瑞達』與台灣島擦邊而過，轉向日本了。

這當然是好消息，但是氣象局也提醒民眾，颱風尾巴可能掃向台灣島。

說時遲、那時快，滿天烏雲密佈，暴雨傾盆而下。一連兩天兩夜暴雨不止，中南部水庫漲水滿溢，稻田淹沒了，山坡地山洪暴發，洪水像猛獸一樣衝進廖家，少頃洪水已漲到一樓天花板，廖家人趕忙爬上二樓閣樓，才躲過浩劫。

這次台灣中南部災情嚴重，死傷無數，損失慘重，農村滿目瘡痍，使大陸來台的『外省人』，談風色變。

颱風遠離了，暴雨也止了，政府發動有錢出錢、有力出力，復原救災。

世磊的母親不禁搖頭感嘆：「台灣人稱寶島，其實不是地震就是颱風，弄得人心惶惶，我看寶島美名，要另外商榷了。」

「唉！這邊天災，那邊人禍，何處才是安樂窩？！」楊四海也感嘆了。

這次『芙瑞達』強烈颱風中心位置，雖然轉向日本，颱風尾巴還是給台灣北部帶來十級巨風，台北市街頭椰子樹也吹倒不少，楊世磊身為記者為採訪新聞，日以繼夜跑遍北部縣市，在台北街頭還被店家招牌被風吹落，打傷頭部，所幸傷勢不重，自己就近軍醫院包紮後反報社繼續工作，直到颱風離境，才想起廖美娟，買一斤橘子，叫了三輪車，直奔法商學院女生宿舍。

這時正值夏季暑假，大多學生已返家團聚，廖美娟因要與世磊約會，所以留在宿舍，沒有回台中老家。想

不到，當楊世磊到達女生宿舍，廖美娟却遲不露臉，令世磊錯愕不已。

　　世磊正待轉身離去，忽聽到一個女孩咳嗽一聲，回過頭，才看見廖美娟穿了一套睡衣，凌亂長髮披肩，臉部削瘦、懶洋洋站在那邊。

　　「美娟！妳病了？」世磊走近注視她，關心地問。

　　美娟兩肩動了動，未正面回答。

　　「颱風剛過，沒什麼水果，這點橘子…」

　　世磊將一袋橘子遞給她。

　　美娟接過橘子，隨手丟到老遠。

　　「誰希罕？」

　　這是他倆相識以來從未有過的舉動，世磊心中有點不滿，但他究竟年長，不能跟她一般見識，還是和顏悅色，問道：「怎麼啦？什麼事生氣了？」

　　「問你自己。」美娟沒好氣地說。

　　「問我自己？！我什麼事令你生氣？」世磊不解地說。

　　「你明明知道強烈颱風要來，也沒有安頓我去你家裡，還三天不見人影，你知道這三天我是怎麼過的嗎？」美娟連珠炮似地大聲叫嚷著：「那天颱風尾巴掃到台灣北部，我們女生宿舍 B 棟只有我一個人，我們宿舍年久失修，十級颱風襲擊，門窗搖搖欲墜，我一個人雙手拼命擋住窗戶，不讓它吹垮，忽然電也停了，一團漆黑，電話也不通了，加上狂風暴雨，彷彿鬼哭神號，我平時怕鬼，膽子又小，真是叫天天不應、叫地地不靈，這個時候，我只有叫著你的名字『世磊！世磊！你快來啊！快來救我啊！可是你在那裏？你能想到我嗎？你能冒著狂風暴雨即時來到我面前嗎？沒有，擋了半個小時，強

風轉弱，我也暈過去了…」她說到這裏嚎啕大哭不止。

世磊同情地摟著她，想安慰她，卻被美娟推開。

「不要碰我！」她厲聲叫著。

美娟用力推開他，繼續又叫著：「當時你在那裏？你能想到我嗎？你只想到北京,想到你心肝寶貝柳艷！」

「夠了！」楊世磊被激怒，大喝一聲。

美娟被震攝住，呆在那邊。

楊世磊又恢復用平和的語調說道：「對不起！我不該對妳么喝，但是你對我大派不是，我要解釋，妳剛才說：颱風要來，我沒有安排妳到我家裏去住，這不是事實，我邀請過妳，妳說颱風來不來還不知道，妳們同學已約好去野柳、去烏來玩。所以後來我沒有提起，那是尊重妳的生活自由。至於這三天，我是記者，為了報導災情，日以繼夜穿街過巷跑遍北部縣市。在台北市杭州南路，我還被店家招牌打傷頭部，所幸傷勢不重，我自己就近去軍醫院包紮打針。我三天沒有回家，三天沒有合過眼，累了在報社打盹，又繼續採訪報導。我也打過電話到妳們女生宿舍詢問，但是電話不通，我還想，妳恐怕在同學家。想不到妳竟然一人在宿舍抗災，真令人佩服。」

「妳知道我為什麼待在宿舍？我是痴痴等你來啊！」她嗚咽了。

「很抱歉，我抽不出身，所以颱風過了，我沒有回家，就急著來看妳。

「少來虛心假意，我算什麼？妳並不真心愛我，你愛的是我身上有柳艷的影子，我熱臉去貼人家的冷屁股,可是人家並不領情啊！」她有點歇斯底里嗚咽哭著！

「哈哈！廖美娟！妳好傻、妳好笨，今天我終於清

醒了，終於想開了，今後，你走你的陽光道，我過我的
獨木橋…」這個寶島姑娘，愛情小說看的太多了。

「美娟！美娟！請不要這樣。」世磊想收拾殘局，
可是美娟不想退讓。

「不要攬我！你手不放開，我可要大叫了。」

「好、好，我不攬你，我們好好聊聊行不行？」

「不！聊有何必？哈哈！談有何用？哈哈…」她哭
著轉身入內，重重關門。

任楊世磊敲破鐵門，任楊世磊喊破喉嚨，她也來個
相應不理。

近處一對老年夫妻注視一切。

老男：「這就是愛情。」

老女：「我們是過來人。」

老男：「把手給我。」

老女伸出手，兩人相握。

老女：「給你就給你，跟你握手，還不是等於我自
己左手握右手。」

世磊淚眼望他們一眼，快速離去。

次日，楊世磊在報社收到廖美娟一包東西，退回所
有信件贈品，世磊太意外了，這是始料未及的，他如何
面對家人？他如何面對廖家長輩？他心中苦了。

楊世磊父母得知美娟退回信件贈品，面色凝重，半
天沒有講話。

「世磊！你一向通情達理，怎麼會弄到這個地步？」
母親首先開了口。

「我還以為你們兩人經過上次那件事以後，和好如
初了。」父親楊四海也關心地說。

「你怎麼收拾？」母親再問。

　　世磊搖著頭。

　　「北京柳艷盡管可愛，但遠水難救近火。而且兩岸對峙，何時能過太平日子，不得而知，我看還是把握現實，與美娟重修舊好。」楊四海諄諄告誡。

　　「爸！媽！我知道，可是經過香港和柳艷會面以後，我怎麼能忘了她，忘不了啊！」世磊雙眼泛紅，嗚咽說不下去了。

　　父母對望一眼，心事重重。

　　「這樣吧！要世華去把美娟找來，我要好好勸勸她。」母親提了意見。

　　「我看還是世磊親自跑一趟，女孩子心高氣傲，能挽回、挽回吧！」父親雙眼盯住世磊。

　　美娟心情不好，病在宿舍，世磊堂弟楊世華趁虛而入，找到機會照應。

　　世磊去了，看見世華噓寒問暖，百般呵護，心中不是滋味，毅然退出。回到家幾經考慮，也退回信件贈品，請世華轉交。

　　世華表面表示惋惜，勸世磊再考慮，世磊不為所動。其實世華內心是竊喜萬分的，多年單相思，終於有了一親芳澤的機會了。

　　『芙瑞達』水災後，政府戮力復原重建，楊四海因參加重建小組去中部視察，順便去探望美娟的父親廖布袋，小孩的事情由他們自行解決，大人們的友誼仍然維持。

　　廖布袋在這次六十年罕見的水災中，農地損失慘重，他是一個樂觀的人，且政府對損失有補助，也算是萬幸了。

　　廖布袋見到楊四海熱烈歡迎，一把拉住楊四海的手

到房屋中堂，指著洪水差點滿到二樓的痕跡。

「你看、你看，洪水差點上了二樓，可怕，真是台灣人談風談水色變。」

「那是、那是，不過有水也是有財，我看將來廖老闆的錢財，也像洪水一樣湧進來。」楊四海開著玩笑說。

「那就討楊老闆的福了，哈哈！」廖布袋一口金牙笑著。

「等今年過春節，我替你寫幅春聯：『喜迎春夏秋冬福，戶納東西南北財。』」

「太好了、太好了，謝謝、謝謝。」廖布袋和他妻子連忙敬茶敬菸，奉為上賓。

生意人三句不離本行，廖布袋因此次水災，山坡地山洪暴發，損失不貲，擬改為栽種茶葉，一是鞏固山坡地，二也是擬創建茶業工廠，拓展外銷，請教楊四海可行不可行？楊四海一聽豎起大拇指說：

「廖老闆！你真有生意眼，越來越有大企業家的氣派了。」

「笑話、笑話，我不敢當，楊老闆識多見廣，那才是大企業家。」兩人開懷大笑。

廖家大門外，是鄉村大通道，數十位國軍弟兄正在忙著修橋鋪路，一個指手畫腳的班長楊四海看去有點面熟，再定睛一看，不覺大喜。

楊四海連忙走過去，輕拍對方肩膀說：「請問你是不是徐有信先生？！」

徐有信轉過身一看，雙眼呆住了，眨了眨再看，不禁大叫起來：「我得老天，你不是大表哥楊四海嗎？怎麼在這裏？」

徐有信想撲過去擁抱，看看雙手泥巴，連忙在自己

身上擦了擦，就忙不迭抱住大表哥，大叫：「大表哥！怎麼這麼巧？這麼巧？」

　　兩個大男人熱淚盈眶，緊抱不放，連站在旁邊的廖布袋夫婦也受感動。

　　「我早就知道大表哥跟著政府來台灣了，我正想登報尋你，想不到在這兒碰見了。」徐有信掏出一包台灣最廉價的長壽香菸，一人敬上一支，連弟兄也見者有份，分完為止，可見他內心非常高興。

　　「所以有人說：很多親戚朋友都在台灣街頭巷尾遇上的，這是亂世啊！你怎麼來台灣的？」楊四海邊吸菸邊問著。

　　徐有信立即脫去汗衫，結實的肌肉上展現『反共必勝』刺青。楊四海又大叫起來：

　　「原來你是反共義士。好樣！廖老闆！我表弟是反共義士呢，佩服吧！」

　　「佩服！佩服！楊老闆！你表弟他們要工作，我們不耽誤他們了，待會中午休息的時候再聊。班長！中午到小弟家吃飯，我也準備買十斤豬肉給弟兄們加菜。」

　　眾弟兄歡呼大叫，幹得更起勁了。

　　「那不好意思，那怎麼好意思？」徐有信摸著頭腦微笑著。

　　「噯！我們是軍愛民、民敬軍！」

　　眾人又是哈哈一笑。

　　中午這一餐是溫馨的，也是感人的，廖布袋信守諾言，真的贈送十斤豬肉，為兄弟加菜，徐有信則與大表哥、廖老闆把餐話舊，他說他原是國軍五十一軍四十一師，後來共匪叛亂，國共內戰，被共軍俘虜，韓戰爆發，被推上『抗美援朝』當砲灰，後來又被美軍俘虜，講著

講著他痛哭失聲，他一生多難，令人同情。

　　楊四海為怕給廖布袋添麻煩，另方面也恐影響徐有信工作，彼此交換地址，交待到台北再詳談告別。

　　久久，徐有信還望著楊四海離去背影，他已打算等救災重建工程圓滿完成，立即去台北拜見大表哥表嫂。

十二、

　　周日，美娟由世華陪著去台中看父母，父母心中怪異，怎麼不見世磊？當了解後，也對世華注意起來，綜合印象是世華也是長得有頭有臉，只是有些油滑，不切實際，但總是楊家子姪，也就順其自然了。

　　徐有信真的帶了土產來到台北，因為台北很少來，路又不熟，東轉西轉終於找到楊四海交給他的住戶地址，已是滿頭大汗了，這是兩層樓別墅建築，院子很大，四週種了高大的椰子樹，紅漆木大門，他再度校對門牌號碼無誤，才敢按門鈴。

　　下女阿花來開門，見是一個穿了軍服的阿兵哥，用台灣國語問說：

　　「請問你找誰？」

　　「這是楊四海先生的家嗎？」

　　「是的。」

　　「我是楊先生的表弟，我從中部來的。」徐有信慎重其事的說。

　　「哦，請進、請進。」阿花在楊家多年，普通話已經很靈光。「老闆！有客人來。」她又向內大叫一聲。

　　徐有信走到玄關。

　　楊四海及妻子、還有楊世磊在門口迎接。

　　「表弟！想不到這麼快就見到你了。」楊四海熱烈握住徐有信的手笑著說。

　　「那天見到大表哥，第二天就想來了。」

　　「是嘛，你表哥說在台中碰到你，我們都很高興。」世磊的母親連忙拿拖鞋讓徐有信穿。

　　「鄉下來的，這是土產，不成敬意。」徐有信將一大袋荔枝、香蕉，還有兩大瓶金門高粱交在下女阿花手裡。

　　「來就來，帶什麼禮物，你看這麼重，累了吧？」楊四海體貼地說。

　　「還好、還好。」徐有信擦著汗。

　　「阿花！你去拿塊毛巾來。」世磊的母親吩咐著。

　　阿花立刻取了一塊白色毛巾，雙手交給徐有信。

　　徐有信看毛巾太乾淨，不敢往臉上擦。

　　「我、我臉上髒了…」

　　「不要緊，這塊毛巾是專門客人用的，髒了，洗一下就是了。」

　　「那我就不客氣了。」徐有信這才擦了臉，一臉憨態。

　　「坐！請坐！」他們就坐。

　　徐有信望著站在一旁的楊世磊。

　　「這是賢姪世磊吧？！」

　　「是的，大表叔，我是世磊。」世磊笑著說。

　　「表嫂！你看，十多年前，我見到世磊，他才初中二年級，都這麼大了，長得很體面，美男子，結婚沒有？」

　　「沒有。」世磊靦覥的說。

　　「我如果有女兒，要她趕快嫁給你，不然被別的女孩搶走了。」

引得眾人哈哈一笑。

表哥表弟，還有世磊三個男人在客廳吃著冰西瓜，一邊天南地北聊著。徐有信又把當年在家鄉農忙，被部隊抓住從軍，如何數度被俘、如何成為『反共義士』到台灣，又重複了一遍。

「大表哥！當年你能跟著政府來台灣，是來對了，你看看，你們住家可以說比起大陸還有氣派。」

「那裡、那裡，不過運氣還不錯，紡織廠也已經開工了，外銷市場也正在努力打開。」楊四海說。

徐有信香菸一支接著一支，話語不斷，可不是，來台多年，今天才見到至親，那種內心愉悅，是多年僅見。

世磊的母親在廚房幫忙，偶而也湊到客廳，和表弟聊一兩句，表示由衷歡迎。

壁上掛鐘已指向十點四十分，桌上已擺滿的魚肉佳餚。

楊四海站起來說：「有信表弟！事先不知道你要來，沒有準備，就來點家常便飯。」

「大表哥！表嫂！我們阿兵哥的菜好壞無所謂，酒是要喝的，我帶來兩瓶 38 度金門高粱，酒很醇、口感不錯，世磊表姪，你年輕，今天可要跟我這個老骨頭，多喝幾杯，不醉不罷休。」

他們入席，世磊坐在徐有信旁邊，不斷敬酒。

「表弟！菜還對你味口吧？！」世磊的母親指著菜說。

「表嫂！在大陸我就嚐過妳的拿手好菜，如今妳當然難得下廚，可是強將手下無弱兵，每道菜都鮮嫩可口，好吃、好吃。」

「那就不客氣，多吃一點，噯。」世磊母親說。

　　楊四海酒量不大，小酌兩小杯即止，徐有信一直與世磊乾杯，酒喝多了，牢騷也來了。

　　「大表哥！大表嫂！偉大的領袖不是訓示我們：『一年準備，兩年反攻，三年掃蕩，四年成功嗎？六七年了，還是原地踏步，反攻大陸的歌曲都唱爛了，唱得沒有勁了。」

　　楊四海恐怕有信酒喝多了失態，連忙解釋。

　　「領袖是有心反攻大陸，可是美國第七艦隊在台灣海峽巡邏，明是維護台灣安全，其實也是防止我們反攻大陸，國際形勢如此，有什麼辦法？領袖內心比我們還著急啊。」

　　「那何年、何月才能回去？我大陸還有個未婚妻啊…」

　　這句話一出，世磊不禁一怔，說到世磊心坎裏去了。

　　「表叔！乾！」世磊與表叔碰杯，一飲而盡。

　　兩人情境相同，思路一樣，真是酒碰自己千杯少，乾、乾，世磊與表叔一杯又一杯。

　　把兩老看在眼裡傻住了。

　　「我，如，如今身、身單、影隻。」徐有信口齒不清了：「什麼時、時候，才、才能回老家？」他竟匍在餐桌上嗚咽不止。

　　「世磊！你表叔喝醉了！扶他去客房休息。」四海皺著眉說。

　　楊世磊攙扶表叔向房內走去。

　　徐有信還是醉言醉語：「我、我沒有、我沒有醉，喝，他、他媽的，再、再喝十杯。」

　　世磊終於把表叔安頓好，走到自己臥房，愣愣坐在那邊，他想起柳艷，想起美娟，有苦說不出，他拿起小

提琴，站在窗口，含著眼淚，拉起他和柳艷的協奏曲。

琴聲傳到客廳，父母互望一眼，感念感情的事，真是能令人肝腸寸斷。

這時有人按門鈴。

阿花去開門，一個男孩背了一袋米進來。

男孩十四五歲，眉清目秀，是巷子口雜貨店寡婦的獨子，和小女兒蓉蓉同班同學，勤勞乖巧，很懂禮貌，世磊父母對這個小孩印象很好。

「孩子，你吃飯沒有？沒有吃在我們家吃點。」

「謝謝！我吃了。」

他放下米，世磊的母親付了米錢，又在茶几上抓了兩串荔枝塞在孩子手中。

「拿去跟你媽媽一起吃。」

孩子腼腆收了，再道謝走出。

世磊的母親不知怎麼突然來了靈感。

「噯！阿花！妳不是跟他媽很熟嗎？」

阿花點了點頭。

「妳去問問看，他媽願不願意交個男朋友？」

「以前我們談過，她好像沒有這個意願。」阿花說。

「請妳去探探口氣，妳覺得我那個表叔怎麼樣？」

「好的，待會我去問問看。」

楊四海笑了笑說：「表嫂熱心腸又來了。」

「你沒有看見徐有信的樣兒……」

「嗯、探聽一下也無妨，若成功，妳又做了一件功德事。」

可惜，夜間阿花去問了，不意碰了一鼻子灰，以後就不再提這件事了。

十三、

台灣邁入秋季了，天高氣爽，令人心曠神怡。

楊四海父子正在翻閱報紙。

世磊的母親提了皮包，從樓上下來，對世磊說：「世磊！昨天我在街上看見世華和美娟手拉手，狀至親熱，怎麼一回事？」

世磊尷尬笑笑：「我贈送她的東西，她退回來，她的東西我也退回去，兩清，我們都自由了。」

楊四海注目看世磊：「我不是叫你……」

「唉！反正是楊家子姪，都是一樣。」世磊無奈地說。

楊四海用手指點了點兒子。

「時代變了，目前一些年輕人，把愛情當作遊戲。」

「塞翁失馬焉知非福？」世磊故作瀟灑。

「塞翁失馬焉知非禍？」母親插了一句。

「算了、算了，最近我很忙，你已成年，是非得失自己拿捏。」

世磊望了父親一眼問說：「爸是不是忙『退除役官兵輔導委員會的事？！』」

「你怎麼知道？」

「爸！我是記者嘅，你沒有聽說，記者是無孔不入的嗎？」

「總統要大公子召集政商籌資興辦，一連開了三次會，看樣子規模不小。」

「能不能透露一點消息？」

楊四海摘下老花眼鏡，一本正經說：「據我所知，

大概分四大部份，輔導退除役官兵『就業』『就學』『就醫』『就養』，詳細內容還在研商，大公子說了，不到週延，不准對外公佈。」

「好的！遵命，不過我真替國軍弟兄們高興，這是福音。」

「總統他老人家日理萬機，對帶來台灣一百多萬國軍和眷屬，是念茲在茲的。」

「我最近也在忙。」母親也說。

「忙忠義幼稚園？！」

「這是夫人（蔣總統夫人宋美齡女士，一般尊稱）交待的，是收烈士和軍人子弟，再擴充到一般平民。」

「看情形，目前台灣偏安，一切建設將次第進行！」

楊四海正要帶上老花眼鏡，繼續看報，突然門鈴響了起來。

阿花去開門。

原來是廖布袋和美娟來訪了。

廖布袋提了大西瓜，美娟提了土產。

楊四海一見，立刻站起來熱烈歡迎。

「嘿！廖老闆！今天什麼風吹來的啊！」

「不是颱風，是和風，是暖風。」

「哈哈！」兩人握手大笑。

廖美娟很久沒來，有點生澀，蚊子般輕聲叫了聲乾爹、乾媽，就呆呆站在一邊。

世磊母親連忙接過禮品，交給阿花就定定望著美娟。

「美娟！妳好像瘦了。」

美娟尷尬笑笑。

「廖老闆！美娟！你們好久沒來了，慢慢聊，一定在這兒吃午飯，我出去一下就回來。」

「你忙、你忙。」廖布袋應付說。

世磊的母親拿了皮包外出。

美娟攙扶她走出客廳到院子，世磊的母親又呆呆望美娟：「你們的事我聽說了，不管怎麼變，我還是你乾媽。」

美娟乖巧，頭依在她肩上，眼睛紅紅的。

「多好的姑娘，世磊沒福氣。」

她開門，見到世華站在門口。

世華不自在地喊了一聲伯母。

「你怎麼不進去？真是的。」

世磊的母親等世華閃身入內，才從門外拉上門。

世華就近欲拉美娟手，美娟閃開，往室內走去。

客廳內，楊四海廖布袋喝茶聊天，正聊得起勁。

世磊見世華美娟進來，連忙迎上。

「好久不見了，你們也坐。」

「阿花！這個西瓜一定很甜，你去破一半，大家吃，另一半放冰箱。」

阿花抱了西瓜入廚房。

世磊世華跟進。

阿花將西瓜切片裝碟，讓他倆端出去。

世磊輕輕對世華說：「聽說你們還處得不錯，好好待她。」

世華紅著臉點點頭，他一直很敬重這個堂兄，聽了這兩句話，點滴在心頭。

他們吃著西瓜，楊四海見兒子在招呼美娟，一如往昔，拿得起、放得下，心胸豁達，極為欣慰。

「廖老闆！你不是農忙嗎？怎麼有空到台北來？」

「我是有事，請你幫忙。」廖老闆用小毛巾擦了手

笑著說。

「哈！廖老闆叫我上刀山、下油鍋，我也在所不辭。」

「我還是先說明，免得事後反悔。」

「好！你說、你說。」楊四海對這個憨厚的本省朋友，是非常看重的。

「我又買了不少山坡地，大量栽種茶葉，我想請楊老闆入夥，一起打拼！」

「那有什麼問題，閒話一句。」

「楊老闆答應了？」

「答應了！成交！」

他倆站起身熱烈拍了一掌。

「楊老闆如果這一兩天沒有什麼事，下午就和我一同去中部，親自去看看山坡地，再研究如何建工廠，如何拓展外銷。」

「廖叔叔！恭喜你鴻圖大展。」

「世磊！我們最缺乏英語人才，如果有一天不想幹記者，歡迎加入我們行列。」

「好，我考慮考慮。」世磊笑著說。

美娟望望世磊，又望望世華，以前是太衝動了，她有點後悔，但是藥店沒有後悔藥。

最近台灣社會沒有重大新聞事件發生，楊世磊閒在家，他突然想起蔣夫人創辦『忠義幼稚園』，這是為孤苦無依的烈士遺族受幼兒教育，值得報導，另方面也是母親出錢出力創辦人之一，看看能不能幫上一點忙。就信步往台北市和平東路三段走去，就在六張犁，一棟二樓平房附近，聽到一陣幽雅的鋼琴聲傳來，這是一首小提琴常拉的『夢幻曲』，他不由得心頭一怔。再抬頭一看，原來就是『忠義幼稚園』，『幼稚園』怎麼會有如

此巧手，心中極為欣賞，他走進去，看見一位少女背對門口，正在專心彈奏鋼琴，從背後看去，少女留著短髮，一身素淡，淺藍色無袖有蝴蝶結上衣，灰暗色短裙，坐在那邊，半圓形美臀背影，極像北京柳艷。

「柳艷？！」他差點叫出聲來。

幼稚園史院長，是中年婦人，圓圓的臉，濃眉大眼，師範學院幼兒教育系畢業，有專業修養，她曾經去過楊家吃過飯，所以也認識楊世磊。

她正要向世磊招呼。

世磊連忙用食指放唇邊表示禁聲。

一直等到『夢幻曲』彈完，楊世磊熱烈鼓掌，史院長才趨前招呼。

「楊先生！你來了。」

彈琴的少女也轉過身，似笑非笑的望著這個氣宇軒昂的陌生男子。世磊這才看清這個聽音樂就令他心折的少女，瓜子臉、皮膚白嫩，柳眉杏眼，除了身子比柳艷單薄，個子沒有柳艷高挑外，一如柳艷化身，世磊驚艷不已。

「妳鋼琴彈得太好了。」世磊不吝誇讚。

「那裡，謝謝。」少女兩頰泛紅，腼腆低下頭。

「我來介紹，這楊先生是楊媽媽的大公子，『聯合報』記者。」

「多指教。」少女話不多，但有禮貌。

「這位是得蔣夫人極為賞識的范秋雲小姐，范老師，特別從『義光孤兒院』挖過來的。」史院長指了指范秋雲。

「范老師音樂造詣很深，在那兒受的教育？」

「我是師範畢業，一直自修。」

「難得、難得。」

「對了，聽說楊先生小提琴拉得很出色。」史院長特別推介。

「不敢當，但這首『夢幻曲』倒是我常拉的曲子。」

范老師一聽，面露笑容：「真的？！那……。」

「那天我把小提琴帶來，請范老師指教。」

「您這麼說，我可不敢當，我拜您做老師還差不多。」范秋雲害羞低下頭，偷偷看了世磊一眼，款款走入室內。

楊世磊呆住了，這個少女一舉一動，都能觸動他的神經，他被征服了。

史院長走近楊世磊輕輕說：「說也奇怪，范老師一向不大說話，見了你彷彿換了一個人。」

楊世磊抿嘴笑了笑：「我媽不在？」

「上午來過，下午沒有來。」

「噢、謝謝。」他向內視望了一眼步出。

范秋雲卻躲在門後偷窺他。

史院長走近，她連忙閃開。

楊世磊回到家，坐立不安，想到柳艷，不知近況如何？想到廖美娟，這個熱情奔放的女孩；又想到才認識的范秋雲。三個女人，三個不同個性；柳艷專情聰慧、廖美娟坦率熱情、范秋雲溫順善良，他心煩意亂，不能自己。

他拿起電話打給香港羅元中，想了解柳艷的消息。

羅元中告訴他：香港會面的事已曝光，柳艷受到嚴厲處分，下放山東農場勞改，連羅元中自己也受到香港政府質疑，問他是否國民黨間諜？不過前些時候，電視新聞報導，柳艷為救自己，大義滅親，在農改場大肆批鬥大地主其親堂叔，

　　『摘帽平反』，而最近文化大革命，其父帶頭大鳴大放，柳艷也六親不認，批鬥其父，成為全國新聞人物。

　　世磊聽後，冒出一身冷汗，兩岸組織嚴密，而彼岸更甚，日後與柳艷見面的機遇恐怕是越來越渺小了。

　　一日，楊世磊在六張犁附近採訪新聞，又信步走入忠義幼稚園，看見范秋雲帶小孩做遊戲，童心起，一同加入，小朋友活潑可愛，范秋雲青春魅力綻放，一舉手一頭足，均令他入眼。

　　到吃午飯的時間了，史院長留他一同午餐，與范秋雲談幼教、談音樂，極為投緣。

　　「楊先生…」史院長趁范秋雲走開叫了一聲。

　　「院長是長輩，叫我名字好了。」

　　「好吧！世磊！你對范老師印象怎麼樣？」

　　「范老師有才而不露，文靜、含蓄，與別的女孩不一樣。」楊世磊坦然回答。

　　「她是個孤兒，身世堪憐，多疼她。」史院長拍了拍世磊手臂。

　　台北市與台北縣永和鎮交界處，有一座橋，名曰：螢橋』（後改為『中正橋』。）橋下河流清澈，靠北市河旁，有竹林茶座，廣大一片，細竹成林，每隔幾步，業者設鴛鴦茶座，兩張帆布椅，一張小茶几，一盤蚊香，防蚊子叮咬，青蛙與蟋蟀齊鳴，非常幽靜。

　　楊世磊與范秋雲第一次約會，就選在這兒。

　　「楊先生，你怎麼知道這個地方？」范秋雲非常滿意，坐定後問說。

　　「叫我名字好了。」

　　「好，那我叫你楊大哥好了。」

　　「我稱呼妳呢？」楊世磊試著問說。

「臭丫頭、臭姑娘都可以。」范秋雲調皮地說。

「我叫你秋雲，這個名字有詩意。」

「楊大哥！你還沒有回答我的問題。」

「哦、我聽朋友說過，但自己沒有來過。」

「你常常寫詩嘛？」秋雲問

「偶而寫一點打油詩，妳呢？」

「我是身單影隻，常常幻想。」

「那好，此處青蛙蟋蟀齊鳴，非常悅耳，我們就用它，作詩吟如何？」

「那你先來。」

「不，我們猜拳，誰輸了，誰先來。」

他們猜拳：剪刀、石頭、布。秋雲伸拳頭，世磊張開大手是布。世磊抓住她的手說。

「哈哈，謙讓我贏了。」

「好好，我說什麼呢？我醞釀一下。」

秋雲喝了一口茶，閉目思索，不時搖頭否定，最後偏頭對世磊說：

「我說了，不成熟，請不要見笑。」

「請說，我洗耳恭聽。」

秋雲用低沉而感情的聲調說著：

「青蛙咯咯叫

蟋蟀唧唧鳴

你說他們是聒噪

還是說愛又談情

只有孤單我

辜負良辰美景

一心只念著生我的母親

母親！母親！你在何方

日盼夜盼也無蹤影
請青蛙蟋蟀捎個信
望我母親
寄我片紙慰兒心。」
秋雲唸完呆在那邊。
「完了？！」世磊也似感受。
「完了。」這個多情的姑娘，已嗚咽不成聲了，
世磊輕輕鼓掌。
「秋雲！對不起，是我引發妳想念母親。」
「我是個孤兒啊！」她輕泣了
世磊握著秋雲手，久久，秋雲的情緒才穩定下來。
「楊大哥！輪到你了。」秋雲擦了擦眼淚對世磊說。
「妳這首詩，不但詞意佳，也有孝心，我不敢獻醜
了。」
「不行，你不能食言。」
「好好，那我只好班門弄斧了。」
世磊故示慎重，坐正挺胸，喝了一口茶，然後說著：
「蟋蟀唧唧叫
青蛙咯咯鳴
兩情相悅從傍晚叫到天明
你們準是情人才這麼開心
能否拜託你們捎個信
給那個有孝心的姑娘說、說什麼？
說有個痴漢等待她剖心表明」
「表明什麼？」不意秋雲含笑插了一句。
「表明能否心心相印。」
「你好壞、你好壞。」秋雲轉悲為喜，作勢打了他
一拳，世磊趁勢擁住她，吻住她了。

正好這時又有一對情侶手拉手進來。

女的高談闊論，朗聲大笑，走到面前，原來是世華和美娟。

美娟一眼就看見世磊，臉色立變，怒目望了世磊一眼，掉頭就走。

「碰到鬼了，這裏好臭，我們走！」

美娟憤怒，強拉世華手退出。

世磊是看見的，秋雲因被世磊擁吻，雙眼緊閉，並沒有注意。

『怎麼這麼巧？』』世磊心中想著：『這樣也好，各有所歸。』

次日上午，美娟打電話給世磊，約他在大安區森林公園見面。

一見面美娟就指責世磊移情別戀。

「小姐！妳沒有弄錯？是妳先把東西退回。」

「女人容易衝動，你不能忍讓一點？」

「美娟！妳跟世華處得不錯，我很高興。」

「你當然高興，今天上午我打聽過了，她是幼稚園老師，鋼琴彈得不錯，人也長得漂亮。」

世磊笑笑，沒有回腔。

「愛一個丟一個，丟一個又愛一個，你是一個愛情騙子！」

「美娟！請理智一點，妳是我乾妹妹，再說將來和世華能配成一對，我們也是一家人。」世磊說。

「我不要、我不要！」美娟哭起來了。

「別、別，人家看見，還以為我欺負妳。」

「你就是欺負我，你就是欺負我！你這個愛情騙子。」

「美娟！好聚好散，請勿出惡言。」世磊還是好言勸說。

「我氣、我氣，我要寫信給北京柳艷，我要向她告狀。」

「妳惹得麻煩還不夠？」

當然，這是美娟氣話，兩岸多年不通音訊，就是寫信也不可能寄到。

美娟發了一頓脾氣，看見世華在遠處注視，她嗚咽著走了。

世磊走近堂弟世華。

「她就是這個脾氣，你善待她吧。」

世華無言以對。

自楊世磊與范秋雲約會後，他倆的感情直線上昇。世磊似乎將秋雲塑造成第二個柳艷，模仿柳艷打扮，與柳艷合作的曲子，讓秋雲彈奏，兩人切磋，常不知時間以至深夜。

史院長看在眼裏，欣慰不已。

美娟知道這個情形，內心痛苦極了，她是愛世磊的，她能遷就世華，是一種策略性報復，但是想不到會變成今天這個局面，她不甘心。

一天夜裏，她去拜訪范秋雲，碰巧世磊也在，看他們一拉一彈，至為投契，她了解了，世磊要找的是柳艷第二，也許范秋雲身上有柳艷的影子比她還多，所以她敗陣下來了，至此她才徹底傷心絕望默然而去。

楊世磊與范秋雲感情有了進展，史院長不得不將這種情形告訴世磊母親，母親也早有聽聞，只好任其發展。

美娟是個好強的女孩子，為報復世磊，要在世磊堂弟世華大學畢業當天舉行定婚，她要把喜訊搶在世磊前

面。

世華稟告伯父母，楊四海雖然也知道一點情況，但總覺得事出突然，詳問世華情況後，反正是姪媳婦，也就同意，囑世磊叔叔偕世華去廖家提親。

廖家正在農忙，美娟偕楊叔叔和世華帶來禮品來提親，廖父母雖然有點訝異，但總是楊家子姪，也欣然同意擇期訂婚了。

十四、

國民政府遷台之初，百事待舉，在經濟建設先從『三七五』減租，接著『公地放領』、『耕者有其田』打好堅實農業基礎，不但促進農村繁榮，也促使政治經濟同步發展。

此時，蔣中正已復行視事，仍為中華民國在台總統，由於共匪不時向外島金門馬祖發動大炮挑釁，蔣總統急令在美國治病的兵工專家俞大維，返國繼任國防部長。

楊世磊時任軍事記者，與國防部過從甚密，對俞大維推崇備至。這日與父親談論近日台灣發生一件轟動社會的大事，事件原委是這樣的：

「大陳島數十萬國軍的彈藥糧秣補給正當告急的時候，聯勤總部爆發一項數量龐大的盜賣軍糧案，承辦這一大案的，是保安司令部軍法處。

盜糧案被告家眷，聽說這是唯一死刑，便驚恐的趕到軍法處長包黃啟家裏求情，被告的家屬苦苦哀求，只要她的丈夫能免一死，包處長要求什麼，他們都答應。包明知本案沒有絲毫轉圜餘地，卻趁人之危說：『什麼條件都答應？這可是你們自己說的，那麼你們立刻給我

送金條來，還有你們做妻子女兒的，要陪我睡覺。』

包黃啟收了金條，復姦淫了被告的妻女，而被告依然被槍決。

被告妻女，遭此裂肝斷腸的慘痛，乃跪到蔣總統士林官邸的大門口，呼天搶地，一聲一聲：『包黃啟把我們害得好慘痛，總統啊！請你老人家救救我們哪……』大門口憲兵警衛以為他們是瘋子，正要驅離，剛好蔣總統座車出來，看到了，便下車，問她們究竟發生什麼事？她們將事情的經過，原原本本，哭訴蔣總統。

這時俞大維接任國防部長還不到一個半月，突奉總統手諭：『嚴辦包黃啟。』

因罪證明確，國防部逮捕了包黃啟。有位大員，卻替包黃啟援頰：『俞部長！這個人你不能隨便辦，他如此膽大妄為，背後一定有人撐腰，你辦得下去嗎？』。

俞大維說：「包黃啟傷天害理，可惡到了極點，唯有殺了包黃啟，才足以儆效尤，為貪贓枉法者戒。」。（以上文稿摘自『俞大維傳』）

俞大維學貫中西，尤其對導彈軍事科技造詣甚深，判斷力超人一等。民國四十七年七月初，蘇俄新任總理黑魯雪夫訪問北京，台灣政要不以為意，均認為係禮貌上拜訪毛澤東。但俞大維獨排眾議，指其曾揚言武力侵犯台灣，果然不久蘇俄軍援不斷運送大陸，引發『八二三』金廈炮戰。

他又指出依據 U2 空中偵查機偵查大陸沿海地區顯示：面對金門，共匪的機場，所有米格機都已就戰鬥位置，共匪第一線炮兵，都已把炮衣揭開，可能對金門侵犯。

俞部長除了要求美方迅速軍援，亦每日巡視金門，

做嚴密防禦。

八月二十三日下午一時半，俞大維到了金門古寧頭巡視，對金防部章傑、張國英兩位副司令官說：「只要當面匪軍有集中蠢動跡象，我們一定可以制敵於彼岸，擊敵於半途，摧敵於灘頭，殲敵於陣地，就像民國三十八年古寧頭戰役大捷一樣，再來一次更大的全勝。」

這幾日美軍顧問團首席顧問在金門視察，次日就要返回台北，金防部司令官胡璉將軍，五時半將為他舉行酒會歡送，因首席顧問不知俞部長已來金門，免他受到拘謹，俞部長婉拒胡璉邀請，胡璉轉身要走，突然俞部長叫住他：「伯玉！你等一等，我還有事。」就這一聲『等一等』，救了胡璉一命。

正此時，高級長官招待所附近，先有共匪炮彈試射冒白煙，緊接三千多發砲彈，從對岸大磴等地射出，超越太武山頂，垂直落在翠谷水上餐廳一帶，炮彈爆炸聲天崩地裂，破片四處橫飛，至為驚恐。

直至六時，敵炮共發射五萬七千餘發，我炮兵應戰射擊三千六百餘發。

我方高級將領空軍副司令官章傑、海軍副司令官趙家驤，以及抗日名將陸軍副司令官吉星文均中彈身亡，為國捐軀；參謀長劉明奎重傷倒地，連國防部俞大維部長也頭部受彈片飛擊受傷，司令官胡璉因俞部長一聲『等一等』，未暴露在砲火下，逃過一劫。其他傷亡官兵四百餘人，可謂損失慘重。

金門砲戰，立即傳到台北，各報出『號外』，報童拿著號外，一邊奔跑，一邊大聲叫喊：「號外！號外！共匪砲打金門，六萬多發，彈如雨下；號外！號外！共匪砲打金門，號外！號外！」

　　於是台灣金馬人人驚惶，政府各單位忙著應變，民間百姓搶購民生物品。

　　楊世磊在報社獲得這個驚人消息，立即主動申請赴金門戰地採訪。揚父母看他見義勇為，內心著實欣慰，但也囑咐他千萬自身注意安全。

　　相愛不久的范秋雲，雖然不捨，仍然支持其行動，立即燃香祈菩薩保佑平安。

　　廖美娟得到消息也替他擔心。

　　楊世磊叔嬸，本來就是好事之徒，立即成為包打聽，到處張揚，弄得人們張惶失措，人心惶惶。

　　倒是楊世磊父親有主見，告誡勿過於緊張，偉大領袖自有應對之策。

　　楊世磊及其他軍事記者，當夜就乘海軍登陸艇赴金門，採訪戰地新聞。

　　三位中將副司令官，即時犧牲，怕影響民心士氣，政府嚴令守密。

　　共匪每天仍然對金門濫射大炮，每日萬發千發不等。

　　俞部長頭部卡有彈片，不利動手術，仍巡視海邊，判斷炮彈落著點不在海邊陣地，共匪並不打算強行攻戰登陸。

※　　　　※　　　　※

　　北京柳艷為了去電視台工作，與牟崇鼎時斷時續。這日牟崇鼎來找柳艷，他將奉派南下公幹，希她同行。牟現在是軍委會校官團幹部。到了廈門，柳艷才知道是砲戰。

　　牟崇鼎把一具高度望遠鏡交在柳艷手裡。適共軍砲轟金門，驚天動地，煙霧騰天，嚇得柳艷目瞪口呆。

　　「妳知道對面是什麼地方？」陰險的牟崇鼎故意探

她口氣。

「你以為我是瞎子？！金門啊！那邊不是有宣傳標語，『三民主義統一中國』『反共必勝』」柳艷一邊用望遠鏡看著，一邊說。

『三民主義統一中國？！做夢！』牟崇鼎大聲叫著。

「你跟我吼什麼？」

牟崇鼎瞟了她一眼。

「妳是不是關心對面？」

「無聊。」

「說不定妳以前的未婚夫楊世磊人在對面國民黨部隊當排長、當連長，或是新聞記者，說不定已葬身火窟。」

柳艷放下望遠鏡沒好氣地說：

「噢！原來你叫我來廈門，是有目的的？」

「隨便聊聊，你看蘇俄軍火源源不斷運到廈門，將嚴密封鎖金門，連蒼蠅也飛不出來。」

「我對戰火沒有興趣，我還以為我們是去鼓浪嶼旅遊呢？」

「等幾天金門解放了，我帶你去鼓浪嶼玩玩。」

牟崇鼎走近摟她腰。不再嚴厲屬色了。

「好了，我累了，我想休息一下，你去忙吧。」

正這時一個解放軍進來，向牟行個軍禮，不等他說話，牟崇鼎已先開口。

「是不是集合了？！我馬上來。」

「柳艷！廈門非常危險，不要亂跑，就在飯店裏等我。」

柳艷點了點頭。

牟崇鼎這才整裝步出。

柳艷再度拿起望遠鏡向金門遠眺。

「世磊你真的在金門嗎？上次見面以後，你不知道我受了多少委屈苦難，世磊！我好想你。」

在金門地下坑道，楊世磊頭戴鋼盔，一身戰地服裝，蹲在地下正疾筆書寫戰地災情報導，等一篇寫完，也睜睜望著上天，喃喃自語：

「柳艷！妳知道我為什麼冒險申請來金門？因為金門離大陸更近，我可以感應到你呼吸的頻率、妳心跳的節奏，柳艷！妳還好嗎？聽說妳為了我吃盡了苦頭，是真的嗎？柳艷！我的愛，我好想妳。」這個多情的男人，眼睛濕了。

世磊把寫好的戰地報導及拍的真實災情畫面，利用快遞郵寄，或其他便捷方式，迅速傳送報社，次日刊登，讓民眾洞悉共匪是如何慘無人道。

台海這邊，因美軍顧問團首席顧問，曾目睹敵炮轟金門慘狀，及時反映美軍方。國防部部長俞大維與美軍將領時有會晤聯繫，再加蔣總統與美軍高級將領會商，極力爭取，於是立即有下列諸多行動軍援：

首先美軍批准美陸戰隊全天候戰機進駐台灣本島，後續有 F86 及響尾蛇飛彈撥交台灣中國政府。

美軍第七艦隊增強外島之防禦。

協助加強外島之運輸能力。

巨型新型火炮將分三批運抵台灣，予以嚴立抵制。

金門軍民同仇敵愾，一方面妥善防禦，使敵泡爛轟減少傷亡，另一方面趕工建築巨砲基地，及八吋砲掩體工事。

台灣本島與外島的局面是：前線炮火連天，後方則弦歌不輟，百業運作如常，尤其台北市中山北路多家『酒吧』，美軍及家人花天酒地，它給人強烈印象─前方戰

事和後方漠不相干，有人曾建議厲行戰事生活，為最高領袖否決，而且更在北市西門町鼓勵民眾多開舞廳歌廳，安定民心。於是『新加坡』『仙勒斯』『白金』舞廳、歌廳應運而生。

果然不多久，民眾不再搶購民用食品，社會逐漸穩定，事後記者問俞大維，俞部長答：

「這是為了『安定民心』所作的重大決策，後方民心安定，前方士氣高昂，是一體兩面。」

自楊世磊抵達金門，兩岸砲戰不如日前熾烈，他突然想起要去『大膽島』，訪問一位俞部長心目中女英雄播音員，因為這兒落彈最多，而這位女播音員毫無懼色，仍然強音向大陸匪軍喊話。

他見了女播音員趙芬芳，雖然穿了軍裝，仍然眉清目秀，一口京片子，播反共喊話，字正腔圓，有力有勁，不讓鬚眉。楊世磊問他：「俞部長要把妳調到台北軍中廣播電台工作，妳為何執意不走？」

趙芬芳回答說：「我愛這份工作，意義非凡，而且對岸也擁有不少知音，妳不要笑，有一次海防戰士撿到一個啤酒瓶，居然一封寫給我的情書。」

楊世磊莞爾不止，真是『萬物都可愛，眾生都有情』。

大膽島離廈門最近，用加倍望遠鏡，可以清楚看見對岸人民起居，他向趙芬芳借了望遠鏡，欲向廈門眺望，突然一個班長大叫：

「喂！這裏很危險，你幹什麼？」

世磊轉身一看，不覺驚喜大叫。

「表叔！我是世磊啊。」

兩人巧遇，喜不自禁，握手擁抱。

「我調防金門兩個月，想不到中了大獎！」

「表叔中了大獎？！」

「一天五萬七千禮物，不是大獎嗎？」徐有信笑著說。

「好好，表叔不愧是英雄好漢。」

「受氣啊！他們用的是俄製炮彈，我們天天挨打。」

「聽說美援的巨砲快來了。」世磊低聲說。

「你也聽說了？」

「保密。」

「對，是要保密，隔牆有耳。」徐有信在他耳傍說。

「哈哈…」兩人大笑。

「世磊你怎麼來金門？」

「我是記者啊！那兒有大新聞，就往那兒跑。」

「是報社派的？」

「不！我自動請纓來的。」

「好樣！但這裏很危險，匪炮隨時打過來，要特別小心。」

世磊發現對岸廈門，一棟高樓陽台，有個少女拿著望遠鏡向金門眺望，他不禁叫起來。

「表叔！你看、你看，那邊高樓有個女的好像柳艷。」

徐有信也用望遠鏡向對岸張望。

「噯！是有個少女，不會這麼巧吧？」

「是她、一定是她。」

世磊情不自禁向對岸招手。

「好了，你是一心念著她，才有這種錯覺。」

突然有顆砲彈『嗚嗚』從對岸飛來。

「危險，快臥倒。」徐有信拉楊世磊臥倒。

一顆飛彈從他們上空飛馳而過，在附近著地爆炸。

「真險！」世磊這才覺得戰地的確危險萬分。

　　「媽拉巴子！等巨砲來了再看我的。」徐有信拉楊世磊站起，拍著身上灰塵，憤怒的說。

　　不久，美援第一批八英吋巨砲運到台灣。

　　蔣總統親自在澎湖馬公軍港，監督將巨砲搬運軍艦，並手令派當時國防會議副祕書長蔣經國及國防部長俞大維親自運往金門。

　　九月十五日零時裝載巨砲軍艦啟航。

　　不意敵軍用魚雷快艇向我軍艦襲擊不成，又用大砲猛轟金門「料羅灣」。

　　此時情況危急，國軍成功隊隊員用小舟接應蔣經國、俞大維，在炮火中踏上金門陸地，再以炮火回擊，使第一批巨炮成功登陸。

　　第二批八吋走炮、第三批牽引式八吋榴彈砲亦相繼運到台灣，蔣總統再度監督裝載轉運金門。並叮囑蔣經國，發炮時：「照顧民眾，重創敵軍」八字。

　　由於上次經驗，這次空中和海上強大中美機群和艦隊一路護送，未出任何情況，安全登陸金門。

　　國軍弟兄已多次反覆演練：下錨、搶灘、下卸、安裝一條龍作業，萬無一失，令俞部長、蔣經國極為欣慰。

　　這些巨砲能夠自走，快速進入陣地，快速退出陣地，令敵砲無法測定炮位，神出鬼沒。

　　九月二十六日，國軍手上的巨砲，終於開始反擊。

　　徐有信是砲兵部隊班長，對一月前敵砲猛轟金門，死傷慘重，記憶猶新，這時他和砲兵弟兄士氣高昂，發出射擊命令：「方向…射擊…高度…放！」巨砲『轟隆』巨响離膛飛出。

　　觀測準確，射擊準確，巨砲的戰果超過預期。

　　巨砲震撼力強、破壞力大，敵人所受打擊，自然前

所未有，就是在我軍原裝甲砲室中的砲手們，也隨著緊密的巨響，耳膜紛紛震傷。

經過我方輕航機偵測，金門對岸『大磴』『二磴』敵砲陣地夷為平地，『圍頭』所有中彈的敵砲，毀於浩劫，敵砲已沒有反擊餘地。

國軍用美援巨砲猛轟『大磴』『二磴』時，廈門也感覺地動山搖，市民倉惶失措。

柳艷連忙拿起加倍望遠鏡遠眺，只見『大磴』『二磴』硝煙瀰漫，房舍陣地全毀。

近日牟崇鼎均是早出晚歸，異常忙碌，柳艷厭惡戰火，本擬早日返北京，奈牟崇鼎好言強求，她為了要去電視台工作，只好忍氣吞聲，把不滿埋在心底。

這日牟崇鼎出去前交代，今日俄製大砲將大批運到，恐怕遲一點歸來。不意這時接到電話，牟崇鼎在『二磴』督戰，深受重傷，已護送廈門軍醫院。

等柳艷趕到軍醫院，軍醫告：牟中校下體砲彈受傷嚴重，此地醫藥缺乏，準備即時轉送北京軍醫院。牟昏迷不醒，頻呼柳艷名，柳艷抓其手，在牟崇鼎眉宇之間，找到楊世磊的影子，她有點心動。

於是柳艷才隨侍在側，搭乘空軍派機，運送到北京醫院，立即進行手術醫治。

牟崇鼎父母聞訊趕到軍醫院，見到柳艷一個未過門的閨女，衣不解帶盡力照顧自己兒子，內心極為欣慰。

牟母緊握柳艷手，哽咽地說：「柳小姐！謝謝你了。」

到十月六日為止，共軍共發射五十多萬俄製砲彈，打在金門一百七十八平方公里面積上。

難怪胡璉司令官說：「這是史無前例的。」

原來此時美國華盛頓，正在進行美國中共『華沙會

談』，中共為了談判籌碼，向金門砲擊。不意美援源源不斷，運來台灣，共軍俄製炮彈盡數被毀，。

十月五日，中共國防部長彭德懷向其福建前線下達停火令：「停止砲擊金門一星期，讓國民黨休息休息，補給補給。」

一週過去，中共又宣布：「停火延長兩週」。

在彭德懷一再宣達停火期間，我砲兵趁機加緊積極反砲戰火力，比砲戰前強大許多倍。

此時金門防禦司令官胡璉因慢性青光眼嚴重，即須返台醫治，由劉安琪上將接任，備戰更為積極。

停火三週已到，中共在對岸又廣播：「因為美國軍艦繼續護航，停火無效。」又對金門發一萬一千多發，使金門運輸碼頭、機場、灘頭損失慘重。

我方遵照蔣總統命令，二也是基於人道，對共軍軍火依賴的廈門火車站及碼頭，過去都不在我軍炮擊目標之內，以免傷害平民，但共軍肆無忌憚。為『以其人之道反治其人之身。』也對廈門火車站、廈門碼頭以巨砲反擊，讓敵軍吃夠苦頭。

中共國防部長彭德懷又二度叫停：「對金門砲擊，每逢雙日不射擊，單日射擊，不射機場、不射灘頭。」

兩岸炮戰，猶如兒戲。

十一月一日，新任金防部司令官劉安祺到職履新，中共俄製砲彈又向金門群島濫射三萬九千多發，表示『慶賀』。台灣我方砲兵也分別向『圍頭』『小磴』及廈門等地發射五千五百多發，表示『回謝』。

（註）以上所有金廈炮戰有關資料及文字『俞大維事件』，均摘錄自『俞大維傳』。

兩岸砲戰沒完沒了，楊世磊除了躲在地坑趕寫金門

戰地新聞，也找機會與表叔徐有信見面閒聊。

「表叔！你知道兩岸砲戰沒完沒了，是什麼意思？」

「什麼意思？！還不明白嗎？我是聽我們長官說的：中美在美國『華沙會談』，中共是以炮擊金門，脅迫美國退出是非之地。」徐有信肯定的說。」

「我看還有一層。」

「哦、什麼？」

「美國和蘇俄在中作軍事較勁，把中國人當砲灰，可悲！」

「對、對，死傷都是自己同胞，幹嘛呀？」徐有信也有感而發。

十五、

砲戰暫歇，楊世磊奉命返台，報社同仁在報社門口列隊熱烈歡迎，女同事獻花，長官握手拍肩，成為英雄榮歸。

范秋雲在遠處觀望，不意世磊眼尖發覺，連忙趨前把她拉到一角熱烈擁吻。

眾人見到這一幕，不由大叫：

「世磊！請吃喜糖。」

「世磊！快請喝喜酒。」

范秋雲羞得一臉緋紅，推開他說：「快去，我在幼稚園等你。」

「不！妳馬上到我家來。」

這對久別的情侶，因楊世磊在戰地多日，生死未卜的情況下，今日得見，當然格外驚喜。

　　　　　※　　　　　　　※　　　　　　　※

　　北京牟崇鼎已動過大手術，柳艷不辭辛勞日夜在旁照料。

　　動手術主刀的醫生是柳艷閨中好友張薇的男朋友，醫生告訴張薇，牟崇鼎手術後，生命無虞，但恐怕今後生理有問題。

　　牟崇鼎在家療養著，柳艷也常去看他，這日牟崇鼎抓了她的手不放，哽咽地說：「柳艷！這些天謝謝了。」

　　「不要客氣，你恢復的很快。」

　　「討你的福，真的，我父母也非常感謝妳。」

　　他們沉默一會，牟崇鼎又感情地說：

　　「柳艷！有一句話我埋在心底很久了，就是沒有勇氣說。」

　　「哦，天不怕、地不怕的英雄好漢，怎麼也女兒態了？」

　　牟崇鼎凝注柳艷甚久，終於卯足勇氣說出。

　　「我離不開你了，嫁給我吧？！」

　　柳艷一震，這是柳艷期待，也是畏懼的一句話，三年前香港與楊世磊溫存纏綿一晤，至今難忘，何況他倆並沒有解除婚約，然而相隔兩地，音訊不通，現在與未來仍在未定之天，允與不允？陷入兩難，於是她只好抽手凝是對方，未作任何回應。

　　「怎麼樣？」牟崇鼎又抓住柳艷手熱烈期待。

　　「你父母？」

　　「這次我不幸，應該說是有幸吧，我若不是傷重住院，妳不可能這樣衣不解帶照顧我，我父母極為感動，是兩老鼓勵我，我才…」

　　「這是人生大事，必須父母點頭。」

　　「那是、那是，希望妳在父母面前，替我多美言幾

句。」

柳艷點了點頭，抽出被握的手，腼腆步出。

此時是劉少奇担任國家主席，牟父是劉派，柳艷父母為現實考量，再加上『大鳴大放』陰影，不得不允，且楊世磊在台灣毫無消息。

柳艷的好友張薇來訪，得知牟崇鼎向柳艷求婚，張薇內心掙扎痛苦，要不要告訴柳艷實情？牟崇鼎有生理問題，但這是多麼嚴重的後果。

「張薇！我聽聽妳的看法。」柳艷急切地問說。

「妳自己呢？」

「牟崇鼎的父親是省政協會副主席，靠山硬，我們家和他們家結親，等於有一把保護傘，自然有利於我們柳家，可是…」

「怎麼？妳還在考慮台灣的楊世磊？」張薇試探地問說。

「老實說，我是想到過，但是為了現實…」

「柳艷！有一句話我憋了很久了。」

「什麼話？妳說！妳說！」柳艷抓住張薇手促著說。

「這…」張薇話到嘴邊又止住了。

「我們是好朋友是不是？好朋友就得說真話。」

張薇欲說出真相，還是不著邊際的說：「這是人生大事，妳的見識比我廣，聰明的妳，妳自己考量吧！」

柳艷失望地鬆開拉著的手，感傷地說。

「命，一切都是命，我是想去電視台工作，沒有回頭路了。」

「那好，我真誠的祝賀妳。」

她倆緊緊握手。

牟、柳婚禮，簡單隆重，因牟父是某省高官，來賓

冠蓋雲集，極為榮耀。

　　新婚之夜，柳艷才知道牟崇鼎不能人道，她傷心，但牟表示假以時日，可能治癒，也許心裏比生理更重要，請她務必保密，柳艷痛苦無處可訴。

　　張薇來看柳艷，柳艷佯裝愉悅，張薇以為醫生所言不實，亦未點破，替柳艷高興。

　　柳艷回門，父母及小弟柳文慶，當然熱誠接待，父親因有事外出，母親下廚弄佳餚，柳艷走進自己臥房，思前想後，觸景生傷情，不禁暗然落淚。

　　小弟發現密告母親。母親連忙放下廚房炊事，推門進去，看見柳艷伏在梳妝台暗泣，極為震驚。

　　「小艷！怎麼啦？」

　　柳艷見母親進房，更是悲從中來，投入母懷痛哭不止。

　　「媽！啊…」

　　「這孩子，怎麼啦？受委屈了？！」

　　柳艷羞於啟口，只有搖頭痛哭。

　　「做大官的兒媳婦，是不容易的，但磨練久了，總會適應的。」

　　「妳不知道、妳不知道。」

　　「這宗婚姻是妳自己答應的，可怨不得人家。」

　　「媽！我沒有怨人家，這是命、命！」柳艷哽咽地說。

　　這個女兒向來很堅強，想不到才結婚，卻變得柔弱寡斷，是她沒有想到的。

　　「忘了楊世磊吧，既然已做了牟家媳婦，生是牟家人，死是牟家鬼。」母親又再勸導。

　　「好了，沒事了。」柳艷又恢復原有個性，擦了淚，

破啼為笑。

「死丫頭，一會哭、一會笑，把我嚇一跳。」母親點了點她的額頭，含笑步出。

柳艷做著鬼臉，無奈仰躺床上。

　　　　※　　　　　※　　　　　※

楊世磊英雄榮歸，『聯合報』登出很大的新聞，並報導將有喜事傳出，但未寫女主角是誰？廖美娟看在眼裏，氣在心裏。這日，她在女生宿舍，心中不佳，猛摔東西，女同學問她什麼事？她說心煩。女同學琪琪說：

「煩什麼？有這麼英俊的男朋友，而且變成英雄人物，應該高興才是。」

美娟聽了這句話心中更氣：「北風吹！」

「怎麼可能？」

「好了、好了，我煩死了，妳們不要吵我好不好？」

女同學知趣不再言語了。

美娟覺得這口氣難忍，不能這樣不明不白，她要最後談判。

世磊接到美娟電話，約好晚上在新公園見面。

北市新公園地處台北市中心，有人工湖，飼養日本錦鯉，是青年男女約會的好所在，薄霧籠罩中，這一對心生芥蒂的以前情侶，在人工湖旁找到了對方，怔怔望著，半天不講話，還是世磊先開口。

「怎麼最近好嗎？」

「沒有你好，英雄歸來，還有美女擁吻。」

「妳也在現場？」

「天知、地知、你知、我知。」

「美娟！講話不要這樣。」

「我怎麼樣？為你鼓掌？！」

　　世磊究竟年齡較長，不能在大庭廣眾間大聲爭吵，走近美娟，想拉她手，被她甩開，但他仍然低聲下氣說：

　　「公園人多，講話輕一點。」

　　「為什麼要輕一點？我又沒有做見不得人的事。」

　　「小姐！妳再這樣，我可要走了。」

　　「你走？！你走？！」美娟掩臉輕泣。

　　引得旁邊的情侶側目。

　　「給別人笑話了。」世磊又加了一句。

　　「我知道，你要的是柳艷的化身，因為范秋雲懂音樂，柳艷的影子更多，所以你才捨我，而親范秋雲。」美娟嗚咽說著。

　　「這不公平，事實是妳先捨我，既然如此，好聚好散，而且妳已表示要與世華訂婚，將來妳是我的弟媳，還是一家人。」他重覆著以前說過的話。

　　遠處楊世華舉目四望。

　　「世華也來了，走吧！」

　　終於美娟的情緒穩定了下來，她拭了拭眼淚，用坦然的語氣說：「沒有關係，世華的優點比你多，將來成就也比你大，我不稀罕。」

　　「很好，你這麼說，我就放心了。」世磊釋然。

　　但是美娟還是丟了一句刺耳的話：「我要去找范秋雲，對她忠告，你愛她不是她本人，而是柳艷的替身。」

　　美娟怒目望了世磊一眼，才忿忿快步離去。

　　這夜，廖美娟真的去看范秋雲，她不善於掩飾她的情緒，坦告世磊在大陸有未婚妻，世磊愛她，是愛他未婚妻的影子，勸她慎重。

　　「美娟姐！妳為什麼要告訴我這些？」秋雲微笑反問。

「我是為妳好，因為我們同是女人。」

「謝謝了，其實我一點也不耽心，現在兩岸多年不通音訊，生死不明，也許他未婚妻已嫁了人，也許已發生意外，我只顧抓到現在，，不顧其他。」

「妳、妳不了解…」美娟說不下去了。

「美娟姐，妳是否也愛世磊？！」秋雲還是微笑問說。

美娟啞口無言，這個女人四兩撥千金，撇了撇嘴，她敗陣下來了，拂手而去。

正這時，世磊趕來，秋雲不得不問了一句。

「妳是否以前愛過廖美娟？」

世磊猶豫半天才說：「美娟熱情有餘，涵養不足，認識她以後，狀況不斷。所幸我遇上妳，才讓我知道什麼是溫良謙恭讓的美德。」

「我那有你說的這麼好？」

世磊緊抓她的雙手，感慨的說：

「以前種種都過去了，詳細的情形以後再告訴妳。」

「不必了，只要你真的有心對我好，我就滿足了！」

世磊把范秋雲擁在懷中，兩人的心更緊密靠近了。

廖美娟在徹底無法挽回世磊的感情後，毅然在世華服兵役前與世華訂婚，她原來是孩子氣的向世磊示威，氣氣世磊。

可是想不到世磊非但不懊惱，還以兄妹身份，陪著送訂婚喜餅，照料一切。而范秋雲也來向世華、美娟祝賀。

事與願違，弄巧成拙，美娟內心煩惱了。

這兩天，台灣省氣象局不斷提醒民眾，菲律賓呂宋島附近，可能發展颱風。

　　台灣靠近菲律賓，菲國地處太平洋赤道，熱帶海上因氣流劇變，而常發生強烈暴風，俗稱『颱風』。

　　颱風大小看它發展範圍及走向，向西南指向海南島大陸地區，若西北西，就要侵犯台灣東北部，最安全是北北西，那就在台灣東北部擦肩而過，指向日本，損失最為輕微。

　　可是這個颱風，極為詭譎，進展時速時緩，甚至在呂宋島附近打轉，讓氣象專家捉摸不定，傷透腦筋。

　　台灣民眾因上次『芙瑞達』颱風，吃過苦頭，尤以中南部災情最重，聞風色變。這時氣象局又報導，這個颱風已發展為強烈颱風，將侵犯台灣東北部，呼籲民眾嚴加防範。

　　於是家家戶戶在玻璃門窗，加固木條，警察也忙著為路樹支撐加固。

　　秋雲服務的『幼稚園』，在台北市東區為二樓舊式建築，四周空曠，且無高樓建築，最為危險。范秋雲帶頭釘木條及強力膠帶加固玻璃門窗，又用木柱加固園內樹木，忙得不亦樂乎。

　　園內三歲女童『乖乖』，最得秋雲疼愛，近日感冒時好時壞，適值風雨加大，又高燒不退，碰巧一輛老爺公務車外出未歸，秋雲怕耽誤幼童病情，毅然決然立即送醫，園長力勸也無用。她抱了幼童，穿了雨衣，打了傘跑出門，不料一陣狂風襲來，雨傘翻轉，淋了一身水濕，她立即把幼童抱在懷中，用雨衣抱住幼童，狂奔而去。

　　這時狂風暴雨，視線不清，再加因多日累勞，體力不支，一個踉蹌，被一株倒下的樹絆倒，摔在地上，暈了過去。

　　幸好被一路過的警察發現，連忙送醫急救。

　　消息傳到幼稚園，園長立即通知楊世磊，楊世磊冒狂風驟雨，趕到醫院。

　　范秋雲和幼童，經過搶救已無大礙，躺在病床上打點滴。

　　「老天！千萬不能讓世磊知道。」范秋雲暗中祈禱。

　　碰巧這時楊世磊推開病房門進來。

　　范秋雲連忙用雙手掩臉，羞於見心上人。

　　世磊見她頭上包了白紗布，心疼不已，緩緩走近病床注視秋雲。

　　「怎麼啦？不想見我？！」

　　秋雲這才雙手放下，腼腆的說：

　　「我怕你罵我。」

　　「是該罵，聽說園長勸也勸不住，妳不要命了？」

　　「乖乖高燒不退，我怕她拖久了，會變成瘧疾症，而且離醫院不遠，誰知風大雨大，視線不清…」她語氣有點哽咽，說不下去了。

　　「若是你有什麼差錯，我怎麼辦？」

　　世磊紅了眼，坐在床沿上，抓了秋雲雙手。

　　「還好，只是一點輕傷，後腦跌破了一點皮。」

　　「那乖乖呢？！」

　　「老天保佑，高燒退了。」

　　「以後妳要記住，什麼事都要跟我商量，不能貿然從事，聽到了吧？」

　　世磊俯下頭，輕言叮囑，差點吻了她的嘴。

　　「是！長官！」秋雲轉過頭，調皮地說。

　　這個颱風風大雨大，又是台灣中部災情最為嚴重，廖家種茶山坡地，全部流失，茶莊房屋也倒，損失不貲，

是為『八七』水災。

　　世磊父親楊四海接到廖布袋電話，也大吃一驚，詳細了解災情後說：

　　「台灣是個海島，經不起風吹草動，不過人安全就好了。」

　　「那是、那是！」廖布袋附和著。

　　「一次風災，一次經驗，今後要注意山坡地水土安全，減少損失。」

　　「對、對，好在，政府也有補貼。」

　　「廖老闆！我們都是打不死的蟑螂，繼續打拼吧！」

　　「哈哈…」廖布袋爽朗的笑聲，結束了這次電話。

　　范秋雲住院，世磊常去照料，感情又增一層，有天園長對世磊說：

　　「秋雲身子弱，但心地特別善良，還是你有眼光，今後多疼她。」

　　這時一位年輕老師，帶了二十位天真活潑的幼童，到病房，唱歌祝范老師早日康復。

　　范老師抱著住院的乖乖熱淚盈眶，感動不已。

十六、

　　北京民眾最近幾天受北方沙塵風所苦，天空一片灰朦朦，北京城籠罩在飛揚的沙塵中，男的包頭，女的用白沙巾護髮，戴上墨鏡，出外騎單車及步行，極為不便。

　　沙塵風剛過，又一連數天陰雨，北京雖然因雨帶來清晰空氣，但一連數天陰雨綿綿，也使人心煩不已。

　　柳艷和牟崇鼎婚後已一年多了，柳艷形象佳，又是高官眷屬，已被國務院聘為翻譯，因英文造詣深，有時

也擔任外賓立即翻譯，為首長倚重。

　　牟崇鼎是韓戰英雄，又因金廈炮戰受傷，備受首長肯定，現任軍事委員會副處長要職。

　　兩人都是俊郎才女，令人欽羨，但是一下班，夜間關了房門，卻心情各異。

　　他倆早已分床睡，對長輩的說法是，工作忙，壓力大，分床睡，有益身心，又買來名醫著作，指分床睡可延年益壽，故意將書籍丟在沙發上，作為掩飾。

　　這是他倆的苦處，無人可談，無人可訴，他們夫婦關係所以能維持下去:

　　男的希望假以時日，恢復雄心。

　　女的期望進入新創的電視台工作。

　　就這樣一天一天，過著外表看來幸福，內心隱痛的日子。

　　時已入夜，柳艷與牟崇鼎在各自單人床床頭燈之下，翻閱報章雜誌。

　　柳艷穿著薄紗睡衣，兩個高聳的乳房如峰，時隱時現，看得牟崇鼎心猿意馬。

　　牟崇鼎丟開人民日報，下了床嬉皮笑臉向柳艷走去。

　　柳艷連忙用薄棉被裹足全身。

　　「你來幹什麼?」柳艷沒好氣問說。

　　「妳是我老婆。」

　　柳艷嗤之以鼻。

　　「一年多了，你盡到丈夫的義務沒有?」

　　這句話像一支無情劍刺傷了他的心，他在柳艷床前站了一分鐘，廢然而退。

　　他摔在自己的床上，背對柳艷，捶床用棉被蓋住頭飲泣不止。

　　柳艷還是心腸有點軟，講白一點，與牟崇鼎關係不能搞僵，她的夢想是進入電視台，目前牟家父子正在進行，於是她又不忍，走去牟崇鼎床，拉開他的棉被，準備同床共枕。

　　可是牟崇鼎自尊心受到創傷，已不領情，他推開她，厲聲說：

　　「不要煩我。」

　　柳艷猶豫一會，才說：

　　「不要想太多，睡吧！」

　　柳艷回到自己床，想到這些不短的日子，小倆口也演了不少戲⋯

　　她沐浴，崇鼎在門外門縫中窺視，由於他太專心，柳艷推開門，他沒自覺，碰了他額頭起了疱。

　　還有一次深夜，她有意作弄崇鼎，全身一絲不掛，在臥房做著柔軟體操，那凹凸有緻的胴體，那玲瓏的細腰圓臀，看得崇鼎神馳魂飛，不能自己。

　　為什麼金廈炮戰，他要帶她去廈門？還對她說：「蘇聯的炮彈來了，要把金門夷為平地。連蒼蠅也飛不出來，她的未婚夫楊世磊可能在金門⋯

　　他是向她示威，他是在報復她在香港見了楊世磊。

　　「心不正、意不誠，報應、報應啊！」

　　牟崇鼎這些日子，不是沒有自己的想法，柳艷的確可愛，雖然不能真刀實槍，神心合一，可是連擁吻撫摸，也拒之千里之外，未免欺人過甚。他在氣憤中也想過，暫時忍耐吧，等未來痼疾痊癒，選一個比柳艷更迷人的少女，再一腳把柳艷踢開，以報目前一箭之仇。

　　「十年河東，十年河西，柳艷！那時候看妳還神氣不神氣？」他幽幽地想著。

「咯！咯！」兩聲手指扣門聲。

「小艷！睡了沒？」是婆婆的聲音。

這個婆婆對柳艷一向很體貼、愛護，從沒有說過重話。

「還沒。」柳艷連忙下床，拿了一件外套披在身上。

崇鼎走去開了房門，扶住母親進來。

柳艷迎上，也去攙扶婆婆。

牟母選在柳艷床前椅子坐下。

崇鼎乖巧地與柳艷坐在床沿上，一隻胳膊摟注她的肩，表現親熱，她沒有拒絕，因為她要配合演出。

「媽！有事？」柳艷望了望婆婆，輕聲說。

牟母望了望柳艷、崇鼎一眼，莊重地說：

「你爸說話了，牟家人丁單薄，希望早日抱孫子。」

柳艷低下頭，撫弄手指，沒有答腔。

崇鼎望著母親說：

「我們工作都很忙碌。」

「工作可以辭掉，崇鼎你出去一下，我要和小艷聊聊。」

崇鼎望了柳艷一眼，拿了一件外套走出。

這還是第一次，婆婆這麼親切，抓了她雙手微笑問說：「小艷，妳嫁過來一年多了，妳覺得公婆對妳怎麼樣？」

「好的，平時把我當女兒看待，人人都說我有福氣，能遇上這麼好的公婆。」柳艷一臉誠意，答的非常妥貼。

牟母欣慰的一手拍了拍柳艷手背，表示肯定。

「而且對我娘家也很照顧，我爸媽都非常感謝。」柳艷又加了一句。

「那我問妳，崇鼎對妳怎麼樣？沒有欺負妳吧？」

婆婆打破砂鍋問到底。

　　柳艷心頭一顫，這是她和丈夫天大的隱私，不能洩漏，所以她只好微笑望了婆婆一眼，沒有答腔。

　　「崇鼎是我們家獨苗，我們夫婦是寵愛了他一點，也許有點大男人主義，但他心地善良，工作認真，長官都很看重他，這點倒使我們欣慰。」

　　柳艷只好又望了婆婆一眼，用微笑應付。

　　「還是那句老話，牟家人丁單薄，希望…」

　　柳艷害羞地低下頭。

　　婆婆微笑望了望柳艷半天，又再三輕拍柳艷手背，才站起走出。

　　客廳父子對坐，牟父是個濃眉大眼，臉龐瘦削，兩眼深凹，但卻炯炯有神的男人，他也是一個大烟槍，因為毛主席烟不離口，部下也依樣學樣，一手拿煙吞雲吐霧。

　　牟家規甚嚴，崇鼎對父親一向敬畏，而且今晚突然關心『不孝有三，無後為大』的關鍵問題，他驚若寒蟬。

　　「我實在不懂，一對年輕夫妻長年分床睡，是不是有什麼問題？」牟父如鷹一雙眼睛，盯住崇鼎。

　　崇鼎面紅耳赤，他羞於啟齒。

　　「柳艷千裡挑一，也是妳追了多年，人人稱讚的少婦，你卻不珍惜，你不可惜？」

　　「我沒有，是因為兩人工作都忙，看了養生書籍，才想分床睡。」崇鼎搪塞。

　　「談養生之道，夫婦恩愛，陰陽調和，也很重要，你是成年人了，軍中官階也不算小，希望你好自為之。」

　　這時電話鈴響，崇鼎去接了電話，碰巧是一個軍中好友約他聚會，他感謝這個電話來得巧是時候，他告訴

父親朋友邀他外出。

父親手揮了揮。

「酒少喝一點，學點上下周旋、左右逢源的本領吧！不過，你的頂頭上司杭處長可能外調，你有機會晉升，在此緊要關頭，為人處事，處處小心為是。」

「是、爸！那我走了。」

崇鼎如獲特赦，去臥室換了便衣，不看妻子一眼，就開著那輛紅牌轎車去赴約了。

這是一間高幹專用的俱樂部，內設有酒吧、舞池、彩色的燈光閃爍轉動，酒吧間的男人，每人吊了一隻烟，高談闊論。舞池的俊男美女配合音樂婆娑起舞，室內煙霧騰天，空氣窒息，但他（她）們樂於浸淫其中。

牟崇鼎的知友小胖迎了上來，抓了牟崇鼎的手，熱烈歡迎。

「牟哥！今天晚上一定讓你玩得很開心。」

小胖也是副處長職，高高胖胖，笑口常開，與牟崇鼎投緣，以牟崇鼎馬首是瞻，有什麼新鮮事物，準會邀約牟崇鼎一同享樂。

「發現新的寵物？」牟崇鼎也興奮的說。

正當小胖想與牟崇鼎耳語。

一隻玉臂已輕輕地按在牟崇鼎肩上。

「牟哥！好久不見了。」嬌滴滴的女聲。

牟崇鼎偏過頭一看，原來是上次邀約秘會而爽約的尤物香香。

香香身材適中，皮白肉嫩，雙乳高聳，一雙半開半閉眼睛，最為迷人，是目前高幹闊少追逐的夢中情人。

但牟崇鼎並不領情，把她雪白玉臂撥了開去。

「怎麼啦？」香香噘著嘴，站在一旁。

「不敢高攀。」牟崇鼎還是沒有好臉色。

小胖一看，怕弄僵，連忙做和事佬。

「牟哥！算了、算了，上次香香是另有約會，不是不想來，而是來不了。」

「人家面子比我大。」牟崇鼎又白了她一眼。

「一早起來，眼皮就一直跳，本來想和你牟哥好好的乾幾杯，想不到一見面就碰一鼻子灰。」香香嬌嗔的說著。

「喝酒、喝酒，牟哥！喝什麼酒？」小胖連忙插嘴。

「美帝白蘭地。」

小胖招手，服務生端來一瓶白蘭地。

小胖斟了三杯，一杯遞給香香、一杯遞給牟崇鼎，另一杯自己拿在手中。

「來！乾杯！」

小胖乾了杯，倒轉空杯，望著牟崇鼎。

「牟哥！乾！」

牟崇鼎不乾杯，反將一杯酒，向香香臉上潑去，淋了香香一身。

香香一邊擦臉，一邊沒好氣說。

「你神經病？！」

「對不起！對不起！」

小胖拿手絹替香香擦臉。

「大概牟哥心中有什麼事？心中不痛快。」

「心中有事，也不能怪在我身上。」

「就是怪妳，怎麼樣呢？呃？！」

「我怎麼這麼倒楣，熱臉去貼人家冷屁股。」

「你問他，上次我約妳等了多久？」牟崇鼎怒氣未熄。

「是我失禮，所以今天我主動請小胖約你出來，我當面陪禮道歉。」

「究竟是誰不讓你離開？」

「老虎的哥們。」香香輕聲說。

「老虎」是副主席林彪兒子林立果的外號，這時林彪氣焰囂張，兩個手指頭就能把人捏死，誰還敢得罪。

「人家靠山硬，所以妳就得罪我了？！」

「我那敢？！你是抗美援朝英雄，廈、金砲戰督戰又受了傷，誰敢不對您尊敬？」

「算了、算了，人人頭頂一片天，誰也擋不住誰？」小胖連忙打圓場。

香香看牟崇鼎氣消了點，就臉貼臉溫柔地說：

「牟哥！告訴我，是不是在家裡受了老婆的氣了？」

牟崇鼎兩眼一瞪，嚇得香香連忙尷尬笑著。

「一個是韓戰英雄，一個是大義滅親的美女，兩人卿卿我我，愛得要命。」

想不到小胖馬屁拍到馬腿上，牟崇鼎拍桌大叫：

「少廢話，喝酒、喝酒，不醉不歸。」

「是誰發威風？」一個大男人口氣，從人叢中傳出來。

牟崇鼎驀地站起，怒目四望。

「誰？！是誰？！」

吵嘈的聲音頓消，大廳冷寂，無人敢出面惹事。

「喝酒、喝酒。」

香香已看出是誰挑釁，連忙勸解。

牟崇鼎見無人出面應聲，只好坐下喝悶酒，香香立一旁斟酒，一杯又一杯。

舞池舞曲音樂再起。

吵嘈談笑的聲音又恢復原狀。

「十個怕老婆九個富，不怕老婆光屁股。」又是那個川味的口音，引起哄堂大笑。

牟崇鼎繼續喝酒，心想怕老婆的男人多的是，不干自己的事。

少頃又是那個川味男人說：

「聽說他們夫婦感情並不融洽。」

牟崇鼎聞聲警覺，拿著酒杯怔在那邊。

「又風傳，上次光榮受傷，恐怕……」

又是引起一陣訕笑。

再明白不過了，是有人擺明挑釁，是可忍孰不可忍？他怒髮衝冠，手一刷，吧台上的酒瓶酒杯，霹哩拍啦跌了一地，他從地上找了一截跌碎的白蘭地玻璃，握在手上，對大廳大吼：

「是誰？有種的給我出來！」

人叢中走出一個高大粗眉一口川音的大男人。

「我說我的話，干你什麼事？真是莫名其妙。」

「就是他，他就是老虎八拜兄弟。」

香香怕了，準備開溜。

那邊那個四川男人，大叫著：

「香香！妳過來！」

香香踟躕望著崇鼎。

牟崇鼎拿著玻璃碎片向對方走去。

那個四川口音的男人，也向這邊走來。

舞場的音樂突然激烈響起助興。

有人大叫「打」、「打」。

兩邊親友則強烈拉勸。

人叢中空出一道走廊。

「牟哥！牟哥！你理智一點，不要鬧事了。」小胖強勸著。

「你別管我！」牟崇鼎推開他，「老子今天跟他拼了。」牟崇鼎酒喝不少，步履不穩。

那個四川口音的男人則兩手撐腰，站在空道大叫：「香香！我叫妳過來，妳聽到沒有？」

香香兩邊都不敢得罪哽咽大叫：「大家都是出來開心玩的，我求你們，不要鬧事…再見！」

香香說完搗鼻哽咽而去。

女主角下場了，照說這齣戲適可而止，驀然收場，可是有人覺得好戲沒有演出，不過癮，大肆喧嘩，叫著助興。

「打！打！」

也有兩旁親友怕真的出事，斥好事者缺乏道德，並拉勸叫囂。

兩個男主角，像鬥雞一樣，一步步接近，正在千鈞一髮之際，突然兩個公安人員吹著哨子，衝了進來，端出手槍大喝：

「不要動！」

牟崇鼎酒醒了一半，被小胖強行拉回。

那邊那個挑釁者，也被人拉勸回原座。

舞場音樂恢復舞曲，舞者婆娑起舞。

喝酒吹牛者也恢復喝酒談笑。

一切恢復正常，公安人員收了手槍，舉目四望，他倆心理知道，能進入這家俱樂部的，都有煊赫家庭背景，得罪不起，何況…沒有出事，沒有死傷，不必煩心，僅拿起擴音器說著：

「這是高檔俱樂部，是讓人散心的地方，希望各位

首長，各位來賓自愛自重！」

公安人員說完，再看了看四週，悻悻離去。

牟崇鼎由小胖叫車送他到家，已深夜十二點半。他灌了不少白蘭地，步履蹣跚，語無倫次，在外面受了氣，頻頻按門鈴，把全家老少都吵醒了。

好不容易由柳艷扶他到臥室，他把房門猛地一關，對著柳艷窮凶極惡怒說：

「妳，妳做得好事，我，我要找你算帳！」

「我做了什麼事？」柳艷丈二和尚摸不著頭腦。

「我，我在家受、受氣，在，在外面又受人欺、欺負！他媽的…」

崇鼎往書桌上一刷…茶杯、小花瓶、硯台掉了一地。

「少爺！你一定要把老爺吵醒？」柳艷苦著臉站那邊。

這時牟父已推開崇鼎臥室門，怒目站在那邊。

柳艷發覺，輕輕叫了一聲。

「爹！」

崇鼎背朝外，並沒發現父親進來。

「不、不用嚇我，老子來了也嚇不倒我！」

牟父突然大喝一聲：「夠了！」然後一手搬過兒子身子，一個耳光刷了過去。

「又在外面喝酒鬧事了是不是？」

「是、是他們…」牟崇鼎這才酒醒了大半，手撫著臉頰。

「你出去，我是怎麼交代的？把我的話當耳邊風，回來還發酒瘋，吵得四鄰不安。」牟父怒斥。

「爹！您去休息，我來勸他。」柳艷想搪塞過去。

不料牟父也怒容指著柳艷鼻子說：

「你也要檢討，丈夫在外面惹事，可見妻子平時沒有好好相勸，太令我失望了。」

柳艷受到委屈了，雙眼泛紅，嘴巴動了動，把要說的話吞了回去。

這時牟母披了睡袍，拉了丈夫推出門去，又怒目對兒子望了一眼，然後撇嘴用手指在崇鼎額頭，點了點表示不滿。

柳艷沒頭沒腦被公公說了一頓，心中不是滋味，冷眼旁觀，站在那邊。

婆婆過去攬柳艷入懷，親切地拍了拍柳艷的背，以示安慰。

公婆走了。

牟崇鼎進入廁所，嘔吐聲不斷傳來。

柳艷蹲下收拾地上物品，收拾一半，悲從中來，柳艷撲在床上，暗泣不止。

第二天一早，牟崇鼎酒意全消，就在客廳等待兩老起床請罪，表示因交友不慎貪酒鬧事，今後一定聽父親教訓，徹底改正。

牟父甚慰，母親卻說：「你父親昨晚一夜，沒有好好安眠，他自責不該出手打人，今後不會再有此事發生，希望你體諒是『愛之深、責之切。』」

父子母子已好合如初，只有柳艷終日雙眉深鎖愁眉苦臉。

這天下午，牟崇鼎去醫院拜訪了那個當初幫他動手術的醫生，請教他如何救治之道，恢復人倫之樂。

醫生好言勸慰，微笑地說：

「這種毛病，重要在心理，你越怕越不舉，而且夫婦感情也很重要，如果夫婦想得開，恩愛異常，假以時

日，也許能治癒這種痼疾。」

柳艷最重要的夢想，是進入電視台工作，若能如願，當能補償對她的虧欠。於是崇鼎扭緊發條，請有力人士多方請託，終於皇天不負苦心人，有了好消息。

下午五點多，牟家父子還沒有下班，牟母接了崇鼎的電話，笑咪咪找尋柳艷。

柳艷正在廚房幫傭人準備晚餐。

牟母拉了柳艷的手說：

「妳歇一會，我有好消息告訴妳。」

柳艷不明究理，望著婆婆。

「媽！看妳很高興，究竟什麼事？」

「剛才崇鼎來了電話…」婆婆說了一半，沒有再說下去。

「算了，還是等崇鼎回來，親自告訴妳。」婆婆賣了關子。

柳艷是聰明人，猜測可能是電視台有消息了，心情立刻開朗起來。

這時門口有轎車聲音傳來。

婆婆趕快去開了門。

少頃牟家父子連袂進內。

「小艷，有好消息。」牟父愉悅地說，前幾天他對兒媳說了重話，一直想彌補。

婆婆對丈夫做不聲張狀。

「好、好，讓崇鼎親自告訴妳。」

牟父脫了西裝入內。

崇鼎這才走近柳艷，一臉笑容，含情脈脈望著柳艷。

「電視台有消息了？」柳艷試探問著。

崇鼎點頭：「下午發佈人事命令，派你為新聞部時

事記者。」

「真的？！」

「千真萬確。明天開始上班，我陪你去報到。」

這是天大的好消息，等待多時，讓他牽腸掛肚的願望，終於有了結果。

柳艷心花怒放，一時激動，當著婆婆的面，擁吻丈夫。

牟父剛好走出，見此情，連忙向妻子招手，愉悅地雙雙入內關了房門。

這是婚後以來第一次的天雷勾地火之吻，使崇鼎血脈賁張，不能自己。

這天晚餐，牟家老少都喝了一點酒。

沐浴後，柳艷主動投懷送抱。

崇鼎當然知道，這是婚後最佳時機，不能錯過，他如魚得水，熱烈的回抱柳艷，吻了她。

乾柴烈火一發不可收拾。

「舔我！」柳艷提示了一下。

這種事，不必別人教，心領神會，於是崇鼎頻頻舔她的額、舔她的眼、鼻樑、脖子，至豐滿的胸脯、他舔著兩個乳頭，甚至如嬰孩吮吸，使柳艷熱氣直透丹田心曠神怡。

柳艷嬌聲亂哼，又用手脫了脫內褲，崇鼎意會一下把她內褲脫下來，柳艷兩腿張開翹起，配合地天衣無縫，他找到神祕的甘泉，貪婪地舔著，使柳艷氣喘心跳，心神飄忽，整個人溶化了。

「我要飛了，我好像要飛了，寶貝！寶貝！我愛你！」柳艷夢囈地叫著。

突然崇鼎停止了動作，懶攤在床上。

「你怎麼啦？」柳艷担心地問。

「我出精了。」他疲累地說。

真是煞風景，激戰還沒有達到最高潮，敵軍已潰退了。

這是首次經驗，以前沒有想到的經驗，他們彷彿找到床地第二春，甚至遠勝交媾。

兩人靜靜擁抱很久，才盡興分開。不必擔心那件事了，比那件事更令人迷人、更令人陶醉。

柳艷開始在北京中央台上班，第一次訪問學者談毛主席發動學者『大鳴大放』，吐出多年積怨。學者讚毛主席是創作詞句的天才，什麼：

百花齊放、百家爭鳴。

知無不言、言無不盡。

言者無罪、聞者足戒。

有則改之、無則嘉勉。

不打棍子、不戴帽子。

絕不打擊報復、絕不秋後算帳。

三反、五反、反胡風運動的驚悚剛剛過去，又發動『大鳴大放』運動，弄得文化界人士躍躍欲試。

此時是國家主席劉少奇當家，劉少奇、鄧小平是走資派，歸類右派，毛澤東逐漸大權旁落，心有不甘，後來變成『文化大革命』，炮打中央：向『國家主席』劉少奇奪權。這是後話。

牟崇鼎父親是劉派，他追隨毛、劉多年，洞悉毛主席以古書開智治國，反覆無常，可能是『反右派』開始。第一次看見柳艷訪問學者談『反右』，就覺得百密一疏，當初沒有想到這一著，柳艷不應該擔任時事記者，最好是社會記者，與政治無關。這天夜裡，牟父對柳艷婉言

分析當局情況，勉柳艷小心應對，免落個『右傾』『返右傾』兩邊不討好。

柳父柳一鳴看了電視，立即醒覺又要發動『階級鬥爭』了。

毛主席又開始保權，局面將永無寧日，他也擔心女兒記者生涯，弄得不好，惹火上身，他把女兒找去，面受機宜，揣摩上意、訪兩派學者專家，以示平衡。不過對女兒畫面漂亮、口齒清晰，可以吃『記者』這口飯，兩老都覺得欣慰。

十七、

台灣這邊，幼稚園老師范秋雲，尚未康復，仍住在醫院療養，楊世磊公餘之暇不時去探視照顧，這日耽誤了一條社會新聞，受到指責，與總編輯發生口角，其實不是重大政治新聞，而且也可以彌補，由於兩人心中早有芥蒂，於是楊世磊不幹了，憤而辭職，雖然該報主管苦勸慰留，仍然拉不住楊世磊離去之心了。

楊世磊帶了一肚子氣回到家，不意廖布袋來訪，他們已多日不見，連忙熱烈招呼。

「廖叔來了，近日發財？！」

「發財！發財！大家發財。哈哈！」廖布袋滿口金牙爽朗地回應。

「你廖叔剛剛到，我們正在談茶葉的事。」楊父插口說。

「聽說上次颱風，中部損失慘重。」

「沒要緊啦，董事長說的，一次風災，一次經驗，這些日子，我們僱工強力整頓，茶園已恢復欣欣向榮。」

「那就好。」

「我所擔心的是將來茶葉豐收，怎麼外銷出去？」廖布袋雙眉緊鎖。

「這容易，聘僱外銷人才就得了。」

「難找啊！第一要外語好。第二要靠得住。今天我來就是為這件事，向董事長請教。世磊賢侄，若是你能幫忙就好了。」廖布袋望著楊世磊。

世磊這才向父親報告。

「爸！報館記者職，我已經辭了。」

「為什麼？你不是幹得好好的？」父親意外地反問。

「與總編輯意念不合已很久了，今天為了一條新聞未能及時採訪又起口角，所以我就…」

「年輕人就是意氣用事，忍一忍就好了。」

不料廖布袋一聽極為高興，拍手大叫。

「太好了，太好了，這不是天助我也。」

楊父和世磊均感意外。

「你的意思是…」楊父問說。

「我正需要外拓人才，世磊外語好，能力強，正合我意，到我公司來。」廖布袋望著世磊。

「爸…」世磊徵父親意見。

「到我公司來，擔任副總經理，負責外銷這一塊業務，怎麼樣？」廖布袋求才若渴。

「真的？還是假的？！」世磊似不信這事實。

「廖老闆從不說假話，你自己考慮吧。」楊父說。

「天下事，怎麼這麼巧？我才失業，又獲這麼好的工作，不是失之東隅，收之桑榆嗎？」

「世磊…你是答應了？！」廖老闆站起身望著世磊。

「唯命是從。」世磊也站起。

廖布袋熱烈抓住世磊手，幌著說。

「哈哈！你沒有做我女婿，我一直遺憾，現在是我的左右手，不是又為我所用的嗎？哈哈！董事長！今天我來對了。」

「廖叔！我記者職也辭對了。」

「剛才我說的話，有一點要修正，茶園業務，董事長也是大股東，你等於為自己公司做事，並不是為我所用。」

「世磊！因緣際會，恭喜你。」

世磊的母親也聞悉從廚房出來，笑著對廖布袋說：

「謝謝廖親家對世磊提拔，飯菜差不多了，上桌吧。」

他們一邊走去飯桌，廖布袋還搭世磊肩愉悅說：

「這幾天就上任，馬上去歐洲訪問考察。」

「是、老闆！」

「布袋兄，我們的關係是越來越親了，今天不醉不歸。」

「沒有問題，找到這個好的人才，是我的福氣，世磊！今天我們多碰幾杯。」

眾人就座，世磊斟酒，愉悅溢於言表。

廖布袋走後，楊母問世磊。

「世磊！政府對你的禁令，不准出國，還有效嗎？」

「已過期，我可以自由出國了。」世磊說。

「祝賀你，秋雲已病癒出院，你把這個好消息去告訴她吧。」

「好！我這就去。」

世磊拿了一件外套，快步走出。

范秋雲正在帶小朋友作遊戲。小朋友看見楊世磊，個個張嘴喊著：「楊叔叔！」

「好、好，我也加入一起玩。」

范秋雲看來非常開心，面孔紅潤，不時望世磊微笑，等遊戲結束，小朋友由另一幼教老師帶入教室，世磊才偕秋雲走近花園樹下。

「今天有空？」秋雲含情脈脈地問說。

「有兩個消息告訴妳。」世磊賣關子。

「有兩個消息？！好消息還是壞消息？」秋雲不禁問說。

「都是好消息。」世磊答的乾脆。

「那恭禧你，可以揭謎底了吧！」秋雲期盼著。

「報社的記者職，我辭了。」

秋雲愣了一下。

「為什麼？」

「耽誤了一條社會新聞，總編輯刮我鬍子，我不服就辭了。」

「是不是來醫院看我，耽誤了的？」

「可能是吧。」

「那是我害了妳了，抱歉。」秋雲拭淚。

世磊疼惜地擁著她。

「你還沒問另一個消息？」

「你說。」秋雲打不起精神，輕聲問說。

「廖美娟的父親今天來台北，知道我已辭去報社記者職，死說活說，要聘請我去做副總經理，負責茶葉外銷業務。」

「真的？！」秋雲立即轉悲為喜，抓住了世磊的雙手。

「這幾天就要我到台中公司上任，而且近期就要去歐美考察訪問。」

「那真是好消息，真是『禍乃福所繫，福乃禍所依』恭禧你。」

「你不會怪我辭去報舘記者職務？」

「你做的事，都是對的，我支持你。」

「那今天晚上我們好好聚一下，怎麼樣？」

「行，讓我來祝賀你。」秋雲雙眼感性地望著世磊。

世磊看四周無人，吻上她了。

世磊父親楊四海，本來在大陸就是後補立法委員，因立法委員都是當選隨政府來台的，大多立委年事日增，續有死亡者…楊四海補正立法委員，消息傳出，賀客盈門，楊家父子都有了喜事傳出，為眾多親友欽慕不已。

　　　　※　　　　　※　　　　　※

柳艷在電視台採訪新聞，因面目姣美，國語標準，口齒清晰，而且反應敏捷，為一般觀眾歡迎，也為高幹肯定。

這日她告訴牟崇鼎，外交部長陳毅將軍率團訪問瑞士日內瓦，電視公司派她，隨團採訪，她也將這個消息面報父母，大家都為她高興。

只有母親暗中担心，會不會又遇上台灣那個冤家？應該不會，不可能。

偏偏楊世磊出訪歐美拓展茶業外銷，第一站就是瑞士日內瓦，這天早晨，他一邊早餐，一邊看當地英文報紙，突然發現報導中共外交部長陳毅將軍本日率團來訪，住在當地『希爾頓』飯店。他不由得一怔，最近曾與香港好友羅元中通電話，得知柳艷擔任電視台記者，一炮而紅，不知她是不是隨團採訪？

這些日子，他雖然與范秋雲熱戀，到日內瓦當天夜

裡也寫了一封信給范秋雲，但是一得到這個消息，立刻引起極端關注。於是他信步走到『希爾頓』飯店門口，探個究竟。

他在『希爾頓』飯店對門咖啡廳，找了個一扇大玻璃落地窗的座位，注視著出入人們。他一直注視著，連一分鐘也不疏忽，直至下午四時左右，發現一輛插了五星紅旗的車隊抵達門口，還有鳴笛的警車開導，如此陣仗，毫無疑問是國賓蒞臨了。

第一個下車的是陳毅，世磊是新聞記者，見過陳毅的照片，有當地政要在大門口迎接握手，其他隨員陸續抵達下車，一個熟悉影子出現了，墨綠色短上衣，褐黑色長褲，秀髮垂肩，身材阿娜，是柳艷，世磊全身顫抖不已。

但是他還是不能確定百分之百是柳艷，他再在報紙上找消息，陳毅將軍於次日在國會議堂貴賓廳與瑞士總理會議，並參觀重要措施，在日內瓦預定兩天，兩天時間若真是柳艷，一定有見面機會。

是柳艷？！不是柳艷。不是柳艷、是柳艷？！這夜他輾轉反側無法成眠，他想起五年前在香港，與柳艷匆匆見面交心，太匆忙，這次若真是柳艷，他要好好珍惜她，像捧著奇世珍寶，撫摸把玩，那白嫩滑潤的皮膚，那嫵媚的雙眼，那朱唇皓齒，種種讓他入迷，柳艷！柳艷！真是柳艷嗎？

第二天，上午九時，楊世磊就到國會議堂對面咖啡廳，等待心上人，他也自責，這麼早來幹什麼？又不是公務員準時上班？可是待在飯店房間，心神不寧，還不如早來早好，他想主角會談準在十時左右，而隨員可能早點進入會場，敲定會談內容，及檢視會場安全措施，

所以他覺得早來沒有錯。機會難得，不能失之交臂。

　　他精神緊張，頻頻往洗手間跑，香煙一支接一支，他戴了墨鏡，痴痴望著國會大門口，一小時過去了，二小時過去了，茶几上菸灰缸已堆滿了菸蒂，他雙眼有點酸澀，他揉眼再看，終於看見一大群人出來，瑞士總理和陳毅相繼走出，他看見柳艷以中國電視台記者身份趨前訪問陳部長，陳部長說：會議非常成功，兩國將簽多項協議。

　　陳毅講畢離去。

　　柳艷與攝影師也離去。

　　楊世磊叫了一輛計程車後跟，跟到『希爾頓』飯店門口。

　　是柳艷，千真萬確是柳艷。

　　世磊回到自己住的飯店，跳著、舞著，極興奮，真是皇天不負苦心人，他心神不寧，六神無主，他試著打電話找柳艷，電話接通，只聽對方答『是柳艷』，電話就被切斷了。

　　柳艷也很訝異，聲音好熟，會不會？…她不敢想下去，而為什麼電話被切斷，更令她疑惑。

　　楊世磊想見柳艷的慾望，極為堅強，這是天上掉下來的機會，不見將終身遺憾。

　　於是他上街買了短鬚化妝，戴墨鏡守在中共人員住的『希爾頓』飯店門口。

　　柳艷去中國民航託帶採訪新聞帶子，世磊發現了，連忙叫了一輛車後跟追上，他迫不及待地搖下車窗叫著柳艷名。

　　柳艷也搖下車窗玻璃，世磊扯下短鬚，招招手。

　　柳艷認出來了，極為訝異，連忙叫停車。

　　世磊也停車，迅速鑽入柳艷車，兩人心亂如麻，不知如何交談，他寫了一張字條塞給她，擁吻，然後世磊上了自己車，向柳艷輝輝手道別。

　　世磊坐的車司機，詭譎一笑，說了一句什麼話，他沒有聽懂。

　　「不用笑我，那個男女不是一樣。」世磊心中默默說著。

　　世磊在日內瓦一名勝地等柳艷，一輛計程車戛然而至，世磊跳上車，指揮司機往郊區開，抵一小賓館，他抓了她的手往內衝，要了房間，一進門就吻上了。

　　千言萬語抵不上一陣溫存，她只有一個多小時，柳艷撲在他身上，忍不住抽咽起來，多年的壓抑，再也無法抑止，如黃河決堤搬，他們合而為一了。

　　事後，他們再互道過去，她坦告她已婚，婚姻非常不美滿。他呢？表示一直沒有忘了她，一直找她的影子生活著。

　　世磊一邊看手錶，一邊撫摸光澤柔潤凹凸有致的胴體。

　　「那…」世磊一邊吻她眼，一邊試探著。

　　「你要說什麼？」柳艷問說。

　　「能不能換個環境。」世磊還是迂迴的提議。

　　「你是說…」

　　「很多反共義士，還拿到獎金。」

　　「這不大可能。」柳艷先坐起，嫣然一笑。

　　「為什麼？」

　　「我父母、我弟弟，顧慮太多了。」

　　「不過目前是千載難逢的好機會，柳艷！我們在一起吧，我們共同生活，我實在需要妳。」世磊感情地說。

　　柳艷下床，一邊著裝，一邊坐在梳妝檯前梳頭髮。世磊這個大膽而浪漫的提示，令她心湖震盪不已。

　　「柳艷！我的愛，我求妳…」

　　「我不是個木頭人，人有七情六慾，我也需要，但是…」柳艷還是不著邊際。

　　「來，我替你按摩小腿。」

　　世磊拉她斜躺在沙發上，他溫柔地按摩她小腿，這是他倆親密，而永遠難忘的舉動。

　　柳艷閉目想著這個充滿刺激也有生命危險的問題。

　　「艷！」世磊又叫了一聲。

　　「不要逼我，讓我考慮。」

　　世磊知道她內心已動搖，不再強逼，內心極為安慰，他要用柔性的攻勢，使對方徹底就範。

　　他開始瘋狂吻她小腿、大腿，直至敏感地帶。

　　柳艷又失魂落魄，閉著眼輕聲夢囈著：

　　「磊！磊！我愛妳！愛妳。」

　　「那妳是答應了？！」

　　柳艷點點頭，她的心防已徹底潰堤了。

　　世磊看看錶，時間不多，他拉她坐起，一臉正經的說：

　　「我們來研究幾種可行方式。」

　　「你們大使館？！」

　　「下策。」

　　「那你說…」

　　「向英、美、日、法、德那個大使館都比較好。」

　　「他們會不會對我家報復？！」柳艷又顧到家庭安全。

　　「我若說不會，那是白日說夢話，大陸音樂名家鄧

昌國不是投奔自由，在台灣受到重用，沒聽說他家裡受到嚴重報復，他們也重視人權了。」世磊連忙解釋著。

「我們要想個萬全之策」

「好、好，我們再想想，你們在日內瓦還有一天時間，也許還有機會見面，艷！時間不多了，妳先走吧。」

於是他倆囑咐再囑咐，親吻再親吻，她才戴著滿足，嫣然離去。

第二天柳艷忙著採訪陳毅訪問重要工廠及設施，她心中興奮又緊張，只有一夜時間，她必須在交叉口，作出決擇。

世磊也很緊張，他又找出假鬍鬚貼在唇上，守在柳艷必經之路等候。

柳艷工作完畢，獨自向飯店走去。

世磊一個箭步超前，故意丟下一個小包。

柳艷拾起叫著：

「先生！」

世磊回頭停步，接過小包，故意不看柳艷，輕聲說著：「美國大使館，等妳好消息。」就往前走了。

柳艷這才認出是世磊，意外而激動。他竟玩起諜對諜的把戲來了。

夜…柳艷買了大批禮物，分送同事。

有個男性同事問說：

「柳艷！看妳平常小器，怎麼今天這麼大方？」

「這是我近來第一次出國，任務完成，所以…」柳艷笑著回答。

但是引起一公安人員注意。

事務人員在趕辦離境手續。

柳艷試圖要回護照，擬搭第二班航搬回國。

「為什麼？」公安人員鷹樣的眼光望著她。

「我的身體不舒服。」

「我請示一下再說。」公安人員故意拖延。

第一個航班次日上午就要返國，第二航班再延一天，她得當機立斷。

別的同事都夜遊去了，只有她獨自一人，留在飯店房間，她在深思熟慮。

她想著投奔自由的好處。

也想到沒有成功的惡果。

她決定值得一試。

正這時有人敲門。門打開是事務人員。

「明天七點半早餐，八點離開飯店，請妳告訴同房張小姐。」事務人員說。

「好的。」柳艷答著，她緊張，假裝噁心，當著事務人員面，跑到廁所，嘔吐不止。

事務人員撇了撇嘴，離去帶上門。

柳艷煩惱了，痛苦了，她必須要回護照，才能走出第二步，她在房內焦急躞蹀。

世磊在那邊，也焦慮不安，猛吸著烟，他也在盤算：成功的喜悅，失敗的後果。

「老天、老天，幫助我們吧。」他雙手合十，祈求心想事成。

次日一早，大家整理行李，早餐後，就出發去機場了，柳艷心急如焚，她下著決心，再試一次，找到領隊首長：

「報告首長，我確實身子不舒服，能不能延到明天第二班次？」柳艷近於哀求地說。

「大概是水土不服，感冒了，吃點藥就沒事了。」

首長向旁邊醫護人員一招手。

　　醫護人員立即趨近。

　　「柳艷身子不舒服，恐怕感冒會暈機，給她一點藥吧。」

　　醫護人員雙目注視首長。

　　首長眨了眨眼。

　　醫護人員意會，把藥丸遞給柳艷。

　　「吃了吧，這對妳有幫助。」醫護人員盯著她吞服。

　　柳艷吞了藥丸，不多久就感到昏昏欲睡，她中計上當了。

　　原來她服的是安眠藥。

十八、

　　世磊也打聽到中共訪問團第一梯次航班，今天離去，他先是興奮，後也心中著急，八點半，他試著問中共住的飯店電話詢問，知大部份人員已乘車去機場

　　，那柳艷有沒有走呢？這一天他度日如年。

　　第二天八點半，他又打電話到飯店詢問，對方告知中共人員全部離開飯店返中國。

　　他為了確認，連忙叫了一輛計程車趕去機場，一架中國民航飛機起飛了，騰空而去。

　　他心定了，猜想柳艷一定按計進行，他回到飯店，斟了一杯白蘭地，一口一口啜著，又吊了一支香烟，在飯店房間渡步揮手，自鳴得意，心想事成。

　　他已告訴柳艷，他住飯店房間電話，投奔自由成功，請她立即通報，但一小時、二小時過去了，毫無消息，這時他又忐忑不安，他死盯著電話機，怕電話機壞了，

所以電話鈴不响，他拿起聽筒，感覺正常。

　　他急了，打電話到美國大使館，詢問有無中共人員投奔自由，對方是否定的，再詢問其他英、德、法領事館也是同樣回答。他還不死心，打電話到中華民國駐日內瓦辦事處，他認為這是最後希望，結果仍是落空。

　　他有點沮喪，不過他又想到，投奔自由是國際政治大事，他們可能隱忍不發消息。希望之火花又再度燃起。

　　在飛機上，柳艷才醒過來，眼見一切已過去，反而如釋重負，公安人員向她笑笑，醫護人員也向她會心一笑，她呆在那邊，眼望機下白雲如雪，心卻很踏實，她總算和世磊溫存了一小時，這將是今生今世最後一次，將永成回憶。

　　中共訪問團回國三天了，世磊內心煎熬，食之無味，寢不安眠，每天翻遍當地報紙，希望、失望、失望、希望，最後一點希望之火又起，她打了個電話到香港，詢問羅元中有無柳艷消息？羅元中告訴他中國外交部長陳毅及隨員已於二天前回到北京，柳艷採訪的報導充斥電視台，柳艷風光照人，更甚往昔，怎麼？你們又見面了？

　　不必痴心妄想了，柳艷沒有投奔自由，他徹底失望了，她氣她、恨她，洩氣地躺在床上，捶著床鋪，恨共產黨不講信用，也許她只是需要，只要一小時肉體享受，人家不是說共產黨是一杯水主義，人盡可夫。

　　楊世磊在日內瓦待了一週，才悻悻結束在日內瓦訪問，搭機回台灣。

　　在飛機上，她再度回憶與柳艷相處片段，他再度恨她失信，他決定回台灣向范秋雲求婚，死了這條心。

十九、

　　楊世磊在日內瓦已購了一件墨綠色女外套，準備送給范秋雲，她為什麼選購墨綠色？他不知道，他是無意識下選購的，其實是因為柳艷在日內瓦第一天穿這件顏色的外套，這個令他神魂顛倒的女人，如影隨形令他難以忘懷。

　　楊世磊在當天回台灣夜晚，就約了范秋雲在『純吃茶茶館』，那時台北市興起談情說愛的茶館，設備簡單，如火車卡座，燈光暗淡，擴音器放著輕柔的音樂，男女情人見面就可擁抱接吻，服務生端來茶類或咖啡，還用手電筒打光，才能行走。

　　這是情人熱愛的地方，也是楊世磊范秋雲第一次光顧，在服務生打光帶領下，楊世磊選在第一排，第一排不受後來到的人打擾，當服務生端來茶點，他倆就刻不容緩緊擁吻上了。

　　「秋雲！我好想你。」

　　「我也是，我也是。」秋雲夢囈地說著。

　　溫存一陣，楊世磊這才遞給她禮物。

　　「什麼？」

　　「在日內瓦買的小禮物，不知道妳喜不喜歡？」

　　「這要不少錢吧，真想看看。」

　　世磊抖開外套，要秋雲拿著，然後他擦亮火柴。

　　「哇！漂亮，質料也好，我喜歡。」秋雲說。

　　世磊連忙熄了火柴，怕擾亂鄰座情侶。

　　「秋雲！最近好嗎？」他們輕輕在耳邊說著。

　　「好的，身體完全復原了。」

「想我嗎？」他把她摟在懷中。

「你說呢？」秋雲調皮的說。

「準把我忘了。」

秋雲推開他，故做生氣狀。

「對不起，我故意逗你，我想你一定是食不知味，夜不安眠。」

突然，秋雲擦著眼淚。

「怎麼啦？」世磊關心地問說。

「有一天夜晚，我做了一個噩夢，你被外國狐狸精迷上了，不回來了。」

世磊心頭一顫，差點招供，說出日內瓦一切。

「我也得了一個夢，差點被日內瓦妖怪迷上了，幸好觀音菩薩來救了我。」世磊半開玩笑的說。

「你真的做了這個夢？」

「嗯，你知道那個觀音菩薩是誰變的？」

「誰？！」

「台灣的少女范秋雲。」

「好、你好壞、好壞。」

秋雲輕輕捶他胸，他又把她擁抱住了。

「秋雲，既然你救了我，就救到底，嫁給我吧！」他趁勢說出心中話。

「你是否在國外發生什麼事？怎麼一回來就提這個問題？」秋雲不解地問說。

「男大當婚、女大當嫁，既然兩人彼此相愛，走向紅地毯，也是人之常情。」

秋雲默默思考半天才說：

「世磊！我能得到你，是我的福氣，只是我覺得有點配不上你。」

　　「不！妳心地善良，而且跟我志趣相投，我找了多年才遇上妳，這不是上天安排的緣份嗎？」

　　「婚姻是人生大事，我得去請教幾個長輩。」

　　聽口氣，秋雲原則上是同意了，只是少女的矜持沒有明白答覆，世磊喜出望外，兩手抱住她的臉頰，重重的吻了一下。

　　「謝謝你，我的愛！」世磊真誠的說。

　　秋雲是基督徒，拜訪以前養育她的孤兒院院長，告知終身事，老院長垂詢甚詳，得知男方是傑出青年，家庭背景顯赫，立即表示不可多的緣份，為她祝福。

　　世磊也徵求父母同意，父母見過秋雲多次，且秋雲在幼稚園工作，為人處事，受人稱道，當然也無異議。

　　但是偏有一個人心中不是滋味—廖美娟。

　　廖美娟得到消息，心裡不自在，她從世華口中打聽到世磊結婚日期，決定那時報名參加學校活動，以逃過世磊婚禮。

　　幼稚園園長得知世磊秋雲婚訊，確實為秋雲高興，但還是開玩笑指世磊搶了她的好幫手。

　　世磊答允短期內可在幼稚園幫忙，等找到代理老師再離職。

　　這是楊家到台灣第一件喜事，佈置新房，採辦傢俱，世磊精神奕奕，人逢喜事精神爽，而秋雲却累病了。

　　世磊婚事將近，美娟為了要不要參加世磊婚禮，一直拿不定主意，因為她實在缺乏理由不參加世磊婚禮。

　　這天她回台中，母親問她：

　　「楊世磊要結婚了，妳知道嗎？」

　　「不知道。」美娟故作輕鬆回答。

　　「妳在台北怎麼會不知道？」

「我們最近很少見面。」

「他現在是妳爸公司副總經理，去什麼瑞士也是公事考察，所以回來，帶來不少禮物，分送大家，妳的也有。」

「不稀罕。」美娟噘了噘嘴。「媽！那天我可能有事，不能參加他的婚禮。」

母親一聽，話中有話，連忙拉女兒到一邊，盯著他說：

「死丫頭！妳還是愛著他？！」

「沒有的事。」美娟面紅耳赤。

「本來你和世磊是多好的一對，是妳自己搞砸的，事到如今，妳要保持風度。」

美娟低下頭，不敢看母親。

母親摀著她耳朵，輕聲叮嚀。

「聽到沒有？保持風度，不要弄出笑話。」

美娟這才點了點頭，擦著眼淚，逃離母親。

母親搖了搖頭，感喟地深深嘆了一口氣。「唉！」

結婚前兩天，世磊突然想到柳艷，他打了個電話到香港，邀請羅元中務要來喝喜酒，並問羅元中有無柳艷消息。

「有，在香港有時可看到柳艷電視採訪新聞，她已經是名記者了，她優雅的風度，風靡全中國。」

「管她的，她是好是壞，跟我沒有關係了。」他憤而掛了電話。

其實世磊對柳艷一直耿耿於懷，他恨她、恨她玩弄他，恨她言而無信，今後他要永遠忘了她，在他心中再也沒又柳艷了，但是他沒有想到，他要的仍然是柳艷的影子。

　　范秋雲是基督徒，這夜她跪下禱告，祈求婚後幸福。

　　美娟呢？這個多情的少女，世磊婚事越近，她的心靈越不安寧，她躺在宿舍床上，唉聲嘆氣。

　　「怎麼啦？又發什麼呆？」室友問她。

　　「明天會不會有颱風？」

　　「颱風？！妳發神經？這幾天風和日麗，氣象局也沒發佈颱風消息。」室友回了她一句，自己看書，沒有再和美娟答訕。

　　美娟無聊透頂，兩眼望著天花板，胡思亂想……

　　颱風準是不會來，那就來個大地震，喜事不能辦，或者他們出車禍，最好是秋雲受傷，而楊世磊有驚無險，如果明天沒有這些天災人禍，她將受一天的罪，她不如死了算了。

　　正這時，突然范秋雲光臨，美娟極震驚，秋雲一臉笑容說：

　　「美娟小姐！妳在、太好了。」

　　「有事？！」美娟心裡想，會不會她和世磊弄翻了，要請她去做好事佬。

　　「我不懂化妝，聽說妳以前學過這門功課，所以來請教、請教。」

　　「妳應該去找新娘化妝師。」美娟沒有好臉色。

　　「那要花不少錢，磊哥說，可以向妳請教。」

　　「這個死磊哥，他是故意向我示威。」美娟心底嘀咕著…但是面對一個討好笑臉迎人的準新娘，她狠不下心來，只好敷衍了事。

　　她拿出化妝箱，倒出各種畫筆、粉盒，本來她打算隨意說一些，應付過去，但是一旦開講，收不住嘴，什麼地方較濃、什麼地方較淡，連室友也走過來旁聽。

「死美娟！原來妳是半個專家，為什麼早不告訴我。」室友捧了他一句。

美娟一時興起，巨細靡遺，傾囊相授，使秋雲滿載而歸。

「美娟姐！謝謝了，磊哥說的沒錯，妳以前參加過多項公益活動，學過化妝功課，果然名不虛傳。」秋雲恭維她一番心滿意足走了。

「磊哥！磊哥！」肉麻死了，這句話本來是她美娟的專利，現在拱手讓人，是不可忍孰不可忍？她暗中罵世磊故意氣她，她也罵著秋雲陰險，她似精神崩潰，明天、明天，這個可惡的明天。

看躲是躲不過了，那明天她要刻意打扮，在婚禮上壓倒新娘子，她要吸住新郎楊世磊的目光，讓人覺得楊世磊應該娶廖美娟，不應該娶飛機場胸脯的范秋雲。婚禮在教堂舉行，唱過詩歌，牧師祝詞，美娟的手指咬破流血，終於忍到完成婚禮，正在大家祝福新郎新娘時，她暈倒了。

自然美娟沒有參加簡單而隆重的喜宴，她由世華陪著在醫院打點滴。

世華冷眼旁視，緊問她是不是仍不能忘情於堂兄，美娟當然否認。

廖布袋夫婦也趕來了，對嬌生慣養的女兒，也不忍責備什麼，只是故意支開世華，母親才在她耳旁輕聲叮嚀：「勿失身份。」

美娟掉下一顆眼淚。

母親替他擦淚，又說：「好了、好了，世華也不錯，認命吧！」

這時世華進來，廖布袋問他近況。

世華面報，已大學畢業，將入伍服役。

「好、好，軍中去鍛鍊。」廖父鼓勵著。

「軍中很苦，你要多保重。」廖母表示關心。

「苦什麼？！吃得苦中苦，方為人上人，老太婆妳不懂。」

「好、好，你懂、你懂！」

兩夫婦這麼一說，引得美娟嫣然一笑，心中的烏雲一掃而空。

二十、

世磊與秋雲選在台中日月潭『涵碧樓』渡蜜月，『日月潭』是台灣省最大的天然湖泊，潭周圍三十五公里，四周峰巒林立、山清水秀，風景如畫，再加政府重視旅遊開發，周圍有『光華島』、『慈恩塔』、『文武廟』『孔雀園』，是台灣極負盛名的觀光勝地，『涵碧樓』另處一角，交通方便，蔣中正總統經常光顧，秋雲第一次到來，坐在房間裡，遠望湖光山色、室內佈置淡雅，站在陽台上，不禁兩臂伸張，大叫：「哇！這裡太棒了。」

「今天大概沒有政府高官來住，行動比較方便，走，我帶你觀光一下。」世磊說。

於是世磊牽了秋雲的手，任意參觀，『涵碧樓』建築不如台北圓山大飯店雄偉，但也算是小家碧玉，是政要休閒的好住處，尤以湖邊高大樹木、綠葉成蔭，花園奇花異卉，紅紅白白在綠樹中掩掩映映，玫瑰盛開著，香味濃郁，散佈四週，椰子樹、美人蕉、葛蘿花散佈四週，令秋雲流連忘返。

夜，兩人躺在床上，打開窗戶，涼風輕拂，通體舒

服，蟲聲唧唧毫無都市嘈雜聲音，猶如仙境。

　　秋雲依偎在世磊懷中，世磊輕言細語，海誓山盟，令秋雲感動落淚，世磊用舌頭舔她的淚水。

　　「雲！怎麼啦？」世磊溫聲問著。

　　「我覺得我太幸福了，我怕老天爺忌妒我。」秋雲哽咽說。

　　「不要胡思亂想。」

　　「真的，我是個孤兒，一生坎坷，如今有你這般愛我、疼我，我就是生命只有一年也值得！」

　　世磊連忙用吻堵住他的嘴，不再聽她感傷的話了。

　　世磊婚後，大展鴻圖，廖布袋特別在台北市開設『西施舌』茶葉分公司，全權讓世磊經營處理，世磊白天上班，夜間夫妻情深，其樂融融。這天楊世磊晚間下班，在家門口竹圍，發現小妹蓉蓉與一男孩親近散步，深感小妹長大了，囑秋雲暗中打聽那個男孩家庭背景。

　　秋雲婚後仍在幼稚園上班，下班後立即回家幫忙家傭處理家事，與小姑蓉蓉感情融洽，經了解那個男孩是附近雜貨店老闆娘獨子，在師範大學附中念書，與蓉蓉同班同學。

　　楊世華去服役了，美娟依依不捨，鼓勵他有空多看英文，將來考托福，出國留學，一定要超過堂兄楊世磊。

　　「學子需要鼓勵。」世華調皮地說。

　　「怎麼鼓勵？」美娟故裝不解。

　　世華指指嘴巴，美娟笑著要捶他，他逃，美娟追，世華一個迴旋抱住她了，他得到鼓勵。

　　竹林幽暗，晚間是情人約會的所在，他倆正在熱吻時，突然楊家琴聲和小提琴聲傳來。

　　美娟立即興趣索然，因為他知道那是世磊和秋雲合

奏的協奏曲。

美娟妒意又起，轉身走出。

然室內拉著小提琴的世磊，夢幻合奏的秋雲是柳艷，他痛苦了，停拉小提琴，打著自己的耳光。

「世磊！妳怎麼啦？」秋雲不解地問。

世磊凝視著她，他內心極為慚愧，竟忘不了柳艷，他擁秋雲熱吻，表示歉意。

父母坐在客廳看電視，母親眼尖看了一切，微笑對父親說。

「現在可以放心了，世磊終於忘了柳艷了。」

二十一、

柳艷回國已兩個月，工作勤奮，這日正在工作室修剪採訪新聞帶子，噁心欲吐，她去洗手間，吐又吐不出來，恐怕是感冒了，跟同事招呼了一聲，回家休息。

她經過公園，獨自一人冷靜思考了一下，這個月月事沒來，是不是日內瓦事出了問題？不該一次就中獎，他有點惶惑，想找好友張薇談一談。

她和張薇見面了，談『四清運動』彷彿隱隱覺得高層正在內閧，只能意會，不能言傳。

「最近我心裏很煩。」柳艷說。

「煩什麼？右派？！反右派？！」張薇情況外。

柳艷與張薇是多年好友、死黨，無所不談，但是這個內心隱密，多麼嚴重，弄不好，有殺身之禍。

因此柳艷欲言又止。

這時張薇已和那個替牟崇鼎開刀手術的軍醫成婚，牟崇鼎有痼疾，張薇早已知道，怕影響柳艷夫婦感情，

她一直沒有透露，現在看來可能是醫生誤判，幸好守口如瓶，不然會惹出大禍。

「是為家裡的事？」

柳艷點點頭。

「不要心煩了，牟副處長事業順利，看情形步步高升，妳有幫夫運。」張薇不著邊際地安慰。

「妳不了解。」柳艷有苦說不出。

「那妳說說，把妳心中痛苦說出來。」張薇誠意地握著柳艷的手侷促著。

柳艷抽出手，站起，搖了搖頭。

「唉！高幹的愛人不好做。」張薇同情地說。

夜，牟崇鼎歸來，告訴柳艷，他又將升官，要柳艷陪她一同去應酬，柳艷推說有點感冒，不想外出。

柳艷和牟崇鼎夫婦感情似有點改善，當然歸功於崇鼎大力幫忙進入電視台，這一筆功勞，是不能抹殺的。

牟崇鼎換了便衣消遙走了。柳艷一人在臥房看電視，忽翻胃欲吐又起，她跑進洗手間，嘔吐聲傳到客廳，牟母驚喜地推門進來。走到洗手間，替她拍背。

「是不是吃壞了什麼？」牟母關心的問。

「和往日一樣，我吃的比較清淡。」柳艷答。

「那準是有喜了。」牟母高興地說。

柳艷心中一怔，半天才說：

「不可能。」

「為什麼不可能？！一個成年女人生兒育女是極正常的事。」牟母堅持自己的見解。

「工作間，冷氣強，可能感冒了。」

「噢。」牟母有點失望：

「明天記得多帶一件外套禦寒，感冒藥有嗎？」

「有。」

「那就吃一顆感冒藥，老人說的：『小病不顧，大病吃苦，』自己注意點就行了。」

「謝謝媽。」

柳艷當然沒有服感冒藥，她怕了，怕萬一，回想在日內瓦與楊世磊激情時，根本沒有想到這一層，萬一⋯她不敢想下去，老天爺幫個忙，不要開這麼大的玩笑。

正在她心情極端不寧時，接到電話，牟崇鼎酒醉，與另一高幹子弟發生衝突，把人打傷了。

這位高幹，主管人事，大權在握，在這個節骨眼上，怕影響牟崇鼎升遷，牟父牟永義連忙趕去，押著牟崇鼎向對方請罪，才平息這場風波。

牟崇鼎在外面惹了事回來，心情不好，怪柳艷沒有陪他才出事，兩人口角，柳艷因心中有愧，只好忍讓。

「好、好，算我錯了，怎麼樣？」柳艷勉強安撫他。

柳艷瞞了所有人，請了一天假，跑到北京鄉下一家醫務所，穿了農婦裝，冒充農婦做了檢查。

大陸為控制人口生育，管理極嚴格，普通人家只能留下獨苗，農村為了生產，可允許一男一女。

檢查結果出來了，確定已懷孕，已兩個多月了。

柳艷一聽，轟然一聲，差點暈過去。她苦笑謝了人家，寸步艱難，摸索扶著牆，走出醫務所。

這問題極嚴重，怎麼辦？怎麼辦？她在附近小公園愣了很久，最後決定與母親商量，想出萬全之策。

可是回到娘家，又不敢啟口。

父母看她面目憂戚，毫無採訪新聞那般開朗嬌氣，母親關心地問說：

「是不是有什麼心事？」

「沒有、沒有，有點感冒。」她搪塞著。

她又有點嘔吐，連忙辭別父母，急步跑出家門。

父母對望一眼，詫異。

柳艷這時特別友善勤勞，頻頻為人代班，拼命工作，心神疲憊，想達到流產目的。

領導看她臉色有倦容，准回家休息。

柳艷又吐，婆婆看在眼裏，又問柳艷是否懷孕了？柳艷仍堅持否認。

「我要問問崇鼎，是不是沒有好好照顧妳。」婆婆說。

「他待我很好，媽別担心。」柳艷還是敷衍著。

婆婆離去，柳艷關了房門思考，想著各種解決之道：

A：打胎。

B：與夫勉強苟合，以達到崇鼎出精為目的。

C：投奔自由。

她將相機而行，心神不寧，獨自站在窗前輕輕呼著：「世磊！世磊！」

二十二、

世磊與秋雲、廖布袋參觀台中『西施舌』茶葉區，世磊婚後意志奮發，信心十足，談未來茶葉改良品種，才能與人競爭。

「董事長！」楊世磊因現在是茶葉公司副總，已改口稱呼。

「我的看法，目光放遠一點，甚至拓展到美國買地種人蔘，以人蔘參茶葉內，提高品質。」

「好，世磊！我完全同意，你有獨到的眼光，又有

雄心壯志，我把你拉來，這一寶是押對了。哈哈…」廖布袋開心地笑著。一邊又看了看秋雲說：

「妳嫁給世磊，也等於是押寶一樣，我們兩個都是大贏家，嘿嘿！」

秋雲羞怯地依偎在世磊肩膀。

「對了，你堂弟世華，現在怎麼樣？」廖布袋關心未來女婿。

「他現在在台中附近部隊當排長，前幾天回來一次，穿了軍裝英氣勃勃。」

「其實世華也不錯，只是沒有你老成持重。」

「董事長太誇獎我了。」

這個假日，美娟去探望世華，世華穿了軍裝，英挺氣昂，陪美娟參觀營區，美娟覺得世華改變不少，乃問著：

「有沒有看英文？」

「哦！軍中事務繁忙，沒有時間，等以後再說。」

「出國留學，這是我對你最大的期望，你懂嗎？」

「是！」世華調皮個性又起，連忙立正行軍禮：

「長官，唯命是從！」

美娟在他胸前輕搥了一拳。又說：

「告訴你一個消息，我爸將在台中烏日鎮，開戲院，歸我管，以後我就在烏日上班，你們阿兵哥一律免費招待。」

「萬歲！」世華振臂高呼。

「軍愛民、民敬軍，軍民一家親。」

農忙已過，台北市有個親戚有婚宴，廖布袋夫婦連袂來了台北市。順道看望一下老朋友。

「哈哈！布袋兄，聽說你又開戲院，鴻圖大展？！」

楊四海熱烈抓住廖布袋手歡迎著。

「小意思、小意思，董事長紡織公司是大咖，我是小咖，哈哈！」布袋謙虛地說。

美娟的母親已來過多次，一次生、二次熟，世磊的母親拉了她的手，走到一邊去了。

世磊與秋雲連忙敬烟奉茶，陪兩位大人，談著時事。

「董事長！我看台灣要欣欣向榮了。」布袋開了先。

「不錯，台省土地改革成功，公地放領，地主將資金投資工商業，已經看出成果了。」楊四海附和著。

「這是政府的德政，我們都非常感激。」

「可是大陸仍在『三反』『五反』弄得人民一清二白，民不聊生。」楊四海已遞補立法委員，對兩岸情勢非常清楚。

世磊坐在一旁，不便插嘴，但是這些話入耳，又觸動他念著柳艷的那根神經。

　　　　　※　　　　　　※　　　　　　※

柳艷仍然六神無主，在電視台壓抑著，回家又不便給婆婆看出，整日像小偷防著人家，深怕人家看出來。

報館內有英文報，知道大陸偷渡香港逃亡潮，多少人被海水淹死，多少人被捉住，遣回廣東，但也有成功的，如果當初投奔自由，就不會有現在的痛苦，終日提心吊膽，唉聲嘆氣。

突然下定決心，試試看，她向領導打聽，最近有無首長出國訪問？她要爭取隨團採訪。

「正好有一機會，三日後將有確定消息。」

「那能不能？」她熱切望著領導。

「照往例，是幾個人輪流，也等於是藉機歷練，不過，你上次隨陳部長訪問日內瓦，表現不錯，我優先考

慮。」

「那謝謝領導了。」她的心情立刻開朗起來，她快步離開領導辦公室，進入大廳，大廳左側安了一具『馬克斯』小銅像，她走近行了軍禮，暗中祈禱心想事成。

她回家關上門，偷偷整理東西，密存的首飾，她要帶走，並挑了一個金手鐲，準備送給母親。

柳艷又回娘家，送母親金手鐲，母親看她來的勤，心中不免嘀咕。

「艷！妳是不是有什麼心事？」

「沒有，我那有什麼心事。」

「沒有就好。」

母親微笑撫摸金鐲，自己一大把年紀了，從來沒有想到存點金銀首飾，還是女兒貼心。

柳艷辭別母親，在門口小巷，遇一八十歲的長者，滿頭白髮，慈眉善目，她常與父親談哲學，是智慧型學者。

「爺爺！」柳艷招呼著。

「柳艷！看妳瘦了，嫁入侯門，不能適應是不是？」

柳艷苦笑了一下。

「是有點事，我想找個機會，向爺爺請教。」

「好、好，隨時歡迎。」

三天後，柳艷去見領導，不料事與願違，領導告訴她，出國訪問的首長，已另派人。她失望透頂，躲進洗手間，真想大哭一場。

心中煩悶，她決定去拜訪長者，她借朋友遭遇，向長者請益。

長者說了幾句哲理的話，意思是該來的就要來，躲也躲不掉，順其自然為宜。牟崇鼎因酒醉鬧事，得罪當

權派，升官事吹了，父親指責他不愛惜自己。

二十三、

柳艷心事重重回到家，在床上假寐，頻頻做惡夢，她夢見自己化妝為農婦，經過千辛萬苦，逃到廣東邊界，被中共解放軍機槍掃射，狼犬追踪，死裡逃生，跟著大夥偷渡海峽，又被鱷魚追踪，她大叫救命。

「救命啦！救命啦！」她大叫著，兩手搥著床鋪。

牟崇鼎應聲衝進來，搖醒她，才知是一夢。

婆婆也聞聲而來，告訴兒子，柳艷可能有喜了，向兒子道賀。

「明天你陪小艷去醫院檢查吧。」

崇鼎聽蒙了，怎麼可能？

婆婆走近柳艷，撫摸媳婦肩膀。

「我有事出去應酬，你們自己用餐吧！」

婆婆向崇鼎作了個暗示，安撫媳婦，就提了皮包外出。

崇鼎聽到母親出去帶上大門聲，才滿臉陰霜，用力關上臥室房門，窮凶惡極盯著柳艷。

火山快要爆發了，柳艷知道這場風暴躲不過了，她是經過大風大浪的人，惹事不怕事，怕事不惹事，反而內心鎮定，不做出畏縮舉動。

崇鼎憤怒走近她，一把抓住她的左臂，厲聲說：

「真的懷孕了？！」

柳艷看也不看他一眼，用另一隻手，整理床鋪。

「你給我說！」他用力甩開她，把柳艷甩到一邊。

柳艷仍然沉默不語。

「妳是啞吧？！我也看到妳偷偷跑到洗手間嘔吐，我還以為妳感冒了。」崇鼎又逼近她。

柳艷偏著頭，沉默是金。

男人最忌諱的是戴上綠帽子，當然無法容忍，崇鼎一把抓住柳艷長髮，拖去牆邊，聲色俱厲問說：

「妳紅杏出牆了？那個男人是誰？」

柳艷怒目望他一眼，還是緊抿著嘴唇。

「妳再不說，我可要動手了，我們共產黨向來『坦白從寬』妳說不說？」

柳艷仍然低頭不語。

崇鼎火大了，抓了柳艷長髮不斷往牆壁撞。

「妳說！妳說！」他咆哮著：「是不是兩個月前在日內瓦，又碰上揚世磊了？！」

「不錯！我是碰到楊世磊了。」紙包不住火了，她歇斯底里咆哮著。

「什麼？」牟崇鼎氣得全身發抖。他伸出手就是兩個耳光。打得柳艷鼻孔流血。

牟崇鼎氣炸了，衝動地在衣櫃裡取出國產手槍，瞄準柳艷，瘋狂地吼著：

「是真的嗎？！」

「我們做了愛，也準備投奔自由，可惜沒有成功…」柳艷索性坦白漏了底，她回以怒目。

「妳？！妳？！」崇鼎咬牙切齒。

「你有種，把我殺了，一了百了。」

牟崇鼎紅了眼，但下不了手。

這時臥室電話分機響了起來。

牟崇鼎接聽，大概對方有緊要事情，急著等待他去處理。

他摔去電話，丟下手槍，怒目說：

「等我回來，再跟你算帳！」

他一肚子怒氣衝出，快速駕車離去。

柳艷已絕望，心急如焚，剛才逃過一劫，等他回來，勢必生死關頭，她準備潛逃，她心慌意亂整理東西，打電話給弟弟約他在某個地方見面。

正想偷偷潛出，電話鈴聲響了起來。

她不想接電話，在這個緊要時刻，她不能耽誤。

電話聲一遍一遍響著。她只好叫著：

「王嫂！妳接電話！」

王嫂在客廳接了電話，然後大叫著。

「不好了！少爺車禍出事了。」

柳艷這才接了電話，是認識的交通公安打來的：

「牟崇鼎在朝陽區十字路口超車，撞上路旁水泥柱，車毀、人重傷，已送軍醫院。」

柳艷掛了電話，呆住了，是真？是假？是好消息？還是壞消息？這個飛來的意外。

「快通知首長和夫人。」王嫂哭著臉提醒。

柳艷只好放下一切，通知牟父母，一同趕去軍醫院。

在通知父母時，耽誤了一點時間，等柳艷和牟父母趕到醫院，牟崇鼎已傷重斷氣。

牟父母當然傷心不已。

柳艷呢？因感激牟崇鼎及時為她解決問題，哭得死去活來，暈了過去。

軍醫連忙救治，替柳艷檢查時，傳出喜訊，已懷孕二月。

牟家一悲一喜，牟崇鼎雖然英年早逝，總算有了孩子傳宗接代。

　　牟父母及親友並沒有懷疑其他，均以為牟崇鼎是為是升官不成，心煩開快車出了車禍。

　　張薇陪柳艷辦理喪事。

　　牟父叫柳艷辭去電視台記者職，盡心待產。

　　崇鼎新墳，柳艷一人憑弔，她向牟崇鼎懺悔，但也埋怨他，明明不能人道，而還娶她，顯然是為了報復，往者已矣，目前但希望他在地下有靈，保護孩子，因為總算是牟家的孩子，也希望他不要恨她，總算夫妻之名相處兩年。

　　這已是秋天了，涼風陣陣吹來，她打了個寒顫，獨身走下山坡，外表看來她非常悲戚，其實她內心比任何時候都平靜。

　　牟崇鼎已死，牟父為了孩子，對柳艷疼愛有加，記者職務已辭，但仍保留底缺，俟生產後復職，這也算是優厚了。

　　柳艷安心在家待產，她要為楊家保留下一代，也為牟崇鼎保留下一代。

　　柳艷在家無事，常練著鋼琴，想著世磊，她非常奇怪，和牟崇鼎結婚數年，一片空白，這許多年僅見楊世磊兩次，卻刻骨銘心，現在她懷著世磊的孩子，卻是牟家第三代，她感到滑稽，她也覺得世磊是非常幸福的人。

二十四、

　　真的世磊很幸福，秋雲已懷孕，醫生診斷確切，世磊要她辭去幼稚園工作，但秋雲怕寂寞，仍然兼代，雖然代替老師已來。

　　秋雲常帶孩子做遊戲，實在體質太差，而暈倒了。

　　世磊接到電話，秋雲已送到婦產科醫院，世磊趕到，讓醫生打安胎針，決定辭去幼稚園職。

　　牟父因係劉少奇派，被貶，在家發大脾氣，牟母說的好『識時務者為俊傑』，決心向江青靠攏，另向劉少奇奪權，搖旗吶喊。

　　柳艷肚子一天天大起來，母親常來看望她，傳受一些育嬰常識，好幾次柳艷欲實告這個天大的秘密，總是話到嘴邊又忍住，母親勸她應多外出散散步、散散心，這對肚裡的孩子有幫助。

　　柳艷與張薇散步，瞄了一下柳艷隆起的肚皮說：

　　「我心裡有個秘密，一直沒有告訴你。」

　　「妳有秘密，那快告訴我。」

　　「幾年前，不是廈門、金門砲戰嗎？」張薇說。

　　「是啊！崇鼎還帶我去廈門，他是因公去的，不幸受了重傷。」

　　「妳知道當時是誰替牟崇鼎開刀動手術的？」

　　「不是妳愛人李祥瑞！我早知道了。」

　　「可是有個消息妳一直不知道。」

　　「噢！什麼消息？跟我有關？！」

　　「李祥瑞告訴我，牟崇鼎下體受傷，生命無慮，但是對人倫，恐怕有影響。」

　　「是嗎？！」

　　「還好沒有告訴妳，不然妳不會嫁給他。」

　　柳艷看了張薇半天，以半開玩笑地說：

　　「我也有一個天大的秘密。」

　　張薇並沒有聽懂。

　　「將來妳這孩子。」張薇摸了摸柳艷的大肚子：

　　「喝共產黨奶水長大，家世又好，說不定是未來中

國接班人。」

「不，孩子長大了，我期待他學藝術，政治太可怕了。」

※　　　※　　　※

范秋雲懷孕，身子一直不好，吳嫂又因家累請辭，只好再委託傭工介紹所找來李嫂試用。

李嫂中等個子，面目親切而溫柔，秋雲一見他面就喜歡留下了。

而李嫂對秋雲，亦有一種特別緣份，當知道少奶奶名叫范秋雲時，她呆住了。

李嫂對秋雲有種說不出來的感情，試著探聽家世，問東問西，越問心裡越發毛，原來秋雲是她親生女兒。踏破鐵鞋無覓處，得來全不費工夫，但是如何使秋雲相信呢？

李嫂趁上市場買菜，找到拉三輪車的丈夫，告訴他已找到女兒，兩夫婦抱頭痛哭。

原來是在民國三十八年大陸撤守，兵荒馬亂時，託一位朋友代帶而丟失。來台灣到處打聽，僅知道已送孤兒院，到孤兒院找尋，也不得要領，這十多年來，她是故意去做傭工，以期能找到親生骨肉。

丈夫老范想看看女兒，來到楊家，遠遠看著秋雲，見女兒出落的如此標緻，不敢相信，也不敢相認，一直擦著眼淚。

秋雲知道李嫂丈夫來，要他一同吃飯，他不敢，但還是在廚房吃了。

老范見到世磊，看他挺拔英俊，氣宇軒揚，一付青年企業家架勢，內心著實安慰，但因自己是三輪車伕，身分懸殊，不敢相認，只是要妻子好好照顧秋雲，離去。

　　楊父近日為了職業學校事忙碌，政府將實施九年義務教育，今後勢必重視職業教育。

　　自從秋雲嫁了世磊後，她為了做好楊家媳婦，日夜忙碌，世磊勸她多休息，她還是凡事放心不下。

　　這日，看小姑蓉蓉似有心事，閒談間，知道是誤會小情人許大力另交了女友，心中不痛快。

　　天下著雨，一個男孩冒雨站在自家雜貨店門口，老遠望著楊家。

　　秋雲看出端倪，告訴蓉蓉。

　　「小蓉！許大力冒雨站在門口望著這邊，好像想見妳。」

　　「管他的，讓他去死吧！」蓉蓉生氣的走開了。

　　許大力受了風寒病了，寡母心急。

　　小蓉蓉幾天沒有見他，也急了。

　　秋雲主動拉著小蓉蓉去雜貨店，她和許母聊天，讓小倆口偷偷見面。

　　小倆口抱在一起，溫存了一陣，誤會全消。

　　秋雲買了一瓶醬油，故意大聲和許母告別。

　　小蓉聽在耳裡，連忙從後門溜了出去。

　　自從這件事情後，姑嫂相處融洽，常互贈小吃點心，常在小花園盪鞦韆。

　　這日秋雲和小蓉正在小花園聊天時，突然秋雲搗胸難耐，頭上汗珠豆大顆顆落下。

　　「秋雲嫂！妳怎麼啦？」小蓉扶著她。

　　「我胸脯痛的厲害，快叫妳哥哥來。」秋雲咬著牙說。

　　世磊及時趕回家，護送秋雲上醫院。

　　經過醫生診斷，原來是秋雲患有先天性心臟病及貧

血，恐怕不適合生育。

李嫂聽了乾著急。

秋雲問世磊病因，世磊輕描淡寫，未實告病情，只是勸她凡事看開一點，人吃五穀雜糧，無人能避免病痛，要她不要太勞累，無聊彈彈鋼琴消遣。

秋雲是閒不住的，她不會打牌，又不會串門，世磊上班，一天時間無法打發，她暗中寫了幾張紙條『招生教鋼琴』，附近主婦連忙帶了孩子來學習，因教學得法，學生日增，弄得欲罷不能。

美娟得知秋雲因病在家，表面是來慰問，實是暗中打聽實情，有點幸災樂禍。世磊與她保持距離，美娟心中極不平衡。

李嫂夫婦得知女兒身子骨不好，非常擔心。有一天慫恿秋雲去台北市名刹燒香拜佛。秋雲經過世磊和公婆同意，就由李嫂丈夫拉著三輪車上路了。

李嫂夫婦當然是興奮莫名，多年尋訪，親骨肉就在眼前，李嫂雙手合十，感謝菩薩垂憐，但是還得問個清楚，免做白日夢。

「少奶奶！妳是那裡人啦？」李嫂打破沉默。

「我是孤兒院長大的，不知生身父母是誰？所以也不知道是那一省人。」秋雲如實作答。

李嫂夫婦心頭一熱，互相望一眼，八成沒錯了，是自己親生骨肉，差點露了口風，為慎重起見，李嫂撒了一個謊：

「我有個朋友，在大陸撤守時，失散了一個女兒，年齡與妳一般大，不知道是不是？」

「真的？！」秋雲長大後一直也在打聽自己父母，聽了這個信息，不由得興奮的摟住李嫂，急切的說：

「李嫂！那拜託妳給我連絡一下，我恨不得立即去見面。」

「我來說吧！」拉車的李嫂丈夫，忍不住了，差點點破。

李嫂連忙損他一眼。

「你好好拉車，誰要你多嘴。」

「是、是，多嘴是女人，女人才是長舌婦，少奶奶！妳除外。」

李嫂丈夫風趣的這麼一說，三人都笑了。

他們到了天后宮，抽籤拜佛，李嫂一直攙扶秋雲，體貼入微。

李嫂丈夫在旁注視，也心頭暖熱不已。

「妳放心吧！我一定替妳連絡上。」李嫂說。

「李嫂！真的，我一見了妳，就有一種親切感。」

「我們也是，大概是緣份吧，祈菩薩保佑妳長命百歲，生下貴子。」

秋雲熱淚盈眶，緊抓李嫂的手說：

「謝謝！謝謝你們兩位。」他還碰了碰李嫂丈夫的腕臂，讓他感動的轉過身擦淚。

二十五、

時間飛速過去，柳艷產下一子，公婆自然高興萬分，討論幼兒名字，柳艷建議取名『小磊』，光明磊落之意，公婆同意，且看孫子長得方面大耳，很像崇鼎，然柳艷更覺得像世磊。

當產房其他人都離去，柳艷抱了孩子，走近窗前念念有詞：

「世磊！世磊！你有後了，你有後了，你知道嗎？」

台北秋雲也肚子劇痛，世磊忙送婦產科醫院，楊母、李嫂在旁照料，禱告上天保佑平安。

醫生檢查，可能早產，且盆骨太小，生產有困難，開刀為宜。

公婆研究覺得先安胎為第一要務，能不動手術，自然生產最佳。

但是世磊主張剖腹生產。

這時秋雲已呈昏迷狀態。

世磊又急電父親：

「醫生囑必須開刀，不然大小生命有誤。」

事情緊急，無法，只好決定開刀。

手術中，幼稚園園長趕到，這個她得力的助手，時時讓她關心。

世磊在室外，眼睛瞄著手術室門口紅燈，內心著急不安，香菸一支接一支。

李嫂陪著楊母，不時念詞禱告。這個小女子牽動眾人的心。

終於紅燈滅了。

終於傳來嬰兒哭啼聲。

世磊一個箭步搶到手術室門口。

李嫂、楊母、幼稚園園長跟蹤而至。

手術室門打開，助產女醫師拿去口罩，對世磊說：

「恭喜你！產一女，母女平安！」

「謝謝！」世磊緊握女醫師的手，由衷感謝。

「世磊！快打電話告訴你父親，秋雲母女平安。」

「好的。」世磊去打電話報喜。

秋雲需靜養，暫時不能見客。

小女早產，放在保溫箱。

世磊、奶奶、李嫂、園長及小姑，在育嬰室玻璃窗外，遙遙望著。

世華已預官服役期滿歸來，告知美娟堂嫂秋雲已早產。

「生兒子還是女兒？」美娟迫不及待問說。

「妳猜猜看。」

「死相，你不說就算了。」美娟佯裝生氣狀。

「聽說是女嬰。」

「哈！秋雲肚子不爭氣。」她借機調侃秋雲。

秋雲在醫院一直沒有起色，她已知不久於人世，力持鎮定，拉著世磊的手歉意的說：「很抱歉，我沒有為你生個兒子。」

「不！女兒好，將來長大，可以幫母親帶小弟弟小妹妹。」

秋雲淺淺一笑，猶如夕陽殘霞。

「我想看看女兒。」李嫂將嬰孩抱來。

秋雲小心翼翼抱著女兒，看了又看，親了又親。

「嗯，跟我一樣瓜子臉。」

「秀氣。」世磊忙加一句。

「但願她一生幸福。」

「那是一定的，妳放心吧！」世磊肯定的說。

她抱累了，嬰孩又送回育嬰室。

二十六、

北京，柳艷產假期滿，每日閒散深感無聊。

這日回娘家，母親問她。

「妳年紀還輕，是不是考慮再嫁。」

柳艷撇了撇嘴唇說。

「目前還沒有考慮這個問題。」

「她已經是成人了，讓她自己決定吧。」

父親是北大教授，深知女兒也是為人之母了，而且聲名遠播，學識慧點已超越一般青年，父母只能關心，而不必代為劃策了。

柳艷公婆也在探聽她的口氣。

柳艷不加思索立即回答：

「兩位老人家不必替我擔心，目前我生是牟家人，死也是牟家鬼！」

公婆聽後，極為感動，婆婆連忙抓住柳艷的手，兩眼滋潤：

「小艷！只要妳在牟家一天，牟家不會慢待妳！」

「是啊！那今後妳想幹什麼？」公公也牽掛著。

「電視台不是還保留底缺，我想還是回電視台上班。」她內心深處，祈求有機會出國，能與楊世磊相會，這個多情的女子，是她最大的心願。

※　　　　※　　　　※

世磊在茶葉公司忙碌著，他有幸有一位得力的助手，她叫池美鳳，是美娟的表姐，大學國貿系畢業，英文程度不差，因她與丈夫離婚不久，心情不佳，為幫她解憂，姨夫廖布袋特別安排她來協助楊世磊，處理業務。

世磊和美鳳正在研究如何將『西施舌』茶品，推廣美國市場的時候。

不意李嫂來電話，指秋雲病情加重，希望世磊趕快去看看。

世磊三步併做兩步，趕到醫院。

秋雲有點歇斯底里抓住世磊的手，情深地望著他。

「對不起，耽誤了你的公事？！」

「沒有事，我也正想來看妳。」

世磊看秋雲面目越來越消瘦，兩頰深陷，形鎖骨立，在醫院已經兩個禮拜，怎麼毫無起色，他不由打了個寒顫。

「我是覺得我好幸福，雖然是孤兒，但沒有受到什麼苦，尤其這兩年來，你待我，可以說是無微不至。磊！我真的很感謝，真的。」她有點嗚咽了，她連忙兩手護眼，淚水從她手指間流下。

「妳怎麼啦？寶貝！妳怎麼啦？」世磊聽來秋雲語氣如訣別，他一把擁住她，緊緊抱在懷中。

站在一旁的李嫂，不時擦著眼淚。幾次想趨前安慰幾句，因身份不同，只好欲言又止。

世磊用自己手絹擦了眼淚，輕輕拍著她。

「是妳自己為人好，所以大家都愛護妳。」

「我一生沒有遺憾，只是不知道生父母是誰？李嫂！妳答應替我連絡的，你連絡了嗎？」

秋雲偏過頭，望著李嫂。

李嫂再也忍不住，掩臉痛哭起來：

「啊…」

世磊斜眼望她，好像怪李嫂在此時此刻不識時務。

「雲！小雲！妳媽就在妳身邊，我就是妳的親身母親啊！」

李嫂瘋狂的跑過來，推開世磊，一把抱住秋雲。

秋雲一聽這個天大的好消息，立刻眉開眼笑，緊抓李嫂的雙手，歡快的叫著：

「真的？！妳真是我的媽？！」

　　世磊再也想不到，疑惑地望著李嫂。

　　「千真萬確，我若是冒充，天誅地滅！」李嫂拍著胸脯。

　　「怎麼一回事？能不能說清楚一點？」世磊有點信了。

　　李嫂把病床一頭搖高，又把秋雲抱坐在床頭，抹抹眼淚，對世磊和秋雲說：

　　「十多年前，那時候國共內戰，上海快要撤守，到處兵荒馬亂，我們要去金店領取刻有妳名字的小金牌，委託朋友代帶一下，等我和妳爸領取金牌回來的時候，地方一團亂，我的朋友不見了，妳也失蹤了，當時我急得大哭，妳爸還怪我不該去領金牌，把心疼的女兒搞丟了，我們還冒著危險，找了一天，終於打聽到那個朋友到台灣來了，所以我們也花了十兩金子，來了台灣…」

　　「那找到那個朋友沒有？」秋雲急著問。

　　「打聽到了，可惜想不到，我那朋友，得了急病過世了。」

　　「呃？！那我…」秋雲張口結舌。

　　「據說她代帶的小朋友，送孤兒院了，跑去孤兒院，又說是轉院了，那個時候，台灣一下來了兩百多萬軍民，也有點亂，東打聽、西打聽，就是找不到…」

　　「那後來？」世磊漸入情況。

　　「我們夫婦倆，你怪我、我怪妳，每天吵架，我們去請教一個老和尚。」

　　「老師父怎麼說？」秋雲追問。

　　「師父說：『既然女孩已來到台灣，那就在台灣了，台灣地地方不大，日久天長，有恆心總會找到。』，於是妳爸把剩餘的錢買了一輛三輪車，我呢！到處做傭

工、做下女，為的是尋找我的女兒。」

「媽！那妳現在找到了？！」

「慢！」世磊左手掌一舉：

「李嫂！妳說是為了去金店取刻有秋雲名字的金牌，才丟失的，不知道那塊金牌還在不在？」

「怎麼不在？我天天帶在身上。」李嫂淚中帶笑，把脖子上的項鍊取下來，末端真的有個小金牌。

「你看、你看！上面是不是有范秋雲三個字？」

世磊接過來一看，他愣住了，他感動了，含著淚，頻頻搖頭，哽咽地說：

「秋雲！是有你的姓名，千真萬確是妳媽！快叫媽！」

秋雲早已是熱淚直流，呆呆望著母親。

李嫂也嘴唇顫抖望著她。

秋雲一把抱住母親，瘋狂的叫著，痛快的哭著：

「媽！媽！我的媽！啊…」

她們母女哭了一陣子，秋雲才問。

「爸呢？」

「喏！」李嫂手一指。

老范粗枝大葉，一臉淚水進來，他早就在病房旁注視著，秋雲又緊抱父親，痛哭叫著：

「爸！爸！我的親爸！啊…」秋雲抹了抹眼淚，又抓住父親的手說：

「你們早就知道我是你們的女兒，為什麼不早認我？」

老范一邊擦淚，一邊望了望世磊說：

「我們身份不同，怕妳不敢認。」

「怎麼會？怎麼會？就是你們流落做乞丐，我也會

認，因為妳們是我親身的父母啊！」

「好了，妳們全家團圓，這是大喜事，妳身子骨還沒有復原，不要再難過了。」世磊又轉對秋雲父母致歉：

「爸！媽！這些日子委屈妳們了，我們不知道這個底細，我想我父母聽了這個好消息，也很高興。」

「這是討妳們的福了，我們秋雲能找到妳這麼好的終身伴侶，我和老太婆，每夜偷偷笑呢。」

「磊！我精神來了，我想去花園散散步。」

秋雲人逢喜事精神爽，世磊攬著她到花園。

秋雲左手抓了父、右手抓了母，在花園緩緩走著。

楊世磊在後面跟著，替秋雲高興，希望父母相認，對秋雲病情有所幫助。

說也奇怪，秋雲的病好了一半，嚷著要回家休息。

楊四海夫婦，得知李嫂為秋雲生母，也連忙以親家母相稱，騰出房間，讓秋雲父母住，禮遇有加。

遠在中部的廖布袋夫婦也在談著世磊、秋雲。

「怎麼會有這麼樣的事？像歌仔戲一樣。」廖妻感嘆著。

「這就是亂世人生，有散有聚，有悲有喜。」廖布袋年已過半百，在人生道路上跌跌撞撞，已略懂人生真諦。

「只是范秋雲身子太單薄，恐怕承受不了…」

「你心裡還是認為楊世磊應該是…」

「好了，不談了，你打個電話給世磊祝福他。」

「妳啊！心地還是不錯的。」廖布袋用手指了指她。

「當然了，誰叫我是客家人？！」

台灣客家人，給人的印象勤儉、真誠，為人稱道。

這天秋雲病有起色，也打扮了一下，拉著世磊的手，

定睛望他。

　　「聽說妳愛我，是因為我有點像大陸上的愛人柳艷？」

　　世磊有點錯愕，怎麼突然提了這個問題？

　　「當初確是有點愛柳艷的影子，但後來發現妳有顆善良的心，做人處世無懈可擊，我才深深地愛上妳。」他坦然回答。

　　「你沒有騙我？」

　　世磊搖了搖頭。

　　「那我生了女兒，你會不會生氣？」

　　「我不是早說過了嗎？我喜歡第一胎是女孩，將來會幫妳。」

　　「哦，我太高興了！」秋雲抽回手，兩手一攤，表示意滿興足。

　　「來，我想彈琴，你拉小提琴伴奏，我們合奏『夢幻曲』如何？讓女兒知道，我們是多麼恩愛！」

　　「小雲！妳身體還沒有復原，不要太累了。」母親想勸阻。

　　「沒有關係，我們好久沒合奏了。」

　　世磊無奈苦笑，只好攙扶秋雲走去客室一角，那邊有鋼琴小提琴。

　　他倆一拉一彈，琴瑟和鳴。

　　母親抱了嬰兒在旁欣賞。

　　如夢如幻的音樂在客廳中迴盪，令人激賞。

　　突然世磊的小提琴一根弦斷了。

　　而秋雲也在這時暈了過去。

　　世磊的父母都外出未歸，座車當然沒有在家。

　　秋雲父親也在街頭營業。

　　世磊只好在門口攔了一輛計程車，飛快將秋雲送醫院。

　　經過搶救，秋雲蘇醒。

　　世磊在旁陪著，內心七上八下，但表面還是心平氣和，以免影響秋雲情緒。

　　秋雲躺在病床上，已上氣不接下氣，生命如游絲，她抓緊世磊的手，無神的雙眼，望著世磊。

　　「女兒…還…沒有取名字。」秋雲輕微地說。

　　世磊意外，怎麼這個時候提這個。

　　「取、取小燕如、如何？與大陸上柳艷同音。」世磊心頭一震，秋雲在生命將終了，還這麼體貼別人。

　　「請、請你、好生照顧小女兒，就像、像看見我，一、一樣。」

　　如鐵漢的世磊再也忍不住，抽出手，躲在牆角，摀臉，嗚咽不止。

　　世華與美娟正在台北市一遊樂場所，玩飛車遊戲，他倆興高采烈，與世磊、秋雲成強烈對比。

　　秋雲已是彌留狀態。

　　世磊連忙通知秋雲父母趕到醫院，讓他們雙親做最後一次見面。

　　父母當然傷痛不已。

　　世磊不捨，緊抓秋雲手大叫：

　　「秋雲！秋雲！妳不能走！不能捨我而去，秋雲！妳聽見沒？」淚如泉湧。

　　秋雲含笑而逝。

　　秋雲父母抱屍痛哭。

　　醫院來移屍。

　　世磊瘋狂護屍，不讓人碰她。

「不、不，她沒有死，她還活著！」世磊聲色俱厲，極力抗拒。

世華接到通知，秋雲已逝世，連忙與美娟趕回家。

世磊受打擊太大，精神恍惚，儀容不整，父母勸，岳父母勸均無用，美娟、世華也來勸，美娟甚至用言語激他，亦枉然。

世磊是否因對愛情不專，才招致如此遭遇？先是柳艷，再是美娟，好不容易有了秋雲，想不到青年喪妻，他情何以堪？！

美娟對世磊極為同情，又如往日一樣，三天兩頭往楊世磊家裡跑，今日送雞湯、明日送羊羔。引起世華心中不自在，世華本不在意，堂兄發生如此悲劇，也令人同情，但是美娟一個勁念念不忘世磊，而且婚期一拖再拖，看在世華眼中，實在不是滋味。

「美娟！如果妳與我訂婚，是為了氣世磊，盡可以死灰復燃。」

話講得太露骨，一語道破美娟內心隱密。兩人時起勃谿，感情跌到冰點。

秋雲已逝，秋雲父母不便住在楊家，決定離去。世磊為感念秋雲，送了一筆錢，范父將這筆錢轉業計程車，在車上噴了『秋雲』二字，以為紀念。

李嫂夜夜惡夢，夢見外孫女出了車禍，不放心，又回到楊家，碰巧楊家正在物色褓姆，順理成章，外婆為最佳人選。

秋雲墓地，世磊呆呆站在那邊，時已初冬，台北時晴時雨，寒風吹來。

遠處站著美娟，這個多情的女孩，如影隨形，她很羨慕秋雲，有這個痴情的男人，如此深深愛著她。

　　原來世磊是借酒消愁，酒醉後，信步來到墓地。醉眼朦朧，望著墓碑，彷彿看見秋雲也愁容相迎。

　　他語無倫次的指責她。

　　「妳、妳為什麼走得那麼快？早、早知如此，何必接受我的感情，又、又何必和我、我成婚？以前我、我很愛妳，現、現在我、我恨妳！恨妳！」

　　酒言酒語一大堆，最後他竟掩臉大哭起來。

　　美娟看著不忍，走近世磊，手放在他肩上，世磊這才覺悟，淚眼望美娟。

　　「快下雨了，回去吧！」美娟柔聲勸。

　　世磊推了她一下，不意自己差點站不穩，一個踉蹌，美娟及時擁著他。

　　一陣冷風吹來，細雨紛紛而下，淋了兩人一身。

　　「早就告訴你，要下雨了，你不聽，現在好了，兩隻落湯雞，你、你、你痴、你傻、沒有人心疼你…」

　　美娟又氣又急又愛，輕槌世磊胸，發了一頓脾氣，才扶世磊下墓地。

　　世磊受到風寒病了。

　　美娟三不五時來探望。

　　楊四海夫婦看在眼裡，暗中擔心時下青年感情世界，怕引起侄兒世華不滿，僅由世磊的母親用感謝語氣點了點。

　　「美娟！妳這麼忙，還這麼關心世磊，我和你乾爹都非常感謝妳。」

　　「他是我乾哥哥，我不關心，誰關心？！」

　　她倒是理由十足，弄得乾媽無言以對。

　　廖布袋夫婦也略有所聞，美娟究竟和世華公開訂過婚，一個未婚妻，如此關心往昔情人，怕弄得不可收拾。

　　廖布袋打電話給美鳳，要她勸勸美娟，對世磊關心是關心，但要適可而止。

　　美鳳得到姨夫口諭，正中下懷，她一邊勸阻美娟，一邊代替美娟到楊府照顧世磊。

　　美鳳是離婚的少婦，面目姣好，對世磊早就心儀，但因一是頂頭上司，二是世磊新婚夫婦，還有美娟在旁，虎視眈眈，她就是有心，也無從著力，現在機遇來了，不能錯過。

　　美娟發現美鳳，最近突然喜歡打扮，心中有些異樣，乃開玩笑說：

　　「美鳳表姐！是不是有心上人了。」

　　「妳猜呢？」美鳳抿抿嘴，不招認、不否認，打著胡謎。

　　「我看十有八九，看上誰了。」

　　「丫頭！一個離婚的女人，一朝被蛇咬，十年怕井繩，那有精神再談情說愛？」美鳳在臉頰撲粉。

　　「表姐打扮起來還是楚楚動人的，尤其妳一付嬌慵，男人最愛這個調調。」

　　「嗯，丫頭是長大了，成熟了，還懂得男人心理。」她用口紅擦著嘴唇：

　　「美娟！我問妳，妳是不是還愛著楊世磊楊總。」

　　突如其來的問題，美娟愣了一下。

　　「愛他，也是白搭，因為世磊心目中，只有大陸上的柳艷。」

二十七、

　　柳艷則是有子萬事足，在客廳與婆婆在逗小孩。

「小磊！小磊！笑一笑，笑一笑。」柳艷用手指輕輕撥弄小磊的臉頰。

小磊真的眉開眼笑，兩手張開，要大人抱抱。

婆婆看得心花怒放。

「讓我抱抱。」

婆婆接過小磊。在小磊稚嫩的臉皮上，親了又親。

小孩好像與奶奶挺有緣份，小頭一個勁往奶奶胸前撞。

撞得奶奶通體舒泰，驚喜地說：

「小艷，他怎麼跟他爸爸小的時候一樣，老是喜歡往我身上撞？」

「有其父，必有其子。」柳艷微笑下著定論。

「寶貝！寶貝！奶奶愛妳！」

「老太婆見了孫子，像瘋子一樣。」爺爺適時進來，立即接過小磊。

「你還不是一樣，前天夜裡做夢，你還叫著小磊、小磊，然後哈哈大笑呢？」

柳艷看兩老如此愛著孫子，內心也覺慰貼，他們不知真像，就讓這個秘密，永埋海底，永遠永遠無人知曉。

「小艷！電視台工作事，我已經託人打過招呼，你去問過沒有？」公公關心她的工作。

「打聽過了，原來底缺，已經有人抵補。」柳艷臉上有點沒落。

「怎麼會這樣？！好吧！再想辦法，再想辦法。」公公有些歉意。

「小艷！孩子我們兩老可以帶一下，現在已是春天了，你找朋友出去散散心吧。」婆婆適時提了建議。

「我也正有這個打算，我準備邀請張薇去海洋館參

觀。」

　　北京冬天，天寒地凍，湖面冰封，除了滑雪遊戲，大多數人民呆在家中，因為家中有暖氣。

　　現在春天了，春暖花開，而且陽光普照，多日窩在家中的男女老少，都湧向郊外購物遊戲。

　　北京『海洋館』，在動物園東北角，正在建設全球最大的內陸水族館，已初具規模，部份已開放營運，為北京市民最稱道之處。

　　柳艷與張薇到『海洋館』，已近午時，遊人如織，她倆參觀了『海豚表演』、『海豹親吻觀眾』等節目，自己也親身體會了一下，館方認出是柳艷，還特別送了一顆珍珠項鍊做為紀念。

　　觀眾也認出柳艷是電視台名新聞記者，紛紛爭相拍照。

　　弄得柳艷欲罷不能。

　　「柳艷！妳肚子餓了嗎？」

　　「是有點餓了。」

　　「去，我們去那邊海洋館餐廳，聽說薯仔蘿蔔雞肉飯味道鮮美。」

　　「我都流口水了。哈哈…」

　　柳艷和張薇手拉手，走入『海洋館餐廳』，這家餐廳設備新穎，餐廳四周牆壁都是玻璃水族，，飼養珊瑚、海馬、小丑魚、石頭魚等。這是專門為國外遊客而設立，價格當然也不便宜。

　　落座後，她倆點了薯仔蘿蔔雞肉飯，及魚類食品，細細咀嚼品賞，讚不絕口。

　　「好吃嗎？」張薇問說

　　「嗯，是不錯。」柳艷邊吃邊點頭。

「柳艷！我有一句話想問妳。」

柳艷停筷望著張薇。

「妳就這樣新寡過一生？」

「這樣不是挺好的。」

「妳還年青，不能芳華虛度。」

「怎麼啦？最近我爸媽，公公婆婆，還有妳都問這個問題，真是皇帝不急，急死太監。」

「妳這麼年青、又漂亮、又有名氣，只要妳手一招，包準半百男士衝鋒陷陣，拜倒在妳的石柳群下。」

「唉！現在好男人難找。」

「不見得。」

「妳愛人是一個，如果妳願割捨離婚，我立即無縫接軌嫁給他。」柳艷開著玩笑。

「那是不可能的。」張薇撇了撇嘴，又說：「也許妳還是念著台灣那個楊世磊，可惜遠水難救近火。」

「那妳說怎麼辦？」

「有一位紳士，單戀妳很久了，他很想跟妳見面聊聊。」

柳艷一愣

「什麼人？」

張薇笑笑，向餐廳一角，一位男士招招手。

那位男士立即笑臉走過來。

這位男士大約三十五左右，瘦瘦高高，臉皮削瘦無肉，穿著時下流行褐色西裝，袖口有一截翻起，表名品牌，紅色領帶，鼻樑當中有一些微突，兩眼炯炯銳利。一看就知道是個桀驁不馴的青年。

「原來妳有預謀？！」

話音剛落下，這個青年已到眼前。

張薇示意和柳艷站起。

「我來介紹，這位是北京市紅人─王維傑王主任。」

王維傑伸出寬大的手，與柳艷相握，柳艷心頭一震，這人常伴市府首長出席會議，有點面善。

「這位是…」

「不必煩勞妳介紹了，她是大義滅親的女雷峰，名記者，無人不知，無人不曉。」王維傑用嘲弄的微笑說著。

「不敢當。」柳艷面紅耳赤。

「請坐！」

他她入坐。

「用點什麼？」張薇問著。

「剛才陪外賓吃過飯了，我來杯咖啡吧！」

服務員已在眼前，點頭而退。

「巧、太巧了，妳們兩位怎麼會來這裡參觀？」

廢話連篇，這是你們的預謀，是張薇設的圈套，柳艷心裡嘀咕著。

「報告領導，我突然想起一件事，我先退了。」張薇撐了皮包，站起。

柳艷也拿了皮包想跟進，被王維傑強留。

「這太不給面子了吧？」王維傑焦急的說。

這個人不好惹，柳艷只好強忍留下來。

「柳艷！等會我來接妳。」張薇捏了捏柳艷胳臂。

「妳忙去，人交給我不會丟，等會我開車送柳小姐回去。」

張薇向王維傑眨眨眼離去，表示心想事成。

王維傑那份欣喜，溢於言表，他一邊用湯匙攪弄著咖啡，一邊望著柳艷微笑。

「妳沒有想到吧？」

柳艷斜睨他一眼。

「我也是北大校友。」王維傑自我介紹。

「我是大二插班進北大的。」柳艷說。

「我比妳高一屆。政治系畢業。」

「學以致用，北大傑出校友。」柳艷這才答腔。

「柳艷學妹！」他改了語氣，拉近距離：「我對妳是崇拜的五體投地。」

這人發動攻勢了。

「妳北大畢業，代表學生致詞，那種風韻，為歷屆學生代表之冠，從那時起，我就對妳產生好感，心儀不已。」

柳艷掠了掠秀髮。

「多年來我一直注意著妳，妳最近不幸…也有幸有了孩子。」

柳艷望了望他。

「妳最近很煩惱是不是？」

柳艷疑惑，不知他何所指？

「電視台工作告吹了？！」

柳艷心頭一震，極為意外。

「我長話短說，若妳允許我們做個朋友，這件事包在我身上。」這是香餌，引她上勾。

去電視台是柳艷畢生的期望，連她公公都無能為力，他竟能誇大其詞，一口包辦，此人不能低估。

「那就拜託領導使一點力。」

「行、行，是太后的懿旨，奴才一定敢冒生死去辦！馬到成功！」

他們愉悅的緊緊握手。

　　王維傑還用食指在柳艷手心上挖了兩挖，這個鷹樣的男人，也是個調情高手。

　　柳艷回到家，心也定不下來，她是個對感情執著的女人，她這一生只有楊世磊一個男人，而且已擁有他的兒子，她能再有別的男人嗎？雖然結交王維傑對自己事業有幫助，但她已無心情再交男朋友，反覆思量，內心煩惱不已。

二十八、

　　柳艷的父親柳一鳴，受朋友之託，去北京市政府辦事與王維傑不期而遇。

　　老遠王維傑就熱烈走近，握著柳一鳴的手說：

　　「您不是柳艷小姐的父親，柳一鳴教授嗎？」

　　柳一鳴不經意地點點頭：

　　「你是？！」

　　王維傑連忙取出名片，雙手呈上。

　　柳一鳴一看，驚訝。

　　「原來是王主任？」

　　「有事嗎？交小侄代勞。」王維傑表現熱心。

　　「哦，我一個至交，北大名教授，出國訪問，因房產問題，限於期限，不能料理，委託我…」

　　「小事情、小事情，我陪您老去工務局招呼一聲。」

　　「那、那不好意思，王主任是忙人。」

　　「忙什麼？！整天侍候外國人、國賓，看人家臉色，不如替自己同胞辦點事，求得心安。」

　　「那就麻煩了。」

　　柳一鳴一肚子狐疑回到家，告訴妻子，遇王維傑事，

他與王維傑一不認識、二無來往、三沒交情，怎麼如此熱心相助，必定事出有因。

傍晚，有人按門鈴，開門一看，原來是王維傑手提禮物來訪。

柳一鳴更是意外驚訝。

柳妻則受寵若驚。

「我是來附近辦點事，順便來拜訪一下，冒昧之處，尚請見諒。」王維傑熱烈握著柳一鳴的手搖了又搖。

「不敢當！不敢當！」

「白天在市府不期而遇，可能是緣份，柳老是名教授，學界舉足輕重，小姪早就想攀交，不知柳伯伯能不能願意給我這個小姪面子嗎？」王維傑口若懸河，馬屁十足。

「好說！好說！請坐！」柳一鳴不得不招呼一下。

「我不坐了，改天我想請柳伯伯、柳伯母，吃餐便飯，務請光臨，再見了！再見！」

王維傑笑臉鞠躬而退。

他葫蘆裡賣什麼藥？丈二老和尚摸不著頭腦，不得其解。

碰巧女兒柳艷這天夜間回家，談起王維傑，才知原委。

「這個人是江青身邊紅人，妳要注意了。」柳父說。

「是啊！他靠山硬，不好惹，小艷！妳要好生應對。」柳母也替女兒担心。

「沒有關係，他誇下海口，說包我可以進入電視台。」

「是要你答應他什麼？」

「爸，你放心，我又不是三歲小孩，我懂得是非進退。」

一連幾天王維傑每天邀約柳艷見面。

柳艷都以家事、孩子事繁忙婉拒。

這天傍晚，張薇應王維傑之託，來探柳艷口氣。

「怎麼啦？見面時看你們很熱絡，這兩天又冷若冰霜，害他生相思病了。」

「有這麼嚴重嗎？」

「他真的對妳產生感情了，在我面前唉聲嘆氣，這是從來沒見過的事情。我愛人說：『真是一物降一物。』妳天生剋他。」

「妳愛人和王維傑是中學同學？」

「不然，我怎麼會認識他，怎麼會做說客？」

「他答應我，幫我進電視台。」

「他說了，正在進行，只有一個名額，各方面人士在爭取。」

「這…」

「跟他見個面吧！由我陪著。」

柳艷嘴角抿了抿笑說：

「不是我不願意，我是怕牟家不允許。」柳艷推向公婆。

「當然牟家也不是省油的燈。」

「張薇！我們情同姐妹，生死至交，在王維傑面前，替我說說好話。」

「唉！真是好事多磨，他在等我消息，我走了。」張薇鎩羽而歸。

柳艷也內心忐忑不安，她望著天上的半月，喃喃叫著：

「世磊！世磊！你好嗎？我無時無刻不在牽掛著你。」

　　　　　　※　　　　　※　　　　　※

　　世磊病癒上班，美鳳對她體貼入微，美娟也藉故來訪。

　　世磊心理壓力大，所幸香港羅元中來台灣洽商，話題又扯上柳艷。

　　「最近有柳艷的消息嗎？」世磊迫不及待地問說。

　　「有，香港八卦新聞常提到她，她前個時候待產，月前生了一個兒子。」

　　「她有了孩子？！」世磊聽後極不自在。

　　「怎麼？你好像不大高興？」

　　「沒有的事，生兒育女，人之常情，我替她高興。」世磊腼腆的說。

　　由於柳艷拒絕與王維傑約會，柳一鳴替至友辦理資產的事本來已無問題，卻突然發生變化，顯然是王維傑居中作梗。

　　柳一鳴去市府交涉，與王維傑發生言語衝突，王是個陰險之輩，他表面尚未出言傷人，暗中卻決定得不到柳艷，決不罷休。

　　柳家與王維傑結怨了。

　　西元 1965 年四月 12 日，北京解放軍報，評語專欄刊登批判鄧拓，吳晗、廖沫沙等，指他們所寫『三家村扎記』『夜山夜話』『海瑞罷官』等作品是『反黨反社會主義的大毒草』

　　柳艷看了文章，大吃一驚，連忙跑去見父親。

　　「爸！解放軍報批判的這些人，都是爸爸的好友，平時你們一鼻孔出氣,爸要做心理準備,恐怕要受連累。」

　　「我不怕，我又沒有寫文章？！」

　　「上次。鳴放的經驗，您忘了？欲加之罪，何患無

辭？」

　　適時，牟家親家公，也來走訪，告內幕，北京大學將有文化大革命。

　　街上有青年學生敲鑼打鼓，川流不息。

　　柳家全家如驚弓之鳥，提心吊膽，怕真的受牽連。

　　柳艷弟弟柳文慶為高三學生，少不更事，這日回家，極為興奮，大談學校已停課，他也參加紅衛兵。

　　柳家鄰居被抄家，柳艷又接張微電話約見面。

　　「柳艷！王維傑最後通牒，他已奉命主持北京紅衛兵團隊，如不允婚，將對柳家不利。」

二十九、

　　人與人之間，天生要有緣份，再加王維傑那付嘴臉鷹鼻鷂眼，令人生畏，使柳艷和他保持距離。

　　柳艷聽了張薇這番話，對王維傑更起反感。

　　「沒有關係，我也是共產黨員，不怕他！」柳艷怕事不惹事，惹事不怕事的個性又起。

　　為了自保，她也參加了紅衛兵。

　　紅衛兵真來柳家，指柳父是舊文化的大毒草，翻箱倒櫃，搜出古董，舊書銷燬，與柳一鳴發生衝突，被軟禁與柳妻隔絕，這是時下的新詞，叫『牛棚』。

　　還好柳艷及時趕回，得解圍，但人不准外出。

　　柳艷回牟家，求牟父保護。

　　「小艷！你父親遭小將們搗亂，我和你婆婆也很關心，但這是毛主席和江青向劉主席奪權，破四舊，不便越權包庇，但我會留意。」

　　柳艷救父走投無路，只好低頭求助張薇，請張薇向

王維傑求情。

王維傑倒是滿口應允：

「沒有問題，柳艷的事，等於是我自家的事，當然我會照顧，但是這些紅衛兵的行動，是否能控制，沒有把握。」

柳艷知道這是敷衍話，只有打聽王維傑身世，抓其小辮子，已其人之道，還治其人之身。

柳艷在娘家守著，柳文慶打聽到王維傑的親叔，是投資資本家。

柳艷與柳文慶率另一派紅衛兵大搞王維傑親叔家，把他親叔吊打出氣，並大叫瘋刺。

「烏龜不笑鱉，都在泥裡歇。」

「擺不開小資產階級的人，就是敵人，我們要清算他。」

「雜草不除，香花不生！毛主席萬歲！」

「這個人是紅蘿蔔，外紅內白…打倒他！打倒他！」

王維傑獲得情報，恨的咬牙切齒，立即發動第二批紅衛兵去柳家，指柳一鳴通國民黨，將柳父逮捕，當柳艷趕回娘家，柳一鳴已被押走。

　　　　　※　　　　　※　　　　　※

正在大陸學校停課，紅衛兵串連造反如火如荼之際，台灣正好是考季。

炎熱的夏天，緊張的考季，台北市圖書館眾多青年男女正在啃書。

楊蓉蓉、許大力在補習班正在揮汗埋頭用功。

世磊和父親在客廳看報紙。楊四海拍了拍報紙，一臉錯愕。

「不像話，太不像話了。」

「怎麼啦？」世磊不解。

楊四海把報紙正刊丟給世磊。

「你看看，大陸亂呀！毛澤東、江青為了向劉少奇主席奪權，發動文化大革命，學生停課，叫出『紅衛兵』稱呼……」

「還稱呼他們為小紅將，把他們捧上天。」世磊一邊看報，一邊附和著。

「小孩子不知道天高地厚，跟著毛澤東、江青胡作非為，今天你鬥爭我，明天我清算你。南北串連，如火如荼。」

「亂啊！亂得好，毛澤東怎麼不怕我們這邊趁亂反攻大陸？！」

「你不知道，美國第七艦隊，名是防中共侵犯台灣，其實是阻止我們反攻大陸，維持現狀，賣軍火給台灣，最符合美國利益。」楊四海分析著說。

「還有報上說，我們這邊還要舉辦什麼國際小姐選美，一邊水深火熱，一邊歌舞昇平，哈哈，強烈對比，有意思、有意思。」世磊感嘆著。

然而台灣青年學子，為了考大學，也拼個你死我活，台灣有名學府，排在前面的有台大、師大、清大、政大，能上這些有名的大學的，友朋到你家來放爆竹，父母有面子，榜上無名則低頭喪氣，面上無光，再上補習班，補習一年，次年再上考場，這一年空耗，損失不小。

家長為了配合孩子考大學，這一年不看電視，不出外旅遊，甚至購買珍貴中藥補身子，每天小心呵護，為的是孩子考上有名的大學，至少能上大學，為的是自己的顏面，一時蔚為風氣，也苦了孩子。

世磊的胞妹蓉蓉，在補習班上了一天的課，疲累回

家，母親連忙端上冰蓮子解渴，又幫她搧扇，在旁叮嚀又叮嚀…

「小蓉！累吧？！」

蓉蓉點點頭。

「加把勁，最後衝刺。」

蓉蓉望了母親一眼。

「祖先們說得好：要想人前顯貴，就得背後受罪。」

母親心中的話沒有掏盡。

蓉蓉卻兩眼一番暈過去了。

好在父母兄長都在家。

世磊用父親座車把蓉蓉送醫院，蓉蓉打點滴，世磊一旁照料。

蓉蓉打了點滴，稍有起色，分秒必爭，吵著要看書。

母親從皮包內拿出書本遞給她，臉露喜色，知女莫若母，令在一旁的世磊瞠目結舌。

美娟也來探視蓉蓉，順便透露一點消息，她想參加中國小姐競選，因為今年不選，年齡就超過了。

乾媽沒有表示意見，因為她另有心事，在考大學的女兒身上。

世磊則有點意外，美娟年齡不小了，姿色應係中上，但要上前三名，恐怕是人人有希望，個個無把握。

美娟徵詢世磊意見。

世磊輕描淡寫地說：

「妳跟世華已訂婚，是不是應該跟他徵詢一下。」

許大力和蓉蓉已經是公開的小戀人，一同在補習班進修，見蓉蓉缺課，電話查問，才知是暈倒送醫院了。

這一驚，非同小可，連忙約蓉蓉死黨李甜甜一同到醫院探視。

　　他究竟是個小男孩，見了蓉蓉母親，面紅耳赤，手足無措。

　　蓉蓉母親也識相，希望他倆多待一會，她要回家辦點事。

　　世磊也藉故辭去，好讓他們年輕人吐吐苦水，紓解紓解心情。

　　許大力畢竟靦腆，趁甜甜查看點滴時，偷偷塞了一封信在蓉蓉枕下，又偷偷吻了蓉蓉一下，就離開了。

　　這是二等病房，另一床空著，甜甜索性躺了上去，極無聊賴的說：

　　「蓉蓉！我也來住院，同一病房，同病相憐。」

　　「妳又沒有暈倒，醫生不會收。」

　　「前天我也差點暈倒，硬撐著。」

　　「妳媽也逼妳？」

　　「怎麼不逼？我媽老是將隔避陶家做樣板。」

　　「怎麼啦？」

　　「陶家三姐妹，一個比一個強，老大考上政大，老二考上清大，老么又考上台大，陶媽見到人就誇，有一天我聽到她和我媽聊天，指我已上了北一女，將來一定考上台大醫學院，這下好了，我媽鬼迷心竅，目標就是要我上台大醫學院，

　　天下父母心。可是我不是這塊料，班上成績也不過中上，怎能拼過人家，蓉蓉！我受不了，我想逃到山上去出家。」

　　「妳家一定追到山上，把妳逮回來。」

　　「我也希望趕快搬家，陶家對我威脅太大了。」

　　「妳爸媽怎麼說？」

　　「我媽說，這裡風水好，人家發了，我們家也會發，

下禮拜就要大考了，我媽規定夜裡十點睡，凌晨二點起來惡補，四點再睡兩小時，起床再惡補，人又不是機器，設定發條時針，我已逼得喘不過氣來了。」

「唉！我也是逼的暈過去的！」

「蓉蓉！最近我媽越逼我，我越無心念書，書攤在眼前，腦中一片空白，我苦啊！」

「怎麼說呢？怎麼說呢？」蓉蓉實有同感，但又無言語勸解。

「蓉蓉！我完了，如果再這樣逼我，我只有…」

甜甜沒有再說下去，哽咽地擦淚。

蓉蓉睜大眼睛，雙眼也矇矓了。

廖美娟要參加中國小姐競選，徵詢楊世華意見，那個男人喜歡自己女人去拋頭露臉？當然不同意，兩人鬧僵，可是世華母親是個三八型女人，想到若美娟選上出國，她可以做監護人，力主參選，世華父親一向懼內，他將那句諺語：『十個怕老婆九個富，不怕老婆光屁股。』奉為懿旨，所以也同意參選，弄得世華憤而離家，三天不見人影。

補習班上課了，李甜甜沒來，蓉蓉想起甜甜語言中彷彿厭世，放心不下，出去找人，竟發現甜甜站在十樓屋頂陽台。

蓉蓉連忙叫著：「甜甜！上課了，妳怎麼啦？」

甜甜置之不理。

「甜甜！快下來，上面危險。」

甜甜仍然不理。

蓉蓉心慌意亂，急著向老師報告。

老師倒是當機立斷，囑蓉蓉通知甜甜母親趕來，一方面傳令全班學生，在陽台、在地面聲嘶力竭叫著：

「甜甜！快下來。」

「甜甜！不要做糊塗事。」

「甜甜！我愛妳！」一個女生竟哭了。

老師又連絡消防隊，張網救人。

大家七嘴八舌喉嚨喊破了。

甜甜還是置若罔聞，呆立在十樓陽台上。

甜甜母親披頭散髮，哭著趕來，在十樓陽台門口叫著：

「甜甜！好孩子，妳別、妳別…」

甜甜看都不看一眼。

「傻孩子，妳怎麼這樣？我逼妳是為妳好呀！」

甜甜還是不理。

「好、好，我舉雙手投降，我不逼妳了，只要妳不尋死。」

「不可能的，妳已經鬼迷心竅，面子啊！面子比什麼都重要，妳說過：我要是考不上有名大學，妳就要跳樓。」

「當時，我是用激將法，胡說八道，妳不要記在心裡。」

這時甜甜的父親，以及其他親族老老少少，全都趕來。除了父親淚眼頻頻搖頭，其他大小哭著叫著，轟傳整個社區。

救護車一輛輛進來，張網救人。

「甜甜！好孩子，媽對天發誓，只要妳不尋死，一切由妳。」母親再次大喊。

「我不信，左鄰右舍的孩子，都考上大學了，我若考不上，妳太失面子，我現在腦袋一片空白，一定考不上有名大學，甚至乾脆，不如一了百了，爸！媽！女兒

不孝了。」

這時父親已悄悄走近甜甜，正待背面抱她，她卻先一躍而下了。

「甜甜！甜甜！」眾人驚呼，聲音響徹雲霄。

警方雖然張網救人，但並未落中。

母親見寶貝女兒慘死，也不想活了，跟著從十樓陽台躍下，造成二命。

眾人震驚。

蓉蓉哭昏了過去，又送醫院。

楊母趕到醫院，不敢再談考大學事。

蓉蓉看在眼裡，知道母親內心深處，一定極為關心，抓住母親的手表白：

「媽！妳放心，我不會拿甜甜做榜樣，我要做個乖女兒，替父母爭口氣！」

母親聽後，大為感動，一把抱住女兒，哭得死去活來。

「好女兒！好女兒！媽太感動了，以後我不再逼妳了。」

母女相擁大慟。

補習班的學生，都是考大學的青少年，說大不大，說小也不小，他（她）們偶而也看看報紙和電視新聞，知道大陸文化大革命。

「還是大陸好，文化大革命，學校停課，學生成為紅衛兵，南北串連，造反無罪，無法無天，神氣、過癮。」

理化老師聞聲呆在那邊，說也不是，不說也不是，只有苦笑以對。

三十、

　　大陸真如台北學生所說：天下大亂。

　　毛主席真是天才鬥爭家，他老兄已稱呼秘書的美女陪著，一邊研究『三國演義』古時小說，鬥爭技倆，他把這本小說奉為皋比，以前鬥爭國民黨，現在又再奪權，鬥爭劉少奇派，能收能放，能放能收，游刃有餘。

　　毛主席的夫人江青，以往還有顧忌，毛放任他為執行者，拿了令箭，擁有自己集團，與總理周恩來，分庭抗禮，周是聰明人，兩個頂頭上司，誰也不得罪，開一眼、閉一眼，放任江青胡作非為。

　　徒子徒孫們也利用這個契機，報仇雪恨。在這個節骨眼上，柳艷父親柳一鳴，被紅衛兵逮捕押去了，現在正在清算鬥爭。

　　紅色小將們穿著寬大綠色軍服，因個子都比較矮，褲腳管捲起，戴著紅色五星軍帽，手背上有紅色臂章，威逼柳一鳴噴氣式跪在碎玻璃上。

　　柳一鳴戴著牛鬼蛇神帽，臉皮上傷痕累累，但仍然怒目挺直，豪不屈服。

　　「你怎麼通國民黨，招不招？」

　　柳一鳴怒目無言。

　　「不招就打？」

　　站在一旁的女紅衛兵，一鞭抽下。

　　柳一鳴臉上立即一條血印。

　　「毛主席說了：坦白者輕處，頑固者重罰。告發別人有功者重賞！你聽懂了嗎？」女孩背誦毛語錄。

　　柳一鳴一口痰憤怒吐在女孩臉上。這還了得，三四

個小紅衛兵對柳一鳴拳打腳踢，把一把骨架的柳教授，打得在地，口吐鮮血。

　　柳一鳴被逮捕，毫無音訊，，柳艷母親哭求柳艷營救。

　　柳艷在上天無路，下地無門的情況下，只好放下尊嚴，親自跑去王維傑住室，哀求救人。

　　王維傑早就想好這一招，就等到柳艷自投羅網。

　　面對心上人，受寵若驚，連忙水果咖啡接待，然後坐在對面，表面微笑，但仍然掩飾不住像森林裡伺窺野獸，有頓好餐到口了。

　　「怎麼樣？最近好嗎？」他吸了一支菸，以表示輕鬆自在。

　　「明知故問。」柳艷淡淡回答。

　　「彷彿有什麼事怪我？！」

　　「紅衛兵把我父親押走了，聽說嚴刑逼供，能不能請你看在我份上…」

　　柳艷話沒說完，他就手一檔。

　　「有這種事？真是無法無天，為什麼早不來找我。」王維傑假裝關心。

　　「妳在這裡待著，我出去查問一下。」

　　「王主任！我知道你待我好，若是你能救出我父親…」

　　王維傑：「這件事非常不好辦，倘是救出妳父親，怎麼謝我？」柳艷猶豫好一會，才低頭輕輕說：

　　「一切依你！」

　　王維傑一聽，喜從天降，眉開眼笑。

　　「好說、好說，我一直把妳當心上人，妳的長輩，也等於是我的長輩，他有難，我當然刻不容緩，好，我

馬上去辦！」

　　他內心竊笑，取了一件外套出去了。

　　等王維傑走後。

　　柳艷大膽環顧室內四周。

　　王維傑住處大概有 80 平方米，一廳一廚一廁，臥房有雙人床，棉被疊的整齊，可見他是軍人出身，客廳貼有毛主席碩大肖像，毛主席稍下端有江青半身照，穿了軍裝，含笑抿嘴，仍有一付明星架式，飯桌兼書桌，放了毛語錄及幾本毛澤東著作，十足的毛江忠貞幹部，一張長沙發，兩張單人沙發，舖了白紗沙發套，整個看起來，是那個時候，中共政權，中級幹部的住室。

　　紅衛兵逮捕柳一鳴，是王維傑發號使令，當然一查便知，王維傑到達紅衛兵所在，見柳一鳴被折磨的奄奄一息，捲縮在『牛棚』一角，心中不免也吃了一驚，忙問紅色小將：

　　「有沒有問出什麼？」

　　「這個反動份子，非但嘴很硬，還態度惡劣，所以吃了不少苦頭。」還是那個用鞭子抽打柳一鳴的女紅衛兵回說。

　　「大是大非，黨是非弄清楚不可，對小錯小過，黨鞭永遠是高高舉起，輕輕落下，你們懂嗎？」王維傑背著毛語錄。

　　「毛主席也說：『一個人知識愈多，他的反動就會越大。』他是大學教授，死不認錯，所以我們越嚴刑逼供。」另一男性紅衛兵接著補充。

　　「很好，小將們辛苦了，我會匯報上級領導，予以獎勵，但暫時不要動他，讓他在『牛棚』自我檢討悔過。」

　　然後他與男紅衛兵耳語幾句，就離開了。

在王維傑住處等候的柳艷，已等得不耐煩，在室內蹀躞著。

好不容易，王維傑回來了，他裝著滿頭大汗，拿手絹頻頻擦汗。十足的演員表演。

「怎麼樣？有消息嗎？」柳艷焦急的問說。

「唉！我跑了幾個地方，北京目前很亂，紅衛兵很多團體，一時不知道是那個小組帶走，正在查問。」

「這⋯」

「不要急，我打包票，不久準會有消息，既來之，則安之，我已準備晚餐，盡地主之誼，粗茶淡飯，不成敬意，還請多原諒。」

他拍了兩下手。

大門推開，一個穿了『友誼商店』的老師傅，提了兩籃佳餚進來。

又開了一瓶美帝的洋酒。他在兩隻高腳杯酒中，斟滿了酒，意高志滿地端杯敬酒。

「來！乾一杯！」他一口就乾了半杯。

「對不起，我沒有酒量。」柳艷淺淺啜了一口。

王維傑思量，這是個千載難逢的好機會，不及時抓住，更待何時？於是他移坐柳艷身邊，一手攔住她的蜂腰，一手撫著她胸。凶狠的狼狼，要獵取獵物了。

柳艷內心也在打算，在矮籬下，不得不低頭，救出父親為首要任務，任他擺佈，但也提出條件，她是新寡，不能懷孕。

她得逞了，意志風發，立即撥了一通電話：

「老江！有消息沒有？有，太好了，謝謝！你告訴小將們，柳一鳴是我的親戚，立即釋放，不得有誤，對，好，就這麼辦，謝謝了。」

　　他掛了電話，一付笑容面對柳艷。表示只有他王維傑，沒有辦不成的事；其實是一齣戲而已。

　　柳一鳴由紅衛兵送回柳家，已不能行動。

　　柳艷母親抱夫痛哭。

　　王維傑又打了通電話查問，告訴柳艷其父已護送到家。

　　柳艷心中暫時定了下來，她故意在王府打了一通電話，打到牟家，問了孩子情形，並告訴婆婆，為了父親事，暫時在娘家待兩天。

　　王維傑聽了很高興，她已經征服了這朵多刺的玫瑰，囑柳艷可以回娘家求証，再回來相聚。

　　柳艷內心忐忑回到娘家，見到父親已不成人形，抱了父親痛哭。

　　父親一眼瞥見她腕臂有紅衛兵臂章，一個耳光刷過去：

　　「無恥！」

　　「爸！我這是為了救您，不得已的下下策。」

　　母親替柳艷說了話：

　　「女兒一定受到很多委屈，不能打她呀！」

　　一句貼心的話，柳艷悲從中來，一頭栽到母親懷裡，嚎啕大哭：

　　「媽！媽！只有您了解，只有您了解啊！」

　　柳一鳴也自覺是錯打了她，憐愛得望了柳艷一眼，就轉頭暗自流淚了。

　　兒子柳文慶一直站在一邊，怒目握拳，眼見家人受人凌辱，只有雙拳敲牆，憤怒不已。

　　柳艷把文慶叫到房間，輕輕問說：

　　「你一直在練游泳？」

「是！」

「加緊練。」

「為什麼？」

「必要時…」

「逃命…」柳艷連忙摀住文慶的嘴。

姐弟倆心知肚明，只有自救才能保命。最近北京紅衛兵將南下串聯，這是個好機會，如果能夠…

他倆有志一同，互相注視對方，然後緊緊握著對方的手。

柳艷回到王維傑住處，對王維傑百依百順，任他擺佈。

王維傑不疑有它，樂在其中。

事畢，柳艷依在王維傑懷中，試探的口氣問說：

「最近北方的紅衛兵是不是去南方串聯？」

「不錯。首長已指定我為總指揮。」

「那我也參加行不行？」

「行，我派你担任一個分隊頭頭。」

「真的？！」

「當然，我王維傑大權在握，一言九鼎！」

「啊！達令！太好了。」

柳艷主動送上吻，這次是真心實意感激之情。

三十一、

每年烈日當空，天氣炎熱季節，必是台灣大學聯考，楊蓉蓉、許大力已磨練多時，上陣應戰。蓉蓉的母親及胞兄世磊陪考。

這是一個奇景，陪考的人比參加考試的學子更多，

男女老少在考場外聚集，有的打傘、有的戴笠，有的在路樹下或陰處躲避烈日照曬，賣冰棒及飲料的小販穿插其間，儼然是一個臨時市場。

　　陪考的人，揮汗如雨，但沒人叫苦，她他們的願望，只有一個，子女考上大學，面上有光。

　　下課鈴響了，考試的學子，蜂擁而出，在他們的臉上憂樂，可以看出應戰優劣的實力。

　　「怎麼樣？好吧？！」蓉蓉母親一邊替蓉蓉搧扇，一邊奉上冷飲，也順便了解考試情形。

　　由於甜甜事件影响，母內心著急，但表面上顯然克制平和。

　　「考題都答了，是不是完全答對，不知道，聽天由命吧！」蓉蓉灌了半瓶冷飲，回說。

　　「好、好，努力了就好，成不成，以後再說，大不了再補習一年。」母親替女兒擦汗慰勉有加。

　　「媽！您放心，我保證蓉蓉必然金榜題名。」世磊在一旁微笑插嘴。

　　世磊是大考小考過來了，他懂得考生心理，在此時此刻，多鼓勵，少批評。

　　「哥！你說的，沒有上，你賠！」蓉蓉調皮的望了世磊一眼。

　　許大力的母親需要照顧雜貨店，沒有陪考，他很識相，從蓉蓉手中接過冷飲，就獨自走到陰涼處，啃書去了。

　　考生再度進入考場，陪考的人聊天的聊天，吹牛的吹牛，孩子們在大人的屁股後面捉迷藏，一如市場，熱鬧非凡。

　　世磊再度拿起日報，重讀大陸文化大革命消息，他

丟下報紙，唉聲嘆氣。

「世磊你怎麼啦？」母親看在眼裡，不輕意的問了一句。

「大陸上文化大革命，亂了套，我真擔心柳艷。」

「這麼多年了，你還念著她？前個時候不是聽說柳艷嫁給一個抗美援朝子弟，已生了一個孩子，省省心吧，多關心身邊的人。」

「媽是說…」

「你對美娟參加選美的事，你的看法是…」

「讓世華去傷腦筋吧。」世磊不冷不熱，擋了回去。

世華陪美娟回台中老家，美娟壯著膽子，說明將要參加中國小姐競選。

父母聽了睜大眼睛，不信自己的耳朵。

廖布袋雖然目前有國際茶葉公司，但那是配合政府以農業為基礎，發展功商業的政策，像這種外國人的新鮮玩意兒，聽未所聽，聞未所聞，所以夫婦二人都傻了眼。

「爸！媽！不必奇怪，現在時代不同了，而且女兒有這個條件，為什麼不讓我去試一試？」美娟據理力爭。

「世華！你看呢？」廖布袋徵詢世華。

世華在美娟面前矮了半截，兩手一攤，表示無奈。

「你父母也同意？！」

「我父親沒有什麼意見，我媽倒是熱烈讚成。」

美娟的母親把丈夫拉到一邊，低聲討論：女兒已經訂婚，夫家既然無異議，也勉強同意。

臨別，母親塞給女兒不少錢，做為治裝費。

美娟如魚得水，父母是疼女兒的，美娟謝了父母，抱著愉悅心情回台北了。

世華的母親歡天喜地陪未來的媳婦，治裝採購，這點她是最拿手的，當年在南京，她就在綢緞莊做過店員，什麼綢料，什麼顏色最為中年男人入眼，而且以少報多，從中弄點好處。

治裝完了，又帶美娟去找名師訓練化粧，美娟本來想省這筆花費，因為以前學過，而且還替范秋雲做新娘時化過粧，應係老手，可惜世華的母親不同意，這是競選中國小姐，中華民國第一招，不能跟當年什麼大學時代服裝表演、新娘化粧，那能同日而語？

美娟本就是美人胚子，面目姣好，就是單眼皮必須整容。

儀態、走台步也必修，女人最美在蜂腰圓臀，所以腰必須緊縮，雙眼平視，一條直線往前行走，有些微左右擺動，才能搖曳生姿。

有時世華也陪在身邊，看在眼裡實在不舒服，悶悶不樂。

「你走開！」母親下達命令：「那天當了中國小姐娶進門，才知道榮耀。」

美娟來看世磊，怪世磊不支持。

「我並沒有反對，一切聽其自然，一切都準備好了？祝旗開得勝！」世磊敷衍說。

台灣中國小姐競選，是得美商國際小姐競選總部贊助的。彷彿有意和中國大陸打對台，所以舞台設計五彩繽紛，極盡豪華。

初選在台北市中山堂，分組進行，從運動裝、學生裝，到休閒裝，最後穿著旗袍亮相。

參選名媛，無不個個發揮渾身解數，美娟均一一過關，當最後一關旗袍亮相，美娟第一位穿著紅緞旗袍，

胸前繡有鳳凰圖案，風姿綽約，亭亭玉立，一出場就獲得全場熱烈掌聲。

弄得世華母親，熱淚直流，失態大叫：

「太棒了、太棒了，美娟！我愛你！」

三十二、

數萬民紅衛兵小將，集合在北京天安門廣場，這個廣場可聚集百萬軍民，比蘇聯蘇維埃廣場還大、還雄偉。

毛澤東招手接受廣大群眾歡呼。

「革命！革命！六親不認！鬥爭！鬥爭！逆境求生！」

「毛主席萬歲！萬萬歲！」

司儀喊著，眾人跟著喊著。

緊接著由頭號忠臣王維傑恭讀毛澤東致清華大學附中紅衛兵信，支持造反行動，並發表『炮打司令部』言論。

瞬間，數百幅『炮打司令部』海報，張貼北京街頭。

「革命無罪！」站在毛身邊的江青領導呼口號。

「革命無罪！」群眾呼應。

「毛主席萬歲！紅衛兵小將們萬歲！」江青聲嘶力竭喊著。

「毛主席萬歲！江青同志千歲！」王維傑適時拍了一下馬屁。

眾人七嘴八舌跟著喊著，氣氛達到極點。

對劉少奇國家主席奪權，以前是暗批，現在看來是明鬥了，走資派劉少奇、鄧小平危機重重。

柳艷回牟家，抱著兒子不放，考慮要不要帶他一起

走，但實在太小，一是行動不便，二也是怕引起疑竇。

正在這時好友張薇來訪。

「柳艷！這天大的消息，都不告訴我？」張薇沒頭沒腦的笑著說。

「什麼消息？」柳艷佯裝追問。

「北京紅衛兵南下串聯啊！」

「妳消息真靈通。」

「妳猜誰告訴我的？」

「準是王維傑，王主任說的。」

「答對了，他還告訴我，將派妳擔任一個分隊頭頭，柳艷！你們兩人現在是比翼雙飛，可喜可賀！令人羨慕。」

柳艷面對至友，面紅耳赤，但沒有透露心中秘密。

柳艷回娘家與父母密商。

此時大陸各地已沒有秩序，工人停工、停電、停生產、停交通，農民把全部家產分光、吃光、用光，社會大亂，無所為路條可言。

柳一鳴緊抓柳艷手，這是父女很少有的舉動，雙眼含淚，感慨說道：

「世道一度在變，永無寧日。」

「大家停工，日常生活用品都買不到了。」

柳母也抓住兒子文慶的手，猶如生離死別。

「你們串連南下，機會難得，不如…」

柳艷注視父親：

「爸的想法是…」

「走！」聲音極輕：「投奔自由！」

「把文慶帶走，這邊是待不下去了。」母親也敲邊鼓。

「爸！媽！這些日子，女兒受到多少委屈，為的
是⋯」

「我理解！我理解！」

柳艷抱著父親，文慶抱著母親，四人哭成一團。

北京紅衛兵南下串聯共有三千餘人，分兩批搭火車
南下。

柳艷和柳文慶爭取第一批先行。

王維傑為總指揮殿後，王在車站送行，為壯聲勢，
樂隊呼口號，熱鬧非凡。

「下級服從上級，個人服從組織！」王維傑呼口號。

「永遠忠於無產階級路線！」柳艷呼應。

「打倒反革命主義，把他批倒批臭！」

王維傑喊一句，眾人跟一句，紅衛兵小將們興奮異
常。

三千紅衛兵次第到達廣州，展開工作。

而南部紅衛兵數千也串連北上到達北京市。

柳家遭遇第三次騷擾，柳父不得不將王維傑姓名抬
出來，並表示自己子女也是紅衛兵作為擋箭牌。

※　　　　※　　　　※

台灣台北市，正在舉行『中國小姐』決賽，急智問
答。

由於美娟準備充份，口齒流利，贏得評審青睞。

北京台北兩岸都很熱鬧，一邊是翻天覆地革命無
罪，一邊是歌舞昇平，把杭州（台北）當作汴州。

『中國小姐』決賽已近尾聲，評分結果，廖美娟榮
獲第三名，美娟興奮落淚。

楊四海夫婦與世磊、蓉蓉正在看電視實況轉播，乾
女兒能在眾名媛中脫穎而出，也覺欣慰，但是在此時此

刻『選美』是否適合？因為大陸上同胞正處於水深火熱中。

世磊抱著女兒小燕走到窗口，望著天上月亮，喃喃輕語：

「柳艷！你現在怎麼樣？還好嗎？」

※　　　※　　　※

夜，月色濛瀧，柳艷趁主辦單位在安排住食時，與弟弟文慶，偷偷脫隊，逃到一處農家，用糧票換了百姓衣褲，將原有衣褲埋入土坑。迅即逃到廣州邊界，發現逃跑者甚眾，眾人飛奔快跑。

王維傑趕到廣州，找柳艷未果，心知有異，派人找尋。

柳艷掩護其弟逃跑，到邊界鐵絲網處，共軍用機槍掃射。

有人欲剪斷鐵絲網逃出，無數人被機槍掃射倒地，但還是前仆後繼，冒生命危險，想逃出虎口。

柳艷發現王維傑率隊追來，心急如焚，好不容易，有人剪斷鐵絲網。文慶腿中彈輕傷。

「快逃、快逃，去香港找羅元中。」柳艷著急叫喊。

王維傑率獵犬追蹤，眾人跳海，文慶也跳海游向九龍。

柳艷見王維傑漸近，急中生智大叫：

「文慶！站住！你不能逃，這是犯法的…」

柳艷看見一青年屍體，為了圓謊，只好向屍體拜了兩拜，用石塊破壞其臉部，並將文慶身份証塞在其口袋中。

「站住！站住！你們不能逃！不然我開槍了！」柳艷大聲叫著，柳艷是分隊長頭頭，也佩有手槍，她一邊

大叫，一邊連發數槍，偽裝抓逃犯。

王維傑追到。

「報告首長！柳文慶不聽我的勸告，想逃往九龍，我把他解決了。」柳艷行軍禮，一臉果決。

王維傑錯愕，摸著下巴。他幾乎不相信這是事實。

柳艷帶王維傑到青年屍體旁，認真辨識，因為他去過柳家，柳文慶他也見過幾回面。

青年屍體，面目模糊，無法辨認。

王維傑又搜其口袋，果然有柳文慶身分証明。

他半信半疑，詭譎地看柳艷一眼，這個刁鑽的女人，聰明過人，他是又愛又恨。

「首長！我監督不力，自請處分！」柳艷繳上手槍，一臉自慚表情。

三十三、

這是會審的局面，在審查柳艷違規犯紀重大事件，場地不大，借用廣州紀委會小型審查室審查，牆壁上掛有毛主席肖像，兩旁掛有一幅對聯上，左邊寫著：

「拿出事實，說出理由。」

右邊寫著：「坦白從寬，抗拒從嚴。」

一張長方桌，坐了三人，主審是當地紀委主席，長方臉，瘦得像皮包骨，兩眼深陷，像塊岩石鑿了兩個大洞，人見了，令人生畏。

他旁邊坐著紅衛兵南下串聯總指揮王維傑，及頭頂無毛的紀錄員。

身後置有一架巨型強烈燈光，目前沒有打開，那是對要犯使用的。

警鈴響。

兩個荷槍紅衛兵押柳艷進入現場，她站著受審。

主審望了望王維傑。

王維傑頷首，表示可以開始。

「柳艷同志！你可以坐下。」王維傑施人情。

「不必，我不累。」柳艷不敢領情。仍然站著昂頭挺胸，毫無懼色。

「叫你坐下，你就坐下！」主審沒好口氣。

柳艷這才坐下靠背木椅上，面部微有放鬆。

「毛主席肖像旁一幅對聯，妳高聲讀讀看。」主審發問了。

「拿出事實，說出理由，坦白從寬，抗拒從嚴！」字正腔圓，柳艷讀著。

「妳是高級學府傑出學生，又是名新聞記者，當然知道這兩句話的意思。」

「首長！這不是考狀元吧？」柳艷嘴角一笑，有意挑釁。

主審『啪！』，拍了一下桌子。

「嚴肅點！誰跟你開玩笑。」

「那我告訴妳，這兩句話，是我老師創造的，也是我們師生合作研究出來的。」

主審有點自討沒趣。

「妳是說，當然懂得這兩句話的意義，那妳現在對著毛主席肖像，從實招來，怎麼放縱柳文慶逃向九龍的？」

「抗議！」

「抗議什麼？」

「未審先判，妳有什麼理由指我放縱？又有什麼事

實柳文慶逃向九龍？」柳艷高聲吼叫：「我不服！」

主審碰了釘子，與王維傑耳語商議。

他不知道柳艷是在校答辯比賽冠軍，經驗老到，在此時此刻只有用反擊戰術，才能立於不敗之地。

「好了，我承認言語不當，那妳當時情形，詳細描述一番。」主審口氣緩和多了。

於是柳艷從担任分隊長南下串聯，如何與小兄弟小姐妹打成一片開始，鉅細靡遺，娓娓道來，她是如何打聽到到偷渡管道，如何監聽柳文慶有異變之心，她是分隊長帶領一百人南下，也必須帶領一百人回北京，一個也不能少，不然，她怎麼對得起多難的祖國，怎麼對得起人家的父母。

「這些高調不必說了，說緊要的！」主審截斷她的話。

「那我就從和柳文慶決裂說起─我暗中發現柳文慶與另一弟兄偷偷換了便裝，我就覺得事態嚴重，我把我弟弟…狗屁弟弟，我再也不稱呼他是我弟弟了，我要跟他劃清界線，我把他拉到一個偏靜的地方，好心勸說，想不到他出言不遜，一反常態…」

「不必說了！」柳文慶指著柳艷的鼻子：「妳親眼看到他們是如何清算鬥爭父親，一次兩次凌辱我們家，欺負我們家，我雖然年少無知，可是我還有一點天良…」

柳艷無言以對。忖度片刻才說：

「這是革命，我們偉大的領袖說過：革命就好比開刀，開刀很痛苦，但是開過後就是新人了。」

「狗屁！妳中毒太深了，我不齒。」

「文慶！聽姐說，跟我回去！」

「我不！」柳文慶怒目望姐。

「你怎麼變了，變得不可思議。」

「妳呢？妳自己呢？整天整夜和王維傑在一起，別人不知道，我一清二楚。江青是毛澤東的走狗，王維傑是江青的走狗，而妳是王維傑的走狗，都是一丘之貉！」

「住嘴！你怎麼敢污衊偉大領袖？！」

「偉大在那裡？整天躺在床上摸女人屁股，眼見大權旁落，才想出文化大革命，才想對劉少奇國家主席奪權！狗屎！狗屎！」

柳艷忍無可忍一個耳光刷過去。

「好！你打我！咱們姐弟之情，就這麼完了，從此你走你的陽光道，我過我的獨木橋！」

遠處敲面盆聲一聲一聲起。

柳文慶神色緊張要走。

柳艷抓住其衣。

柳文慶扯去上衣狂奔。

「再不聽話，我開槍了！」

「耍威風了，開槍吧！」

「砰！」一聲，柳艷扣了板機。

柳文慶倒地。

「文慶！文慶！」柳艷狂叫追去。

「婊子！婊子！被王維傑玩弄的婊子，柳家開除妳。」

「砰！砰！」數聲槍响。

偵審現場王維傑憤怒大喝：

「夠了！」

柳艷住口，氣氛嚴肅凝結。

主審望了望王維傑。

「那我問妳，妳為什麼不穿制服，而換了百姓女裝。」

「首長是懷疑我也想偷渡？！」

「是妳自己說的，我沒有這麼指控。」

「我不換百姓衣褲，怎麼能跟著進入邊界，嚴格說：我發現這條秘密逃跑路線，非但無罪，且應有功。」

主審又望了望王維傑。

王維傑頷首。表示同意。

柳艷眼見答辯起了效用，頭一揚，慷慨激昂，雙眼含淚，滔滔不絕說著：

「請問首長！是誰批鬥親叔，大義滅親？是誰在學運時，清算自己父親？如今又親手殺了親弟，為什麼？為什麼？我是在執行主席語錄：『雜草不除，香花不生啊！』我是江青同志後盾：湯裡去、水裡去，義無反顧！」

「毛主席說的：『革命不能溫順有禮，寬宏大量，革命是暴力的手段，而且是一個階級必須推翻打倒另一個階級！』柳艷有備而來，而且把毛語錄背得滾瓜爛熟。

「我就是這樣忠於黨，忠於毛主席，忠於江青同志和總指揮官王維傑同志，如果首長還是認為我有罪，我也甘願接受，報告完畢！」柳艷說完，望著台上三人。

主審和王維傑輕輕拍手，表示肯定。

紀錄員揮筆紀錄。

主審又與王維傑商議。王維傑不時點頭。

主審喝了一口茶，才整襟危坐，說了話：

「柳艷同志剛才一番陳詞，令人感動，審查到此為止，我們將報請上級核示。」

主審與紀錄人員收拾起身。

王維傑注視柳艷。

「柳艷同志，妳待會到我辦公室，我有重要指示！」

「我要喝水。」

「旁有茶壺，妳自己飲用。」

柳艷走去用玻璃杯倒茶飲用，想到王維傑剛才的話，恐怕又要騷憂，於是臨時起念，故意犯錯，摔去玻璃杯，將玻璃杯摔得粉碎。

正要跨出門檻的主審憤怒站住。

「柳艷！妳這是幹什麼？是對我們沒有結果，表示不服？」

柳艷木然。

「來人啦！」

兩個荷槍的紅衛兵站在門口。

「把柳艷押下去，留置單人住房，禁止任何人接觸！」

荷槍紅衛兵把柳艷押下去了。

留下王維傑一個人摸著下巴，無奈表情。

北京紅衛兵配合當地江青爪牙好惡，進行清算鬥爭任務完成。

柳艷以縱放柳文慶逃出大陸嫌犯，一併北上。等待北京方面再會審。她坐在火車窗口，窗戶開了一半，眼見一路景物，風馳電掣，心情卻是『風雨如晦，雞鳴不已。』

她想到如果其弟柳文慶安全逃亡成功，已為柳家留後，她也心安理得了。

王維傑過來看望她，冷眼旁觀，她似乎是有意犯錯，來逃避他的糾纏，不過他又想到，這次南下，能發現一條逃亡路線，何況不是大功一件？！

柳艷再度受審，她堅持表白，是去抓其弟及其他逃犯，且已射殺親弟，總指揮在邊界現場驗屍不諱，她痛哭失聲，內外不是人，一是冤枉他縱放親弟，二是射殺

親弟，勢必不為家人諒解，她對黨國是內紅外紅，黨性堅定不移，如今她的處境，卻是生不如死，她像超級演員，梨花帶雨，再加肢體語言，揮灑自如，感動眾生。

王維傑因自己是紅衛兵總指揮身份，也替柳艷講了話，會審結案，無罪開釋。

王維傑一是表功，一是討好柳艷，建議江青召見柳艷嘉勉。

江青一想在這浪急風高的時候，也打鐵趁熱，立即召見。

江青和顏悅色握住柳艷的手，嘉勉有加，諭示再為黨國立功，柳艷感動落淚。

次日所有報刊，都將柳艷大義滅親、獲江青召見，和江青親暱握手照片新聞刊登第一版，有的稱柳艷是女雷峰，有的稱呼他是現代包青天，更有的筆下感嘆，她什麼人也不是，她就是真真實實的柳艷，把歷史又挖出來，解放時期她曾經大義滅親、批鬥大地主親叔，學運時，批鬥父親，現在又親殺其弟，阻遏逃亡潮，六親不認，只認是非黨國，只認偉大的領袖毛澤東，只認文化大革命旗幟顯名的毛夫人江青。再加王維傑大肆炒作，把柳艷奉為『大義滅親』的豐碑，古今少有。

柳艷大紅大紫，北京電視台揣摩上意，又把柳艷找了回去，仍然擔任記者工作，柳艷因禍得福。

可是父母對柳艷不諒解，雖然也想過，他倆姐弟情深，不可能下殺手，但是回北京兩天，不見人影，不是真的意外，心中有愧，何須避不見面？母親越想越氣，越想越惱，在現今這個世代，整日提心吊膽，生兒育女，又多事生端，做人實在沒有意思，生不如死，一了百了，她關緊大門窗戶，準備上吊自盡。她掛了繩索，脖子套

上，踢去高椅。椅子倒地响聲，使正在沐浴的丈夫警覺，連忙穿了汗衫短褲出來一看，大驚失色。

當然，柳一鳴及時救了妻子，並刷去兩個耳光。

「妳怎麼這麼糊塗？等女兒回來問清楚，想死！我們一起死也不遲。」

兩老擁在一起，痛哭不已。

正巧這時柳艷歸來，敲門大叫：

「媽！媽！妳在家嗎？」

「我去開門。」柳一鳴欲去開門，被妻子拉住。

「不！我沒有這個女兒！」

「讓她進來說個清楚，講個明白，也許是誤傳？」

「你敢去開門，我就拿菜刀自盡！」

「媽！我聽到你們說話了，你們在家，快開門，我有話講！」

「滾！你殺了親弟弟，妳還有臉回來，我沒有妳這個女兒，我不要見妳。」她聲色俱厲喊著。

柳艷已知闖下大禍，推門不開，時間急迫，只好拿起一塊大石頭猛砸一扇玻璃窗戶，跳了進去。

見母親披頭散髮，面目猙獰，拿著菜刀正要向脖子抹去，父親猛力奪過菜刀，丟在地上。

「妳幹什麼？妳瘋了？」

「媽！你殺了女兒吧！」柳艷跪在母親身邊，抱了母親雙腿，痛哭流涕。

「我不是妳媽，妳給我滾，滾！」母親抽腿，退一邊狂叫。

柳艷知道母親誤會已深，不急速說明原委，將發生無可挽回的悲劇，乃拉住父親，在他耳畔輕輕地說：

「文慶沒有死。」

父親意外，圓瞪雙目注視女兒。

柳艷關好擊破的窗戶，拉上窗簾布。又強在母親耳畔輕輕說：

「弟弟沒有死，是我用的計。」

母親一聽，神志即刻清明，驚喜地抓住女兒手，迫不及待地問說：

「快把詳細情形告訴我們！」

柳艷扶兩老坐在沙發上，然後他跪在兩老面前，輕聲細語說明全程經過，聽得兩老目瞪口呆，熱淚直流。

「女兒！女兒，我的寶貝女兒呀！冤枉妳了。」

「好！我本來就懷疑你不會做出這等泯滅人性的事，老天有眼，我老柳居然有妳這個好女兒，老伴！去弄幾個菜，我們三人得好好聚一下。」

「不！爸！妳糊塗了，這齣戲還沒有結束，我們得繼續演下去！」

「對！對！老伴！我們全是主角，哈哈！」柳一鳴想想不對，連忙摀口竊笑。

母親還是牽掛兒子。

「艷！妳看文慶一條腿被打傷，還能游向九龍嗎？」

「能！他已經練了很久了，應該難不倒他。」

柳艷去開了大門，打開所有窗戶。

柳一鳴拿了菜刀，猛擊桌子。

母親丟茶杯丟痰盂，想引起鄰居注意。

柳艷索性拿了一把鐵椅，砸了另一扇窗戶、窗玻璃劈哩啪啦，碎了一地，驚動四鄰。

「爸！不要打了，不要打了…啊…」

「我打死你！打死你！一報還一報。」

「你殺了妳弟弟，六親不認，妳不再是我女兒了，

滾！滾！」母親語氣悲憤凌厲。

「爸！媽！我是沒有辦法啊！才出此下策，請原諒我，寬恕我！」

父吼著：「滾！滾！」

母也叫著：「滾！滾！」

柳艷弄亂秀髮，雙手掩臉，『啊…』哭奔而去。

門口圍了一大堆男女老少，探頭探腦竊聽。

「好像是真的耶！」三姑六婆形老女說著。

「現今的活寫照，唉！」一老男人感嘆著。

室內哭聲驚天，室外鄰人七嘴八舌，有的同情，有的表示活該！

三十四、

台灣方面，成強烈對照！楊蓉蓉和小情人許大力，分別考上國立大學和私立大學。門口燃放著爆竹慶賀。

蓉蓉是喜極而泣。

楊父準備了兩個紅包，大的給女兒，小的給許大力，家裡道賀的人不斷。

再加廖美娟當選中國小姐第三名，喜上加喜，碰巧廖布袋夫婦在台北，於是楊、廖、許三家聯合慶賀，杯酒聯歡。

楊世磊接香港羅元中來信，告訴世磊，柳艷弟弟柳文慶已投奔香港，因腿部槍傷，正在療養。

世磊打算赴香港一晤。並探聽柳艷消息。

香港那時還是英國殖民地，港府特別在九龍一角『調景嶺』，劃為中國大陸逃出難民安置地，初創時僅搭帳棚避風避雨，現時隔多年，已有數萬難民安置，已有木

屋磚房，初具市鎮規模。

羅元中特別在此地廉價租了一間破陋木屋，為柳文慶安身住居。

羅元中帶了楊世磊見了柳文慶。

柳文慶已十六歲，面目清秀，扶了拐杖，一見楊世磊，如見親人，就抱了世磊痛哭。

世磊兩眼泛紅，頻頻拍他背安慰。

「文慶！你九死一生，能逃出虎口，可喜可賀。」

「危險啦！我們在海邊剪斷了鐵絲網，解放軍機槍掃射，我不幸右腿中彈，我還是拼死跳海游泳，在海中又有鯊魚追蹤，驚險萬狀，幸好我命大，逃過一劫。」

「了不起、了不起，海灣不小，你怎麼能游過來？」

「是我姐督導我，叫我勤練游泳，當時我還不知道她有意叫我逃亡的企圖。」

「你們不是在北京嗎？怎麼有這個機會？」

「我們參加北京紅衛兵南下串聯，我姐是一批紅衛兵分隊長，所以我們就…，我姐叫我來找羅大哥，羅大哥對我很照顧，我非常感謝。」

「大難不死，必有後福！」世磊寬慰他。

「文慶找到我時，十分狼狽，腿部又受傷，我替他在這裏，依難民身份安置，這個孩子不錯，能堅忍不拔，吃苦耐勞。」羅元中一直誇獎他。

「他的腿傷怎麼樣？」世磊關心問說。

「難民營有醫務所，有西醫，也有鐵打損傷中醫，目前正在治療。」羅元中答。

「我的腿傷了筋骨，大夫說，日後可能有點跛。」文慶有點難過地說。

世磊又拍拍文慶得背：「能保住這條小命，是祖上

有德，你應該慶幸才是。」

「是、是，謝謝揚大哥！」

　　早就想打聽柳艷的情況，現在總算有機會提及，世磊帶來一串香蕉，剝了一根給文慶，又剝了一根遞給羅元中，自己也取了一根，三人分別食著。

「你姐姐情況怎麼樣？」

「我姐姐外表看來，是外紅內紅，多年前批鬥大地主我叔叔，他是應叔叔之命，狠下心幹的，贏了『大義滅親』的頭銜，繼而學運批鬥父親，也起了榜樣，其實她是紅蘿蔔，外紅內白。」

「她結婚了？！」

「嫁給一個韓戰英雄叫牟崇鼎，她父親是某省政協副主席。」

「那也算是高幹了。」羅元中說。

「可是牟姐夫在金廈炮戰督導時，受了重傷，從此他們經常吵架，好像感情不大好。」

　　世磊專心聽著，拿了香蕉呆在那邊。

「後來傳說牟崇鼎出了車禍…」羅元中又插了一句。

「是啊，我姐命也不好，年紀輕輕，就做了寡婦。」

「不是生了個兒子？」羅元中雖然在香港，消息倒靈通。

「兒子已四歲了，名叫牟小磊。」

「牟小磊？！那兩個字？！」世磊急著問說。

「三個石字的磊，對了，好像跟你楊大哥同名。」

　　世磊心頭一顫，差點手上的香蕉掉地，他放下香蕉，取菸敬了羅元中一根，自己也抽了一根深深吸了一口。

「楊大哥！我…」文慶用手勢求菸。

「你也…」

「心頭悶，有時我也買包便宜菸，解解悶。」

世磊將一包菸丟過去。

「這包台灣新樂園送給你。」

文慶拿了菸，愛不釋手：「這包菸我存著，捨不得吸。」

「磨難，會使人快速增長，你老成多了。」世磊把半截菸遞給文慶。

文慶深深吸一口，好似通體舒服。

「楊大哥！我能去台灣嗎？」

「我正要告訴你，目前還不能去台灣，因台灣現在規定，須在香港住滿五年，才能申請入台。」

「好，我就等五年，等我腿傷稍好，我就出去打工，學廣東話，學英語，自力更生！」

「世磊！柳艷的弟弟不錯吧，年少志大，連我這個大哥都佩服了。」

正當大家心情稍微放輕鬆時，不料柳文慶丟下兩句話，又使氣氛墜入深淵。

「我姐幫我逃離大陸，這次被抓回去，恐怕也是九死一生…」

世磊怔住了，一顆心牽掛著柳艷安危，他走向門口，望著大陸紅色江山，拭著眼角，從口袋掏出一些錢，塞在文慶手中。

「這點錢你先留著，目前最要緊是把腿傷治好。」世磊又轉頭對羅元中說：

「元中兄，文慶的事，就請你多擔待了，我替柳艷謝謝你。」

「什麼話？什麼話？亂世嘛，互相照應是應該的。」羅元中話語溫暖。

　　世磊離開前，和柳文慶緊緊擁抱了一下，他倆手拉手走出難民營區，才道別，走了一段路，世磊後望，還看見文慶依依不捨，揮手致意。

　　1968 年中共與南葉門建交，總理周恩來，率團赴開羅簽訂協議，柳艷因已有經驗，被選派隨團採訪，因香港無法停留，他透過管道，告訴羅元中這個消息，同時打聽其弟是否平安偷渡成功，當然她更是期望能與楊世磊再次見面，以慰相思之苦。

　　楊世磊接到羅元中電話，剛好他要赴歐拓展『西施舌』茶業業務，隨即趕辦手續。

　　羅元中也因外貿須赴開羅，於是結伴同行。

　　柳艷隨團抵開羅，待了一天，尚無世磊消息，心急如焚，因這次在開羅時間不多，她忖度已通知羅元中，難道羅元中沒有通知楊世磊？她疑神疑鬼，這次她和世磊是一次重要約會，因為她要親口告訴世磊，他已經有後，並吸共產黨奶水長大，他帶有兒子的照片，她有義務告訴世磊，而世磊也有權力知道，她借用電視台，看了探訪帶子無問題，就回飯店去一樓餐廳走走，突然眼睛一亮，她看到羅元中坐在那邊，兩人多年不見，內心衝動，真想擁抱熱談，可是訪團必有公安在側，以前經驗，學到如何應對，無言勝有言，元中環顧四週，見無人注視，塞給她一個紙團。

　　在開羅『金字塔』附近一家小旅館，柳艷與世磊三度碰面，第一次在香港，第二次在瑞士日內瓦，這是第三次，經過多年楊世磊已經四十一歲，而柳艷也已三十九歲了，兩人注視良久，臉上都有滄桑，但柳艷經過修飾，美人遲暮，仍然楚楚動人，因時間不多，急於親熱，乾柴烈火，一邊纏綿，一邊談著這六年兩岸發生的大事

情。（如中共方面二度啟用鄧小平，發射飛彈，台灣蔣中正連任第四任總統。並彼此坦告已結婚。）當世磊說范秋雲如何賢慧，種種好處，尚未言及其他，柳艷生氣了，她有了妒意，她為他犧牲無代價，世磊正在奮力進攻，柳艷卻退卻了，閉關自守。本來要親口告訴世磊，小磊的事，她吞了回去，她下了床，他失望到了極點。

「范秋雲生產後，身子一直不好…」世磊還想坦告范秋雲已逝世，你不必吃味，但是柳艷不想再聽下文。

「我不要聽！我不要聽！我不要聽！」柳艷兩手掩耳狂吼著。

世磊不解，畏縮在床角，眼看柳艷穿衣修容，眼看她含淚暗然離去，眼都不看他一眼，他傷心透頂。

照說兩人已近中年，多年不見，還有什麼事不能容忍？但是女人天生心眼小，對感情比男人執著！愛之深，責之切，愛情悲劇，時有發生。不是有句名言：『試問人間愛為何物？直叫人生死相許。』

世磊返回飯店，光喝悶酒，不言語，羅元中不好質問。

以往世磊每次見到柳艷，內心均激動不已，這次不一樣，元中的感覺彷彿是有什麼話難於啟齒。

他去『金字塔』附近旅館，收了竊聽器，原來羅元中已被台灣國民黨及大陸共產黨收買，做著兩面間諜。

世磊和羅元中回到香港，世磊再次探訪柳文慶，把身上剩下的錢全部給了他，柳文慶已改名柳慶生，過著苦力生活，每日勤讀英語、學廣東話，雖然辛勤，但有目標，已知家中情形，心中釋然。

世磊因世華即將與美娟完婚，再加心中鬱悶，沒有停留，即行返回台灣。

　　柳艷返回北京，還有點生世磊的氣，她緊擁著兒子說：「小磊！小磊！永遠是牟家的小磊！」有些語無倫次。

　　小磊天真無邪說：「當然，我爸叫牟崇鼎，我爺爺叫爺爺，我當然是牟家人，媽怎麼啦？」

　　柳艷才發現失言，連忙改口說：「媽出國大概是太累了，胡說八道。」

　　　　　※　　　　　※　　　　　※

　　楊世華與美娟結婚，楊世磊叔嬸藉機打秋風，美娟戴著中國小姐頭銜，賓客眾多，席開八十桌，熱鬧非凡。

　　世磊獨自站在窗前望天，他喝了幾杯酒，向新郎新娘祝賀後就離開了。

　　他來到范秋雲墓前，嗚咽失聲。有人走近，竟係美娟的表姐美鳳，美鳳對世磊一向有好感，一直注意他的行動，但是落花有意，流水無情，楊世磊不再談感情了。

三十五、

　　美鳳接世磊回去，在自己住處，弄點酒菜，兩人對飲，美鳳以為是美娟結婚，他心中不痛快。

　　世磊酒喝多了，吐真言：

　　「美鳳！今天我要對妳打開心扉，告訴妳我心中的秘密。」

　　美鳳以為世磊是指自己，面紅耳赤，停杯注視。

　　「我一直愛著一個人，我好喜歡她。」世磊喝了一口酒繼續說著：「以前美娟是她的影子，後來秋雲也是她的影子。」

　　夠明白了，她自作多情誤會了。

「那這個你心愛的人，是誰？」美鳳明知故問。

世磊未正面回答，僅用手指了指窗外天空的彩霞。

「我以前去國外，就是和她見面。」

世磊沒有說出內心的苦悶。顯然他對開羅的事，還是耿耿於懷。

美鳳聽不大懂，也不便多問，她是離過婚的女人，她太了解男人的心了，他倆一杯杯喝著，世磊喝醉了。

美鳳失望了，她以為世磊會喜歡她，誰知他對大陸上的柳艷的愛還是如此深、如此痴。她扶他睡在沙發上，她貪婪地抱著他。

「柳艷！我的愛，妳怎麼突然…」他夢囈著。

美鳳清醒了，原來世磊的女兒叫小燕，是為了紀念柳艷，她想起自己的身世，一生從未遇到如此重感情的男人，她心也碎了。

世磊帶小燕上秋雲墓地，這是模範公墓，若大墳地，業者栽培的杜鵑花正盛開著，萬紫千紅蔚為奇觀。

小燕雙手合十跪拜在母親墓前。

「小燕！妳告訴母親，將來長大，妳要學什麼？」

「我要和媽媽一樣做鋼琴家。」

世磊一聽，甚為稱心，究竟是秋雲親生女兒，有志一同。她抱起女兒，親了女兒面頰說：

「學鋼琴是很辛苦的，一定得有恆心才行。」

「爸常說：吃得苦中苦，方為人上人。」

世磊極為感動，兩眼泛紅，對秋雲說著。

「秋雲！妳聽到了吧！希望妳在天之靈，庇蔭女兒心想事成。」

小燕學鋼琴，女老師嚴格認真教學，一遍又一遍，因小燕乖巧，不多久小燕就能心領神會，使多日鬱悶心

情的世磊，得到一絲安慰。

※　　　　※　　　　※

北京牟小磊則在學小提琴，極不順，將琴摔在地上，柳艷看兒子不長進，內心甚氣，差點失言說：「一點都不像你父親。」

柳艷勉強忍住，令兒子撿起提琴，對兒子說道：

「你不是一直喜歡小提琴嗎？怎麼又不想學了？」

「我不學了，沒有出息，我要像爺爺一樣做大官！」

柳艷看他頂嘴，刷去一個耳光。

小磊看奶奶在客廳，有靠山，張口大哭。

奶奶過來把小磊摟在懷中，疼惜的說道：

「他還小，慢慢解說！」

小磊已經五歲了，在牟家的地位，猶如小霸王，因係獨苗，又得爺奶寵愛，使柳艷在管教上礙手礙腳，好在鄉下來個余媽代為照顧，使柳艷省心不少。

大陸文化大革命紛亂了十年，這時還是方興未艾，連幼兒園也受到影響。

這日風和日麗，小磊的祖父，心血來潮，擬帶小磊去逛公園，他們一行來到幼兒園，竟見小磊佩紅衛兵臂章，指揮小朋友『向左轉』『向左轉』，祖父看了有意思，不禁發問：

「小磊！你為什麼喊口令，老是『向左轉』『向左轉』為何不『向右轉』？」

「『向右轉』是右傾份子，我們要鬥爭他。」

祖父聽後豎大拇指，誇孫子聰明，將來青出於藍。

但柳艷呆住了，担心了。

牟小磊在祖父教導之下，每日學著紅衛兵，滿嘴紅衛兵術語，柳艷大為驚慌，又不敢明言。

　　柳艷商量於好友張薇，張薇也束手無策，因目前紅衛兵如火如荼，誰敢批評？

　　因紅衛兵過於胡鬧，政策收緊，大批下放農村，學識農改。

　　這段時間，柳家始終如驚弓之鳥。柳艷回來與父談局勢，柳父認為局勢可能會變。

　　不久果真劉少奇、鄧小平下台。

　　毛澤東、林彪繼任國家主席、副主席。

三十六、

　　台北楊四海看報指出，領袖早已洞察，但林彪是否忠於毛澤東，尚待觀察。

　　楊蓉蓉與許大力同時考上大學，許大力因係私立大學，學雜費不少，許母包了部隊四十套軍衣洗燙。

　　楊父知悉，予以協助，解除了私立大學學雜費問題。

　　許大力偕母向楊父致謝。

　　「小事一件，不必客氣，我是為國育才，希望你奮力上進。」楊四海勉勵晚輩，其實也是做給女兒看的。

　　世磊請家教，教小燕彈鋼琴，小燕定性不夠逃學。

　　世磊生氣打她一個耳光。

　　外婆心疼維護。

　　「小孩子嘛，玩性重，慢慢勸她就好，何必打她。」

　　「我在教育她，請妳不必插嘴。」

　　外婆一愕，多年來還是第一次聽見女婿說重話。

　　「她沒娘疼，我說一句話也不行？」外婆哽咽，擦著眼淚離開。

　　適時外公來，感覺女兒已死，人在人情在，不如離

開。

兩老趁世磊不注意悄悄離去。

他們走後，世磊才發現，世磊連忙帶了小燕去追外婆，好在離去不遠，追上外公外婆。

「外婆！外婆！妳不要走！不要走！」小燕哭拉外婆衣角。

外婆抱了小燕，也淚眼相對。

外公在一旁擦淚吸菸，不致一詞。

世磊也道歉，表示剛才說了重話，是心煩所致，希望外婆仍然留下照顧小燕。

「你是好女婿，對我們很照顧，我們很感謝，可惜，女兒死了，住在你們楊家不方便，還是離開的好。」外婆解釋。

「我也有同感，想起小燕再去看她就是。」外公附和。

「世磊！你還年輕，應該續弦，我看美鳳對妳不錯。」外婆勸說。

世磊苦笑搖了搖頭：「我命中註定鰥寡孤獨，今生今世不會再娶。」

美娟與世華結婚後，由於美娟為中國小姐第三名，常上電視，夫婦時起勃谿。這日又因世磊與美娟無意中相遇，世華以為他們約會，生氣而爭吵。

世華父母看出問題癥結，建議世華夫婦赴美打天下，世華也早有此意。

廖美娟父母也贊成。

世華母親是個最現實的女人，她忖度若在美國生了子女，變成美國籍那多好。

夜，世磊在辦公室喝酒，美鳳過來安慰他。

美鳳烈酒也能喝幾杯，你來我往，都有點酒意了。

「為什麼這麼多人不諒解我，為什麼？」世磊醉眼望美鳳。

「因為你為人好，樂於助人，樂善好施…可就是對我吝於施捨。」美鳳抖出心中話。

「不！萬物都可愛，眾生都有情，我、我…」

「你內心苦悶，是因為你得不到異性安慰，我知道你只死心蹋地愛上柳艷，可是你不也愛上有柳艷影子的美娟、有柳艷影子的秋雲，一個生離，一個死別，可還有一個對你…」美鳳說不下去了。

「我知、知道，你對我好，人非草木，孰能無情，唉！自古多情空餘恨，妳、妳走吧…」

「俗話說的好：『孤陰則不生，獨陽則不祥』你所以苦惱，是陰陽不調和，你這個笨蛋…」

「也有人說:『無知比有知幸福,無情比有情快樂』。」

「只要你答應和我在一起，我、我願意服侍你一輩子！」美鳳下最後通牒。

「哈哈…妳這個笨女人，怎麼還痴迷不悟，走！走！」世磊無情地下著逐客令，說完他就雙眼漸漸垂下，閉目打盹了。

美鳳憤怒站起，這個不知好歹的男人，疼他也不領情，令她萬念俱灰。

她注視他良久。

他卻躺在沙發上，鼾聲大起。

她還是拿件外套，蓋在他身上，才一走三回頭，暗然離去。

※　　　※　　　※

北京呢，北京王維傑和柳艷的故事雖然沒完沒了。

王維傑約柳艷在一家咖啡館見面，詭譎的陰笑望著柳艷。

「領導找我來有事？！」柳艷不知道他懷著什麼鬼胎。

「我們是老朋友了，見面聊聊，話話家常。」

「那是、那是。」柳艷用湯匙攪了攪咖啡，心想她要好好應付。

「其實是有點事，而且是大事。」他快露出真相來了。

「願聞其詳。」柳艷也不是省油的燈，仍然和平回答。

「在廣州邊界，我就懷疑你是縱放柳文慶逃走的。」

「這件案子不是已了？！」

「哼！」王維傑鼻孔輕哼了一聲：「小姐！天知、地知、妳知、我知。」

「有證據？！」

「當然！十之八九，證據在我手中。」

「我是怎麼啦？連年遭人忌，又有人想害我了。」

「若使人不知，除非自莫為。」

「能不能說明白一點，不要老是打啞謎。」柳艷內心有點著急了。

「走，到我住的地方，看一封妳的信。」

「我的信，怎麼會在你的手裡？」

「小姐！現在是非常時期！名人的信，都要經過篩檢，何況是妳！」

在屋簷下，不得不低頭，她只好虛與委蛇。

「到尊府看信可以，但是我告訴你，我好朋友來了，不能亂來。」

　　王維傑本以為詭計得逞，想不到事與願違，一臉失望之情，但是話已說出，不能收回，只好百無聊奈，陪柳艷到住處。

　　原來是羅元中寫給柳艷的信，信內附了一張便條，是一個自稱柳父表侄的男孩，報告平安。在九龍『調景嶺』，艱苦生活的簡訊。

　　怎麼一下子冒出一個表弟，她也不知情，但中國人一表三千里，究竟是不是一個遠親，將回去質問父親。

　　「放長線釣大魚。」王維傑內心嘀咕著。

　　「好吧！下個星期二，妳到我這裡來，我等妳消息。」

　　小鼠在眼前，到嘴的鮮嫩佳餚不能放棄，他擁她，撫摸她，戲弄她，且至他意興闌珊，才讓她走人。

　　弄得柳艷厭惡極點，她趁王維傑進入洗手間，竊了信件，溜之大吉。

　　但是她沒有想到，這是複印本，原件還在王維傑手中。

　　柳艷父母看了信，認出是兒子筆跡，這才真的相信，兒子還在人間，兩老喜出望外。

　　柳艷囑咐，千萬小心保密，她要想法整王維傑，因為她也不是省油的燈。

　　剛好有機會，電視台派她去訪問總理周恩來夫人。

三十七、

　　總理周恩來是大陸九百八十萬平方公里的土地，及十億人民的管家婆，由於右臂與江青騎馬，摔得終身有殘，不能直舉外，看去濃眉大眼，俊秀中有莊重，莊重中又溫文有禮，舉國上下都稱他是美男子，也為億萬女

性傾心愛慕。

　　他夫人…大姐（中共德高望重的女領導人，或領導夫人均稱大姐），借用大陸學者對他的描述：

　　她是一位被革命鬥爭磨礪得極為圓熟的女人，她懂得權術、家術、御夫術，她以不變應萬變的寬宏，保護了她心愛的男人名節，她不是美女，但她戰勝了她丈夫身邊的所有美女。

　　當大姐見到柳艷笑逐顏開，熱烈握著柳艷的手說：「哇！比電視上更秀氣。」

　　「謝謝領導。」

　　「怎麼想到訪問我？」

　　「大概是目前社會有點亂，訪問幾位德高望重的女領導，以穩定人心。」

　　「我不談政治，以免惹是生非。」

　　「是、是，那就談談一個女人怎麼駕馭夫婿，好嗎？」

　　「這也是大問題，我可能不能盡如妳意。」

　　柳艷取出麥克風。

　　燈光師打妥燈光。

　　訪問開始了。

　　大姐滔滔不絕地說著：「歷史上有幾種例子，可以拿來談談，如『痴情型』像孟姜女」，她丈夫萬杞梁被抓去築萬里長城，多年不見歸來，她萬里尋夫，哭倒長城，對不起，目前正在破四舊，我卻標榜舊歷史，這樣吧，我說完，妳們電視台覺得不合需求，可以剪掉。

　　柳艷點點頭。

　　「請繼續說。」

　　「一首孟姜女唱的歌，妳們還記得嗎？她哭著唱著：『五月裡來是端陽，蚊子咬人痛心腸，蚊子要咬奴

家血，別咬吾夫萬杞梁』多感人，這是『痴情形』萬杞
梁聽了怎麼不感動？」

柳艷點點頭，表示贊同。

「還有一種是林黛玉『嬌柔做態型』動不動就嘴一
撇，雙淚直流，大男人最疼弱者，又最喜歡撒嬌，於是
這個男人，就被她套牢了。」

「還有呢？」

「還有就是『綿裡藏針型』這種女人自知長得不好
看，難於與其他美女抗衡，只是對丈夫體貼入微，像母
親照顧兒子那樣照顧他，就是丈夫有了心上人，也不動
聲色，攏絡認乾女兒，時時察言觀色，防範於未然。有
人說：男人喜歡兩種女人，一是『母親型』、一是『女
兒型』對不對啊？我胡說八道，請多指教。」

「冒昧請問，領導是屬於哪一類型？」

「妳是叫我對號入座？我告訴妳，三種典型，我都
配不上，如果一定要歸類，應該是『窩囊型』吧，哈哈！」

「謝謝領導。」柳艷衷心感謝。

眾人鼓掌。

這時總理周恩來，一臉笑容走入。

「屋內好熱鬧。」總理笑著說。

眾人迎了上去，七嘴八舌叫著總理。

總理認出柳艷。

「柳艷！好久不見了，今天怎麼訪問大姐，我都不
知道。」

「也是臨時奉命差遣，我今天訪問的主題是『女人
如何駕馭丈夫，剛才領導入木三分加以分析，非常精
彩。』」

「大姐！柳艷的口才，妳今天領教了吧。」

「以前我光知道她長得出色，想不到她口齒伶俐，不愧是名記者。」

「謝謝！我臉都紅了。這樣吧，既然總理巧合回來，我也想請指教，男人如何選妻？與剛才領導所分析的做一平衡。」

「這個嘛，問妳父親柳教授吧！」總理一推二六五。

「不！總理學貫中西，而且是一言九鼎，說出的話，一定令人信服。」

「這不是打鴨子上架嗎，我考慮一下好不好？」總理以手支額，忖度少頃才說：「男大當婚，女大當嫁，是天經地義的事，男人選妻，是影響一生的關鍵，所以需要慎重考慮不可，不過一般的說法是：『美婦娛目，供短暫時間之玩好；良婦娛心，作終身之良侶。對不對啊？供參考，哈哈！』」

「謝謝總理！真知灼見，萬分感謝。」

眾人鼓掌叫好。

「怎麼樣？我們柳艷比你幾個乾女兒，如何？」

「當然有過之，而無不及，我說個笑話，1955年，柳艷第一次隨我訪問印度，亞洲會議，她面貌姣好，英文流利，在會談成功後酒會時，印度總理問我，她是不是我女兒？當時我開玩笑說，是我乾女兒，大家都很羨慕我，有這麼一位出色的乾女兒。柳艷！當時是一句玩笑話，請不要介意。」

「柳艷！還不快跪下磕頭認乾爹乾媽！」原來是王維傑大聲叫著，他是因得知柳艷要訪問周夫人，怕她告密才急著趕來，一直站在一旁。

這時柳艷才知道王維傑在一旁監視，她也乖巧，連忙跪下磕了一個頭。

「乾爹！乾媽！女兒有禮了。」

弄得總理夫人措手不及。

總理笑著手指王維傑。

「你這個王維傑主任啊…」

「怎麼辦？我不太像有的領導夫人常戴首飾，我得送個見面禮。」周夫人急得搓手。

總理望了夫人一眼，笑著說：

「妳身上披了這條圍巾，怎麼樣？」

「對、對。」大姐立即領悟：「我說明一下，有一次總理出國訪問，在外國買了兩條這種圍巾，一條送給江青同志，一條送給我，質料不錯，平常我也不常用，看去像新的一樣，順手人情，柳艷！來，我替妳圍上。」

「不！這麼珍貴的禮物，我不敢領受。」柳艷推辭。

「說過的話，怎麼能收回？接受吧！妳接受了，才是我們的乾女兒。」

大姐將圍巾圍在柳艷脖子上，然後退後一步定定看著她：「是不是？柳艷圍了這條圍巾，才是相得益彰。」

柳艷感動落淚，投入了大姐懷抱。

「乾媽！謝謝了。」

「嗯，今天是好日子，國務會議開得順利，回家來又添了一個乾女兒，可喜可賀，今天我們好好的慶祝一下，誰也不准離開。」

「總理！我，我恐怕…」王維傑囁嚅著。

「對了，江青同志好像正在找你，你和她連絡一下。」

王維傑趁機而退，她走到柳艷身旁輕聲說：

「恭喜！」他離去了，步伐輕快，他遐想著，如果有一天能得到柳艷，水漲船高，前程不是更加遠大了嗎？

柳艷也在思索：『讓你親眼目睹也好，諒你再也不

敢欺負我了。』

三十八、

　　柳艷歸告父母公婆，兩對老人也感榮幸，均認為今後對柳艷前程，更有所助益。

　　從此柳艷一邊教導兒子功課，一邊努力工作，從不懈怠，為人更圓融周到，贏得一致好評。

　　有一天，柳艷獲得王維傑貪贓枉法資訊，正待舉發，忽然北京發生驚天動地的大事，這時是 1971 年，九月十三日。

　　林彪反毛澤東事敗，欲乘飛機逃向蘇聯，在外蒙古境內墜機，機毀人亡，而檢舉第一訊息的，正是王維傑，他又立了大功。

　　依據事後傳說，中共『超級審判』紀載簡略摘錄如下：

　　林彪是國共內戰、及抗美援朝，戰無不勝的名將，得到毛澤東賞識，次第升遷至十大元帥之一，他對毛主席馬屁十足，常一手持『毛語錄』，一邊喊著『毛主席萬歲』，毛主席就被他迷惑，升任他為副主席，又兼軍委會主席重任，大權在握，更有進者，與毛夫人江青密謀，在共產黨黨章明定為毛接班人。可是毛還健在，而林彪因戰傷，得了『怕風、怕光』怪病，他怕自己比毛先去見馬克斯，不能君臨天下，在老婆葉群、兒子林立果及其死黨密謀暗殺毛主席。

　　毛主席為了安全，怕乘飛機，出巡必坐專列火車，於是他們想毛在湖南、杭州等地，炸火車，結束毛生命，但是一次兩次均錯過機遇，未能得手，後來又想毛主席

離開北京城在一偏遠地方,用飛彈轟炸,不料消息外洩。

林彪感覺事態嚴重,不及換衣就率妻子葉群、兒子林立果及隨員逃命,離開官邸曾與前來圍捕的部隊槍戰,衝出崗哨,到了西郊機場,調了『三叉戟』飛機逃亡。

在飛機上,林彪曾發電報給蔣經國,擬投奔台灣,台灣方面不知真假,未予回訊,才臨時決定投向蘇聯,不料在外蒙上空墜機,機毀人亡。

後來檢視飛機殘骸,有槍戰子彈孔,可能艙內發生槍戰。

也有傳說是被中共飛彈擊中墜落。

林彪之女林豆豆一向與後母不睦,對父亦不諒解,看事態嚴重,未一同逃亡,立即密報王維傑,才使王維傑立了頭功。

杭州市城區,有一林彪基地,地洞坑道四通八達,可見他叛變異心已久,事後,開放讓人參觀,洞口有一戰車,讓人拍照,也有傳說其實林彪已在北戴河被秘密處決,故意製造墜機事件蒙混外人。

『語錄不離手,

萬歲不離口。

當面說好話,

背後下毒手。』

這是九、一三政變,對叛徒林彪行徑總結了四句話。

毛主席聽說林彪外逃,心情複雜地說:「天要下雨,娘要嫁人,由他去吧!」表示老人無奈。

當時的外交部長姬鵬飛,接到駐蒙古大使館關於林彪機毀人亡的電報時,高興異常馬上拿出茅臺酒,與副部長對乾,並即席賦詩一首:

『月黑雁飛高，

林賊夜遁逃，

不用輕騎逐，

大火自焚燒。』

台北呢？楊四海與楊世磊父子看了新聞後的對話：

「倘是林彪真的投奔台灣，結果局勢如何？」父問。

「林彪是黃埔四期畢業，本來是蔣公學生，蔣林結合，內應外合，反攻復國有望。」子答。

「哈哈…」兩個痴人說夢話。

這時只有總理周恩來，一個頭兩個大，主犯逃亡了，他的死黨一批政要，也必然要立即處理。

而柳艷呢？本當要舉發王維傑貪贓枉法，想不到他立了頭功，時機不對，只有等待機會，只有彈鋼琴洩悶。

　　　　　　※　　　　　　※　　　　　　※

大陸上故然驚天動地，台灣也發生重大事件──中華民國退出聯合國。聯合國的創立及性質，順便介紹一下：

第二次世界大戰，分『同盟國』與『軸心國』。『同盟國』成員是中國、美國、英國、法國及蘇聯。『軸心國』成員為德國、日本、義大利。

1945 年，中國已對日艱苦抗戰八年，『軸心國』德國、義大利已被『同盟國』佔領投降，只有日本還在頑強抵抗，美國為了『珍珠港』事件，報復日本，在日本廣島、長崎投了原子彈，死傷數百萬人民，日本才無條件投降，結束第二次世界大戰。

『同盟國』勝利了，論功行賞，中國功勞不小，廢除一切不平等條約，台灣回歸中國，中國變成世界五強，與其他四國平起平坐，乃由中、美、英、法、蘇聯發起創立聯合國，並分別擔任『安理會』常任理事國，世界

一切重大事務，經『安理會』通過，才能有效。

　　中共 1949 年奪了中國政權，一心想接任『安理會』理事國，但因國民黨在國際上尚有地位，不能小覷，每年提案均未能過關，他們用計，強力經援非洲小國，非洲小國不少，影響所至，看情形不能得逞，有人提議可以一大一小同時為『聯合國』會員國，台灣蔣介石見大勢已去，『安理會』名義不保，乃於 1971 年當機立斷宣佈：漢賊不兩立，中華民國退出『聯合國』，並發表文告：『莊敬自強，處變不驚，慎謀能斷』口號，明示國人。

　　中共毛澤東，事後也覺得不該成立『中華人民共和國』國名，如仍沿用『中華民國』，不早就是安理會理事國，也不早就統一了。失策、失策。

　　人生如戲，戲如人生。

　　這是政壇一貫技倆，利用戲劇作為宣導，以助政令推行。

　　台北市中國電視公司，立即決定製作一檔『母親』連續劇，相呼應。

　　這齣戲定名『母親』，是寫一個中年又面貌可人的孀寡，帶了年幼的二男二女，逃離大陸，來到台灣，投靠家業富裕的小姑，劇情感人，主題曲悅耳。

　　人人有母親，家家有母親，『母親』連續劇一播出，就轟動遐邇，感動眾生，整個劇情是描寫這個母親帶領子女，艱苦奮鬥，竟如主題曲所描素：『縱然是驚濤駭浪，縱然是風霜雪雨，有了妳母親，人人肯奮鬥，各個成大器。』

　　連楊世磊的父親楊四海，平時很少看連續劇，也每天準時收看，熱淚直流，並侷促世磊說：

　　「我們『舒又美』的內衣廣告，有沒有上『母親』連續劇？」

　　「我問過吳課長，他說廣告太多，擠不進去。」

　　「擠不進去也要擠，那個製作人駱駝子我認識，是我們江蘇同鄉，你打電話給他，我請他吃飯，請他幫忙排上去。」

　　『母』劇一炮而紅，最高領導看了也肯定，社會安定，並不因退出『聯合國』而出現移民潮，國泰民安，電視公司老闆立了大功，升官有望。

三十九、

　　說是這般說，但是一些神經過敏的人，還是催晚輩溜之大吉。

　　世磊的嬸嬸還說著大話：

　　「你們可不要誤會，我們世華並不是因為我們退出『聯合國』而去美國，是事前申請好的，再不去，時間一過，就取消了。」

　　楊世華、廖美娟，要去美國打天下了。

　　世磊在北市信義路一家音樂餐廳，為他倆餞行。

　　這家餐廳極具中國特色，臭豆腐、小籠包、燒炭火鍋受歡迎，至於音樂，不是鋼琴、小提琴，而是京胡、二胡，專門演唱港台電影插曲或小調，有一可人的中年歌手穿著墨綠長到膝蓋的旗袍，襯出她阿娜凹凸有致的身段，薄施脂粉，唇邊點了一顆美人痣，一口北京腔，清新悅耳，京調、流行歌曲一把抓，所以中老年顧客特別多。

是美娟特別指定來到這家餐廳的，美娟還去點了兩首曲子，一是『不了情』、一是『痴痴地等』。

他們選了靠窗的位置，點了主菜火鍋，和幾樣小菜，也叫了一瓶台灣啤酒，酒過三巡，『不了情』的音樂幽雅揚起。

『忘不了、忘不了，
忘不了你的錯，
忘不了你的好，
忘不了雨中的散步，
也忘不了那風雨裡的擁抱…』

「準備經營台灣口味小吃，去異地打天下，是很辛苦的，祝你們心想事成。」世磊舉杯敬酒。

「哥！我可以跟北京連絡嗎？」世華回敬。

「人都老了，人家已結婚生子，還連絡什麼？」

『忘不了、忘不了，
忘不了春已盡，
忘不了花已老，
忘不了離別的滋味，
也忘不了那相思的苦惱。』

駐唱的歌手整個感情投入，含著淚，故作愁苦之態，令人心醉。

世華坐不住了，是不是怪美娟不該點這首曲子，還是對世磊不了情？不得而知，他只點了一下頭，站起向洗手間走去。

『不了情』歌曲，歌手唱畢。

眾人熱烈捧場。

「謝謝！謝謝各位佳賓抬愛，休息幾分鐘，再唱『痴痴地等』謝謝！謝謝！」歌手退。

　　緊接京胡、二胡的琴聲揚起，他們拉的曲子是『貴妃醉酒』，聲音一高一低，等於是雙重演奏，最為愛好京戲人的樂道。

　　美娟是個多情的女孩子，她聽了『不了情』歌曲，已是淚光晶瑩，她趁世華不在眼前，索性坦白。

　　「你知道不知道，我為什麼要去美國？」

　　世磊故做微笑搖頭。

　　「我是為了你，常常念著你，所以我狠下心，去了美國，眼不見，心不煩。」

　　「美娟！妳現在是我弟妹，過去的事，讓它過去吧！忘了我吧！祝你們夫婦恩愛，事業順利。」世磊把話帶開。

　　世華歸坐。

　　美娟說是要去打個電話，匆匆離去。

　　世華對世磊心中懷有芥蒂，兩人僅舉杯飲酒，還是世磊打破沉默。

　　「都準備好了？」

　　「準備好了。」

　　「聽說那邊華僑很多，台灣小吃，你也學了一段時間，祝心想事成。」

　　「謝謝哥。」

　　「美娟還是小孩脾氣，你要多讓她、多愛她。

　　「我一直都是這樣。」

　　「那我們就放心了，世華！去國外打天下，是不容易的事，人生地疏，要任勞任怨。」

　　「是，謝謝哥！」

　　「好，我們一起乾杯，祝你們一路順風。」

　　他倆握手又乾杯。

「哥！等我在美國打下基礎，穩定後，你也去吧！」

「不！我對台灣有信心，不過我常出國，倘是去美國，我一定去看看你們。」

美娟回座，面帶笑容。

「妳給誰打電話？」世華問。

美娟手一指。

美鳳嫣然一笑走來。

「噯！世磊！你也太過份了，你邀他們餞行，為什麼不約我？」

「我以為你去台中，趕不回來。」世磊連忙解釋。

「不行！你要補！」

「好、好，我補、我補，補什麼？」

「我們跳舞去，怎麼樣？」這一招是美娟早就想好的了。

「對不起，等會我還有事，不能奉陪，美鳳！妳想吃什麼盡管點，今晚我會買單。」

「好，是你說的呀！山珍海味，全上。」

「表姐！不要為難店家了，就湊乎吃了算了。」美娟勸說。

「真掃興！」美鳳一臉不快。

次日，世磊並沒有去機場送行，他在院子裡看見一架華航飛機，飛越他家屋頂而去。

天下著毛毛雨，他站在雨中喃喃地說：

「走了，走了好！」

台灣一年四季，春、夏、秋、冬，雖然有別，但其實炎熱夏季也不到攝氏 35 度，冬天，寒流過境，寒氣逼人，也不會低於 5 度，所以一般人稱台灣氣候溫和，四季如春，若沒有颱風地震，真是可以稱是『寶島』。

　　這時台灣正值冬去春來，風和日麗，楊家花園百花叢開，尤以圍牆四周種有杜鵑花，最為醒目。

　　世磊這時穿著一件灰色上衣，外加一件淺紅色毛絨背心，拿了一把大剪子，正在修剪花木，他一邊如花匠般細心工作，一邊念著北京的柳艷。

　　雖已開春，但北京仍然是冰天雪地，春寒料峭，人們穿著厚重的棉衣，縮著脖子，在你爭我奪的情況下，過著終日心悸的生活。

　　柳艷也許例外，苦中作樂，穿著輕便的運動裝，帶了絨帽、墨鏡、手套，披了鮮紅的圍巾，正帶了兒子在滑冰場上溜冰。她倆愉悅地，純熟地一圈一圈滑著，阿娜多姿的身材，加上紅色圍巾隨風飄揚，萬眾矚目。

　　柳艷的兒子，比小燕大一歲，定然長得眉清目秀，據說拉的一手小提琴，不輸於自己的女兒小燕的鋼琴。

　　小燕正在客廳一角，練著鋼琴，貝多芬的『鋼琴奏鳴曲』，優雅的音律飄向室外，使他怔住。

　　因近日茶葉生意繁忙，疏於督導女兒練琴，僅囑美鳳從旁照顧，不料女兒倒能刻苦自勵，每日苦練，成績斐然，不禁汗顏。

　　他是小提琴高手，一時興起，兩手作拉小提琴狀，隨鋼琴音律時快時慢，且至曲聲終了，他才欣然一笑。

　　這時美鳳拍著手進來。

　　『好一首父女連手合奏。』

　　「笑話了。」

　　「你覺得小燕彈得怎麼樣？」

　　「很意外！是妳的功勞。」

　　「我把她當自己孩子看，可是你…」

　　「美鳳！人非草木…」

「孰能無情，老套。」美鳳緊接著答腔。

世磊微笑兩手一攤，無奈狀。

「我正要跟你談談，小燕參加國小鋼琴比賽事。」

「你看以目前她的水準，有資格參賽嗎？」

「老師和我提過，可以一試。」

「那你以為呢？」

「剛才你不是也聽到了，她進步很快。」

「好吧！那就麻煩你替她報名參賽吧。」

「我啊，公司是你助理，家裡也算是秘書，我前輩子欠你的。」

「我會記在心上，我不是一個忘恩負義的人。」

「那是你對遠在天邊的柳艷，我是老幾？」美鳳說著。

世磊不專心修剪花木，一刀下去，碰到左手，立即見血，他連忙將手指放在嘴裡，吮吸著。

「又想到柳艷了吧？！報應！」

美鳳笑著入內。

世磊愣住。

小燕如願參加鋼琴比賽了。

祖父楊四海商務事忙，祖母也因幼稚園蔣夫人來視察，不克到現場，只有世磊和美鳳在現場聆聽。

一曲終了，獲熱烈掌聲。

評審老師宣佈，楊小燕獲國小組第二名，小燕感動落淚，在領獎時，她發現外公、外婆也在後座，不禁大聲叫了起來：「外公！外婆！您們也來了。」

小燕跑向他們抱著外婆，老少三人驚喜而泣。

世磊這才發現，也過來邀兩老一起慶功。

　　　　　※　　　　　※　　　　　※

　　北京牟小磊也在賓客面前拉小提琴，頗有名家之風，一曲終了，也獲熱烈掌聲，有位嘉賓還當眾讚揚：

　　「不錯、不錯，不可多得之才，將來應出國深造。」

　　柳艷內心甚為欣慰，她走到窗前，望著天際，喃喃輕語：「世磊！究竟是你的骨肉，沒有使我失望。」

　　總理周恩來夫人得知牟小磊小提琴拉得不錯，另方面也想念乾女兒柳艷，特別約見，碰巧那天周的侄孫女周妮芬也在，她的鋼琴也彈得不錯。就讓他們兩個孩子，選了一首曲子，一拉一彈，他倆好似有緣，沒有練習，就能融會貫通，令柳艷大為意外，也使柳艷想到自己和世磊，當年就是這個情景，不禁臉紅耳赤。

四十、

　　1982 年，蔣總統已連任數次，因這是非常時期，國大代表及立法委員，均來之大陸，都是以他馬首是瞻，況且其子蔣經國也羽毛未豐，又無其他人選，因此一屆到期，又續連任，黨外民主人士，調侃他『余已任』，因為有位黨國元老其名叫作『于右任』也。

　　因有美軍第七艦隊協防台灣，台灣島尚稱穩定，倒也稱得上是『安居樂業』。

　　這時台北市興起『純喫茶』茶館風向，街頭巷尾多處門口掛了一個『純』字的招牌，不用問，就是為情侶所開設的茶館了。

　　大多設在二樓，場地不大，設備也簡陋，像火車上的高背卡座，面前一個小茶几，可放飲料，間間自成一個小天地，燈光暗淡，顧客來了，服務生用手電筒打光引路就坐，送來茶水後，就不再打擾，擴音器播放優雅

的音樂，年輕男女就在小小天地恣意擁抱接吻，最令人心焉嚮往。

　　楊蓉蓉和許大力，多次來過這家『純』喫茶，一就座，不是卿卿我我，就是輕言細語，但是今天情況有別，就座後，許大力想擁抱蓉蓉，蓉蓉側身抗拒。

　　「妳怎麼啦？」許大力發問。

　　「問你自己。」

　　「我又怎麼啦？我們在一起大半天，我沒有瞄過別的女人一眼，妳有什麼事生氣？」

　　「不要故意裝糊塗！」蓉蓉聲音大了點。

　　「輕點、輕點。」許大力壓低聲音勸說。

　　「我問你，你究竟出不出去留學？」

　　「我當然想。可是我們家，沒有這個力量。」

　　「你不出去，我也不出去。」

　　「那怎麼行？妳考『托福』都過關了，出國手續也正在辦，妳父母是不會同意的。」

　　「哦，我明白了，時下年輕人有句名言『兵變』，是男方服役，女方不耐寂寞而變心，你是一動不如一靜，等我出國，你也來個『靜變』是不是？」

　　「小姐！我真佩服妳想像力豐富。」

　　「算了，話不投機半句多。」

　　楊家千金小姐，拿了提袋，準備離去。

　　「蓉蓉！別、別，妳聽我說…」

　　許大力拉也拉不住，只好讓她拂袖而去。

　　楊蓉蓉回家，茶不思、飯不想，整晚反鎖了門，足不出臥房。母親敲門叫她，她叫母親不要管；父親敲門，她也來個相應不理，父親有點生氣了，可是這個寶貝女兒，大學前五名畢業，又考上留學『托福』掌上明珠，

捨不得罵她，只好叫世磊問清楚，究竟什麼事令她整日關在房內足不出戶？

世磊與妹妹向來感情很好，世磊敲門，蓉蓉才吐露實情，世磊連忙稟報父親。

楊四海不禁啞然失笑，他年輕的時候，也經過愛情這一關，當然心知肚明，

可是這小子何以有此魅力？能使一向眼睛長在額頭上的女兒臣服，不能不使他訝異，他要和許大力深刻談一談。

許大力面露微笑，正襟危坐坐在客廳沙發上。

楊四海坐在他對面，定定看了他一會，才開始說話：

「嗯，你長得不錯，眉清目秀，面目堂堂，是個美男子，我們雖然是鄰居，也很少見面，你小時候我還有印象，常揹了一袋米來我家，伶俐乖巧，也很懂禮貌，想不到一晃十多年過去了，你長大了，一表人才，難怪我女兒對你情有所鍾。」

許大力面紅耳赤，手足無措。

「你大學畢業了？」

許大力點頭。

「畢業成績還可以吧？」

「慚愧，第二名。」

「那不錯，比蓉蓉好一點，她得全班第五名。」

許大力苦笑了一下。

「有參加同學活動嗎？」

「有，同學聯誼會，會長，當選兩屆，我也喜歡辯論，曾參加兩次辯論會，一次亞軍，一次有幸得到冠軍。」

「好，我告訴你，我已正式抵補立法委員，今後我需要這方面人才。」楊四海內心極為欣慰。

許大力笑笑，沒有答腔。

「準備出國留學深造嗎？」

「這…」許大力羞於啟齒。

「沒有關係，你盡管說。」

「伯父！你知道，我爸去世得早，我媽開個小雜貨店，養育我也不容易，我上大學的學費，還是伯父大力支持，不然…」他說不下去了。

楊四海右手一擋，不讓他再說下去。

「我現在誠意地問你，也希望你坦白回答，好嗎？」

許大力點點頭，手心冒汗。

「除了蓉蓉，你有沒有其他比較要好的女朋友？」

「沒有！」許大力堅定的說。

「你和蓉蓉已相處多年，你對她有什麼看法？」

「我和她很投緣，是我夢寐以求的對象，我私下已許下心願，這一輩子非她莫娶。」

「如果別的年青美女也爭取你呢？」

「伯父！我和蓉蓉青梅竹馬，一塊長大，一塊求學，感情穩固，就是天仙美女，我也不會看上她，我也不會變心，我在伯父面前，對天發誓，非蓉蓉莫娶！」

楊四海高興地站起來：「哈哈！好小子，你中選了，留學費用我全部負責，你母親，我也代為照顧。」

許大力極為感動，傻呼呼站在那邊。

站在一旁的世磊也很高興，促說：

「大力！你還不感謝我爸？！」

大力這才熱淚盈眶，哽咽地跪了下去。

「謝謝！」

楊四海拉他站起。

「快去考『托福』，我等你好消息。」

這時世磊的母親才拉了蓉蓉欸欸下樓。

蓉蓉與許大力對望一眼，就走到父親面前，跪了下去。

「爸！謝謝您！」

「好了、好了，撥去烏雲見青天。」他拉了女兒起來，又對許大力嚴正地說：

「小子！我把女兒交給你了，你要好好愛護她，希望你出國留學，學成歸來，為苦難的祖國盡一份力。」

「謝謝！」許大力過去拉了蓉蓉的手。

蓉蓉害羞低頭。

「你們去玩吧,回來吃晚飯,也請你母親一起過來。」世磊的母親叮嚀著。

「還有，我想等你服完兵役、考完『托福』，選定美國學校，出國前訂婚。怎麼樣？」父親又加了一句。

「遵命！」許大力心花怒放，調皮地立正行軍禮。

蓉蓉羞紅了臉，快步跑出大門。

世磊一直站在一邊，看妹妹婚事已定，也很喜悅。

「笨蛋！你還不快追？！」

許大力這才匆忙向楊父、楊母行了鞠躬禮，快步跑去。

楊父心頭的石頭這才落下，滿心欣慰。

　　　　　　※　　　　　　※　　　　　　※

很快兩年過去了，許大力服完預官役，蓉蓉已趕辦一切留學手續，兩小也完成訂婚，這日楊父為許大力、蓉蓉餞行，勉以學業為重，期望學成歸國，況且世華、美娟在美國，定能從旁照料。

次日，他們送蓉蓉、許大力，到桃園中正機場。

不料美娟却挺了個大肚子回來了。

四十一、

　　美娟大肚子回國，這與常理不合，一般人都是懷了孕去美國生產，孩子成了美國籍，而美娟卻回來了，面對乾爹、乾媽至為尷尬。

　　「乾爹、乾媽！您們一定不諒解我，到了一個人生地不熟的美國，台灣口味的小吃店是開起來了，世華上班照顧店，我一個人在家裡煩死了，又沒有朋友聊天，再待下去，準會發瘋。」

　　「我理解、我理解，什麼時候來家吃頓飯，再聊，好，我先走了。」世磊母親打過招呼，就和世磊父親先搭車離去。

　　美娟趁世磊送父母上車時，她拉著美鳳的手，關心耳語：

　　「怎麼樣？妳跟他有進展嗎？」

　　美鳳搖搖頭：

　　「原地踏步。」

　　「守株待兔吧！總有一天，他會忘了柳艷。」

　　「哈！」美鳳冷笑了一下，想捶美娟一拳，看她一身臃腫又止。

　　「幾個月了？」

　　「預產期這個月底。」

　　「這個時候回來，恐怕很多人不諒解！」美鳳說。

　　果真美娟回台中看父母，父母也大吃一驚，怪女兒太孩子氣。見女兒懷孕挺了大肚子也驚喜，沒時間多責備她，只是叮囑好好待產，免生意外。

　　這時世華也從美國趕回來，知美娟已回娘家，也趕

到台中岳家。

原來是夫婦小事吵架，美娟一氣之下，就回台北，父母當然相勸，還是趁未產前，趕回美國。

美娟氣還沒有消，見了世華，又起口角，忽然感到腹痛，廖布袋連忙就近送美娟到醫產安胎。

世華的母親也責怪兒子，未能善盡丈夫責任，應即刻辦理出國手續，返美待產。

美娟被丈夫和婆婆押到中正機場。

當世磊美鳳趕到，僅見一面，世華和美娟就通關進入機場內了。

台灣的天氣，已是春末夏初了，冬春的衣服可以換下來了，其實台灣這個小島的氣溫，並非依季節而定，就是冬季，陽光普照，也炎熱如夏，若遇上大陸寒流來襲，也是春寒料峭，加衣添褲，可是這幾天日日濛濛細雨，沒完沒了，令人心煩。

近日楊四海常愁眉不展，友朋來訪，也低聲交談。面露憂色，搖頭嘆息。

世磊的母親看在眼裡，問他有什麼事悶在心裡。

他猶豫半天才說：

「這是天大的秘密，不能說出去。」

「究竟什麼事呢？」世磊的母親打破砂鍋問到底。

「官邸有個朋友告訴我，總統他老人家，最近病情嚴重，數次進出榮民總醫院。」

世磊的母親一聽，也心情沉重。

「難怪最近蔣夫人也很少來幼稚園。」

這些忠貞的人士，是為國家前途堪慮。

偏偏不爭氣的世磊叔叔自立門戶，開了一家店，惡性倒閉，潛逃無蹤，債主找上門來，氣得楊四海得心肌

梗塞症，暈了過去，幸好搶救及時，已無大礙，目前在家靜養。

　　表弟徐有信，是反共義士（韓戰投奔自由），已自軍中退役，在眷村開了一家雜貨店，得悉表哥患病，趕來探視。

　　一談知道是世磊叔叔惹的禍，氣得跳腳。

　　「表哥！這個人是個王八蛋，今後，你不必再理他了。」

　　「他是我胞弟，又是我帶他到台灣來的，我沒有辦法不理他啊！唉！」楊四海深深嘆了一口氣。

　　「下次我見到他，一定得扁得他跪地求饒，出出我心中的氣。」

　　「這是小事一件，還有頂大的事，讓我心煩。」

　　「表哥！不要吞吞吐吐，什麼事啊？」

　　楊四海在他耳邊輕聲說：

　　「總統他老人家，病情很嚴重。」

　　「什麼？這可不得了！」徐有信是一根腸子通到底的男子漢，大聲嚷著：

　　「他老人家公開說的，要帶我們打回大陸，什麼一年準備、二年反攻、三年掃蕩，四年成功。他可不能……」

　　楊四海急了，連忙用右手搗徐有信的嘴。

　　「別張揚，一般人還不知道。」

　　「對不起！對不起！我這個人一向大嗓門，人家笑我是張飛，其實我忠黨愛國，私毫不假，旁邊有沒有人？」他自己搗嘴，四下張望。

　　只有世磊站在一旁，並無其他人士，他這才放下心。

　　接著徐有信又用手掩著嘴，輕言細語，和表哥表侄談著政局：

　　△蔣中正總統已連任四次，由經濟大師原行政院長嚴家淦當選副總統，當時很多人質疑…蔣和嚴一生無淵源，既不是黃埔出身，又非黨國元老，何以提攜嚴從一個省府財政局長提升為副總統，令人費解，蔣總統公開說明：「經濟這一塊他是弱者，用嚴是為補他之不足，有互補作用。」可見他睿智慧見，令人折服。

　　△蔣經國原行政院副院長，也順水推舟成為行政院長。

　　他提出五年內完成台省『十大建設計劃』。

　　「看政局尚稱穩定，倘是他老人家有個……」

　　他們談不下去了，面露憂色。

　　「好了、好了，民以食為天，吃飯吧。」世磊母親從廚房端了一道菜擺在餐桌上。

　　這時是 1975 年（民國 64 年）四月五日的清明節，表弟難得來，菜餚是豐盛的，遙祭了大陸祖先，但大家都無胃口，徐有信才學會打麻將，嚷著可否雀戰自娛解悶。

　　談起麻將，是中國國粹，上海麻將、杭州麻將最為江南人士喜愛。

　　上海麻將打十三張，花樣最多，清一色、一條龍、雙龍抱珠、大三元等，有二十幾種，難怪有人說上海人聰明，玩起來最為愜意。

　　杭州麻將也是十三張，沒有上海麻將名目繁多，但杭州麻將設有『財神』牌、投骰子多少點而定『財神』，運氣好時，一副牌連抓了三張『財神』，那就穩贏不輸了，所以有人說，竟如杭州女人一樣靈秀而乖巧。

　　但是楊四海有病在身，世磊的母親也得照顧丈夫，無暇參與，世磊對此道，也僅一知半解。

　　只好找來鄰居，玩起台灣麻將『跌倒胡』，一人放炮、一人付錢其他三人免付，簡單明瞭。

　　徐有信因剛學會台灣麻將，興趣盎然，身旁擺了一瓶白乾，喝酒提神，還輕輕哼著小時逛『夫子廟』學來的江南小調，什麼國家大事，什麼世磊叔叔不入流的事，全拋到九霄雲外，而他手氣不錯，摸了一幅大牌，已定牌，只要一圈過來，人家不胡，他可能自摸。

　　不幸他上家小牌胡了，他試著摸了輪到他那張牌，偏偏是他定的牌，他氣得一拳擊在牌桌上，牌桌上豎著的牌統通倒下。

　　徐有信大聲叫著：「表哥！表嫂！你們快來看，我這幅牌是台灣麻將最大的牌，最稀奇的牌，一生難得碰到，不是上家胡了，我還自摸，氣死我了，氣死我了。」

　　世磊的母親應聲也扶了楊四海，看了牌，也覺得可惜，可是人家已經胡了，怪運氣也是多餘，只有安慰他幾句：

　　「算了、算了，你能摸到稀奇的這幅牌，雖然沒有胡，也算是難能可貴，胡了頂多高興幾天，沒胡一生難忘。」

　　「可是我不服，我不服！」

　　徐有信是張飛個姓，他正想掀翻牌桌出氣。

　　「表叔！別、別！」世磊連忙壓住桌。

　　正在這時，忽然一個閃電，一個焦雷，好似打在園子裡，令眾人心驚膽慄。緊接著風雨大作，電燈時滅時亮，十級狂風把園子裡的椰子樹吹倒了，驟雨傾盆，眾人連忙幫忙關窗戶，霹靂雷聲不斷，個個目瞪口呆。

　　這不是颱風季節，為何有十級狂風？台省氣象局也沒有特大暴雨預告，怎麼突然而至？狂風暴雨經過半個

小時後，才漸漸平息。

　　『怪事天天有，沒有今天多』徐有信喝了一口酒，發著牢騷。

　　大家沒有心情再雀戰了，正當兩位老兵鄰居要離去時，客廳的電話鈴聲響了起來。

　　世磊搶著接聽：

　　「爸！林委員電話，語氣很著急。」

　　楊四海好像預知有什麼大事件發生，不然林委員不會深更半夜來緊急電話。由世磊母親扶他到電話機旁，接聽電話。

　　「喂！什、什麼？…」他嘴唇顫抖，再也說不下去了，他呆呆站在那邊，聽筒滑到地上。

　　世磊和母親連忙趨前扶住他。

　　「爸！什麼事？」

　　「總統他，他老人家仙逝了！」

　　又是一聲巨雷，驚天動地。

　　楊四海雙手掩臉嚎啕大哭，跪了下去：「啊…」

　　徐有信沒有聽清楚，問世磊：

　　「什麼事？」

　　「總統他老人家崩逝了！」

　　眾人這才弄明白是發生天大的事。

　　徐有信立即捶胸頓足，跪了下去，大聲嚷著：

　　「總統啊！您老人家不能走啊！您說過要領我們反攻大陸，收復失地，您走了，我們怎麼辦？我們怎麼辦？不是真的！不是真的！我要去士林官邸查證！問個清楚。」

　　徐有信一邊吼著，一邊拿了夾克準備出門。

　　世磊一把抓住他。

「這麼重大的事，林委員會造謠？」

「那、那怎麼辦？怎麼辦？總統啊！您老人家不能走啊！」

徐有信復又跪下，彷彿末日到來，捶著胸脯，淚如噴泉嚷著吼著。

世磊母親雙手合十，一臉淚水跪下默禱。

世磊也跟著跪下。

兩個老兵也流著淚跪下對天磕頭

楊四海神傷過度倒了下去。

「爸！爸！」世磊連忙抱住他。

「四海！四海！你怎麼啦？」世磊母親用手指壓他的人中。

「中風了！快送醫院，快！」世磊的母親慌張叫著。

幸好搶救及時，楊四海被送到醫院急救，恢復神智，尚無大碍。

次日，全台所有日報，為了報導這宗重大消息，延時出報，報導蔣總統逝世，享年八十九歲，全國軍民驚震不捨。

※　　　　※　　　　※

北京也知道了，國務院總理周恩來召集緊急會議，研究應因之道。

柳艷的公公也奉命去開會，柳艷的兒子小磊問母親發生什麼大事？

「台灣的蔣總統死了。」

「他是個大毒草…」小不點隨口說著。

柳艷瞪他一眼，又不便說什麼。

柳艷去娘家，關了門，父女談蔣事。

柳一鳴是大學著名教授，他評釋說：

「蔣介石對日本八年抗戰。是有功勞的，尤其與美國總統羅斯福，英國首相邱吉爾開羅會議，廢除不平等條約，台灣回歸中國，使中國地位回升到世界五強之一，功不可沒。可惜後來時也命也，投機取巧的蘇聯到最後眼看日本帝國將要投降，才參加同盟國對日作戰，在東北鹵獲數百萬日軍武器，全部轉贈給解放軍，國民黨在日本投降後裁軍，使數百萬軍人轉投共黨，再加對日抗戰八年，人們厭戰，至剿共功敗垂成，一敗塗地。」

「父親對蔣介石的評價，還是不錯的。」

「我剛才說了，時也命也，先人也說過：『福時禍所襲，禍時福所依』，抗戰勝利了，政府未能妥善規劃，接收大員貪汙腐化，使全國人們失望，共黨趁機坐大，山河變色。」

「父親精闢見解，令人佩服。」

「我們談話，不必傳出去，以免滋生事端。」

「女兒了解。」

　　　　※　　　　　※　　　　　※

台北楊四海撿回一條命，在醫院靜養，林委員老態龍鍾扶了拐杖，來探望他：

「你對總統感情很深！」

「我是南京人，我父親在北伐時，是他老人家部屬，常有來往，他曾摸過我的頭，後來長大，蒙他老人家多方照顧這份感情，我臉上貼金，猶如父子，所以我聽到你告訴我這個不幸消息，我怎麼受得了。」

「不錯、不錯，那趕快康復，幫蔣經國院長，推行十大建設。」

他倆是立法院老同事，又是老朋友，無話不談。

「我還告訴你一個消息。」

「不要又使我暈倒。」

「不會。」

「那就開尊口。」

「我有個親戚前天深夜狂風暴雨時，從香港搭乘華航回台北，飛機經過台灣海峽，飛得很低，他發現有幾萬隻海龜搭了一座長長的橋，護送總統回大陸。」

「真的？！那可壯觀。」

「那可不，他老人家戴了禮帽，披了黑色披風，海風把他的披風飄揚起，悠然自得。」

「這個畫面像電影一樣，好！」楊四海愉快地說。

「我小的時候，就聽說蔣介石是烏龜精。」世磊的母親插上一句。

「我也聽說過。在他老人家晚年跪在地上坐禮拜，從他背後看去光頭六角，像是龜殼。」楊四海也穿鑿附會。

「偉人都是什麼精變的。」林委員說。

「那毛澤東又是什麼精變的呢？」世磊的母親隨便問了一句。

「也有人說他是白蟒精變的，不容易啊！一個北大圖書館管理員，最後成為偉人，不是什麼精，能有此能耐偉業？」

台中廖布袋也在客廳設靈堂，哭倒於地，本來想把得獎的『西施舌』茶葉呈獻給蔣總統，現在只好泡了獻上，表示敬意，而且還要偕家人去國父紀念館，瞻仰蔣公遺容。

一連數天，國父紀念館瞻仰蔣公的人民，環繞大排長龍，初估數十萬人以上，國外媒體認係不可思議的事，這才了解國人對他老人家感念之深。

楊四海家，廖布袋家相約排入其中，楊四海遠遠看了遺容，悲哀過度，又差點當場暈倒，幸好世磊和母親及時扶住。

只有大公子蔣經國穿著黑色長袍，面目憂戚在靈旁答禮。

沒有二公子蔣緯國身影，令人質疑。

（早就傳說：蔣緯國並非蔣介石骨肉，是年輕時與好友戴傳賢留學日本，戴與日本女子所生，因戴已婚有妻，乃懇託蔣收為義子育養。）

蔣公遺靈轉厝桃園縣大溪鄉『慈湖』，此地地勢風景極似蔣公老家浙江奉化溪口，遺靈經過台北縣、桃園縣，一路百萬民眾又跪拜相送，更使外國人士側目。

國不能一日無主，經過國民黨大老及憲政體系，副總統嚴家淦出任總統，而行政院長蔣經國職責更大了。

四十二、

台灣這幾年由於退出聯合國，中美斷交、及蔣總統逝世，衝擊不能說不大。

然而大陸北京呢？有喜有憂，也是翻天覆地大變動。

喜事：

一、經過美國外交能人季辛吉調停，1972 年（民國61 年）美國總統尼克森破冰訪問中國大陸。

二、1973 年美國捨棄台灣中華民國與中國大陸建立外交關係。

三、1975 年美國總統福特訪問大陸，鞏固邦交。

憂事：

一、文化大革命方興未艾，國家主席劉少奇被毛派

鬥倒，關在秦誠監獄，自殺身亡。

　　二、總理周恩來患了膀胱癌絕症，力疾從公，於1976年逝世，享壽七十八歲，這個十億人民的管家婆驟逝，也是全國軍民震驚不捨，其情景不下於台灣的蔣介石。其患病情形，容後再詳述。

　　國際是現實的，美國發表白皮書，國民黨在中國大陸失利，一切責任推在蔣介石身上，落井下石。

　　而台灣在處處不利情況下，全民爭氣，蔣經國院長領導推行十大建設，不因蔣公過世而受影響，全台灣人民含哀奮勵，十大建設次等完成，以告慰蔣公在天之靈。

　　關於大陸北京周恩來病情，因柳艷是他乾女兒，常去走動，又與周的衛士長何謙、保健護士鄭淑雲熟稔，多方了解歸納，所以她和父母的秘談，資料是可以採信的。

　　「他的病情一定有遠因？」父親問說。

　　「不錯，第二號人物林彪叛逃，這對毛主席周總理是一個極大的打擊。」

　　「聽說毛主席幾天沒睡好覺？」母親加入談話。

　　「毛主席內心很氣，大量吸菸，大量服安眠藥，本來久病未癒的毛主席『雪上加霜』，在美國總統尼克森破冰訪華前夕，突然休克，用大量抗生素，才救回他一條命。

　　這樣一來，總理的責任更大了，接待貴賓，簽定『中美聯合公報』凡事一肩挑。」

　　「這件事，我也聽說過『中央文革』一幫人，本來對周總理就不滿，現在知道這個公報事先未經毛主席批閱，無事生非，在中南海批了周總理十二天，說他是『李鴻章』『賣國主義』。」柳一鳴消息靈通。

　　「鄭淑雲告訴我，那段時間，周總理心情很不好，神情鬱悶，落落寡歡，但以他一貫的精神和作風，從不肯發洩一點怨懟或牢騷，什麼事都忍著，而這種無聲的消化，是容易致癌的『黃曲霉症』。」

　　「他究竟得得是什麼病？」母親問說。

　　「膀胱癌，1972 年因小便有血，檢查出來的。」

　　「好像毛主席不大關心？」母親又追問了一句。

　　「不，一般人誤會了，其實毛主席得悉周患了癌症後，曾勸周安心養病，『節勞，不可大意。』並提議鄧小平復出，擔任國務院第一副總理，減少周總理繁務，又提升鄧為黨的副主席，軍委員副主席兼總參謀長。」

　　「這下三點水不滿意了。」

　　「什麼三點水？」柳艷不解。

　　「江青啊！我們私底下，都這麼稱呼她。」

　　柳艷笑笑，感覺老一輩的長者有意思。

　　「這樣一來，『走資派』將得勢，這對江青一幫人不利，鄧小平二貶二起，是毛主席欽定，無人能推翻，他們已得悉周總理得了絕症，加重其工作，無論大小事都推他處理，甚至聽說有一次總理正在醫療，也請他去開會，總理只好乖乖應命，因為他知道江青『日正中天』得罪不起。」

　　「這個女人居心好毒。」柳艷的母親感嘆著。

　　「這時文化大革命，方興未艾，總理要救很多老同志，不得不低頭，他們的意思是（柳艷聲音放低）總理一倒，再向鄧小平開刀。」柳艷加以分析。

　　「總理病情嚴重的時候，妳有沒有去看過他？」母親問。

　　「有！總理已到彌留的時候，保健護士鄭淑雲打電

話給我，要我趕去見最後一面，這時大家只能遠遠見一見總理，個個淚如泉湧，摀嘴嗚咽，本來醫生是不讓總理看見我們的，不知為何？他突然輕輕喊了我的名字。」

「柳艷在…在嗎？」總理上氣不接下氣輕輕說著。

「眾人好驚訝，把我推向前，乾媽拉著我走近病床，呆呆淚眼看他，他已瘦得皮包骨，他的招牌兩道劍眉，聳了聳、嘴巴動了動，不知說什麼？」

「我乾媽對我說：『把耳朵湊上去。』我又走近一步，把耳朵貼近他的嘴，他斷斷續續，說了這樣一句話：『我、我已、已經收、收到馬克思的門票了。』他喉嚨突然被什麼卡住了，乾媽趕快把我拉開，而醫生也急速搶救，我呢？再也忍不住，奔到門口，掩臉痛哭。」

「艷兒！妳與總理是有緣份的，希望他老人家在天之靈保護妳。」母親一臉淚水說著。

「總理病重的時候，毛主席有沒有去看過他？我不清楚，但是『總理追悼會』是中央電視台實況轉播的，全國人民都盼望見到毛主席，向多年的戰友灑淚弔祭，可惜沒見毛主席的身影，這有點講不過去。」柳一鳴說出內心不滿。

「後來我也聽說：周對毛是一生信服，在他病危從昏迷中醒來時，曾幾次撫摸毛主席像章，照理毛是應該到的，事先聯絡，毛主席沒說參加，也沒說不參加，當時做了毛主席參加的舉動，毛走的路線，乘坐的電梯，輪椅都做了認真仔細的安全檢查。我乾媽和黨國大老都一直在等候，盼望毛主席來參加。

「追悼會時間到了，這次和中南海連絡，那邊才肯定說主席不來參加了。」

「這麼大的事，這麼幾十年生死患難的戰友，他不

來，全國軍民都非常不解和失望。」柳一鳴為周不平。

「總有什麼原因吧？」母親問了一句。

「後來才知道，毛主席是想參加的，但是這時他已不能一人獨自站立，必須兩人攙扶才能行走，怕影響形象，所以只好缺席了。」

「再怎麼說，就是坐輪椅也要到，如果用擔架抬來，更是令十億人民感動落淚。」他們沉默著，搖頭嘆息。

「總理走了，三點水更神氣了。」母親因感而發。

「不見得，鄧小平已大權在握，他個子不高，有人說：『濃縮的都是精品』他有辦法對付她。」父親堅定地說。

然而事實是一月八日周總理逝世，四月五日北京天安門廣場聚集了十萬以上群眾，他們打著馬列主義的旗號，和悼念周恩來做幌子，扯下紅星旗公開而激烈的反政府行動─散傳單呼口號，燒毀汽車，衝入公安局。為江青一夥人抓到小辮子，指鄧小平治國不力，建議毛撤銷鄧小平內外一切職務。

毛主席立即命華國鋒，為中共中央第一副主席兼國務院總理，這個年輕人，因擔任毛澤東家鄉湘潭縣委書記，大興土木修建韶山毛澤東紀念館，而因緣際會取得毛信任，遞次提拔晉升為中央第二號人物，也算祖上有德了。後來江青心腹王維傑獲得情報，帶頭鬧事的是柳艷公公牟永義的堂侄牟小紅，住在牟家，到牟家抓人搜查，與牟永義發生衝突，牟當時是省政協副主席，位階不低，本是劉少奇派，看劉失勢，打算向江青靠攏，但因淵源不深，未獲江青重用。

王與牟發生衝突時，柳艷當然維護公公，王維傑叫她與牟永義劃清界線。最後牟永義與堂侄牟小紅被捕、

牟永義被下放『五七』幹校受訓，思想改造。

柳艷呢？也被處分調職，不再擔任新聞第一線，而是派到資料處管理電視台影帶資料。

柳艷知道這個環境，只有逆來順受，往日的風光不再，只有忍，『忍』字不是心上一把刀嗎？

很意外，這日忽然接王維傑電話，相約吃飯。王維傑仍是不死心。

「主任！我已四十歲了，心如止水，饒了我吧！」柳艷推辭。

「是不是還在等台灣的楊世磊？！」

「別無聊了。」

「告訴你，楊世磊父子是戰犯，台灣解放後，將沒有好下場。」王維傑語帶威脅。

「主任！你目前是毛主席夫人面前的紅人，如日中天，要什麼女人沒有？」

「溺水三千，只取一瓢飲，我還是忘不了妳，飄香餐廳我等妳，再見！」

「我不會來，我要照顧兒子，我沒有時間，謝謝了…」柳艷正待掛電話，突然大地激烈搖動起來，這次地震不一樣，先是上下震動，再是左右搖擺，人站不穩，連忙往戶外跑，電視台留存的影視磁帶倒了一地。柳艷雙手護頭不敢乘電梯，從四樓飛快從樓梯跑到門口，人擠人，放眼一看，嚇破了膽，地鐵被封了，一片片房屋倒塌了，男女老幼擠在街上驚惶失措。

柳艷帶著焦急的心情終於跑回家，公公還在『五七』幹校改造，只見婆婆緊擁著孫子無助張望，小磊看見母親，連忙跑過來，柳艷一把抱住，淚水潸潸而下，是慶幸、是安慰，雖然廚房倒塌了，老少平安，也算有福了。

　　她想撥電話到父處，想知父親情況，電話已不通，她把小磊再塞給婆婆，請她照顧，擦了擦眼，叫了一輛車，又往娘家跑，一路多處馬路被倒塌房屋擋住，車不能通，只有步行，等到老遠見到娘家，房屋倒了一半，父母灰頭土臉站在門口，人無傷亡是大幸，母女相擁而泣。

　　「這次大地震，我還是平生第一次碰到，恐怕傷亡慘重。」柳父含淚望著老天說。

　　現代科技發達，電訊暢通，不管世界任何地方發生重大事件，全世界馬上都知道了。

　　世磊與母親看電視新聞，中國河北唐山大地震，災情慘重，他第一個反應，是關心柳艷是否安全？

　　楊父自立法院歸來，見他們看電視新聞，關心地說著：「你們已經知道唐山大地震了？八點二級強烈地震，以前聽都沒聽說過，唉！死傷一定超過數百萬，災情慘重啊！政府覺於同胞愛，將準備發動救災行動。」

　　在美國留學的世磊妹妹楊蓉蓉和許大力，也來電報，詢問台灣是否也受牽連？家人是否安全？可見人同其心、心同其理，同胞愛還是血濃於水，什麼恩怨情仇全拋到一邊了。

　　事後中共發表公告：1976年七月二十八日大地震，唐山地區一共有六十五萬五千多人喪生，七十九萬九千多人受傷，這是公報數字。光是北京地鐵埋在地鐵下的人民，也不知多少？反正『慘不忍睹』四字可以代表。

　　有位哲學家說過：『巨人將傾，必將引起天崩地裂。』這句話似乎得到印證。

　　七月二十八日唐山發生強烈地震，一個月後九月九日中共主席毛澤東也繼周恩來向馬克斯報到了，又是驚

天動地的大新聞。

毛澤東倒下了，柳一鳴夫婦擔心時局，指三點水更神氣了。

不久前，江青曾秘密託一個服裝設計師，做一件繡大紅梅花拖地旗袍，這是古時女皇武則天登基穿的龍袍樣式…而且命令只此一件，不得複製，可見江青早就有女皇夢，後來有人上書給毛主席密告，毛主席在信上批了：『孤陋寡聞、愚昧無知、惡性不改，立即攆出政治局。』

周總理為了自己一條後路，在毛主席給他信上批註了：『暫緩處理』四字。

但是現在毛已倒下，她的女皇夢又起，氣燄囂張、企圖排斥時任中央副主席華國鋒全面接班。華國鋒不服，鄧小平獲得情報，乃策劃葉劍英聯合華國鋒在同年十月，發動『宮廷政變』，把中央文革『四人幫』江青、張春橋、王洪文、姚文元四個文革首腦，逮捕公審定罪。

這件事，一般人民是蒙在鼓裡的，本來王維傑已升江青辦公室主任職，權勢更大，又約了柳艷見面，王告柳艷，如今他和華國鋒稱兄道弟，問柳艷想幹什麼？柳艷回他說，她已老，什麼事都不想幹了。

柳艷心中很煩，約好友張薇在『夢之湖』餐廳，吐吐苦水。『夢之湖』座落在一個風景秀麗的人工湖旁邊，是文友詩人聚會所在，時勢所依，有時也能聽到一些發牢騷的言語，形勢似乎比以前開放一些了。

「妳膽子不小，敢約我到這家餐廳來？！」張薇笑著說。

「怕什麼？！我不犯人、人不犯我。」柳艷微笑回答。

「讓我看看，好像瘦了點。」張薇定睛看了柳艷一眼。

「心裡煩，所以找妳聊聊。」

「好，洗耳恭聽。」

她倆坐好，要了飲料，柳艷才俯耳密告王維傑對她糾纏的事情。

張薇聆聽後，思維一下，拍著茶几說：

「嗯，好像有辦法轉移糾纏。」

「怎麼？妳有神機妙算？」

「我有個表妹，老公過世年餘，最近彷彿不耐寂寞，她長得不錯，身材也凹凸有緻，有點像妳。」

「像我？！」

「王維傑不是喜歡妳嗎？蜂腰圓臀，而且比我們年輕，不是正合王胃口嗎？」

「噯！這倒也是一個辦法，那妳快和妳表妹聯絡一下，我也打電話給王維傑約定時間見面。」

他倆就這麼約訂了，兩個都是急性子，張薇就近在餐廳話亭和表妹聯絡上，表妹一聽是當今紅人，立即答應。

柳艷也打電話給王維傑，第一次一個女人接電話，說王主任不在；第二次打過去，是一個男人接的電話：「不要再打過來了，他不會接電話的。」

「為什麼？事情忙？」柳艷不知究理。

「他忙著吃牢飯。」對方說完就掛了。

柳艷沒有聽得很清楚，彷彿有什麼事不對，正在猶豫，餐廳附近爆竹聲四起，一個男人大聲叫著：

「告訴各位好消息，江青四人幫和她的爪牙嘍囉全被捕了。」

「萬歲！萬歲！」餐廳眾男女轟然大叫起來。

街上紅衛兵敲鑼打鼓，跳妞妞舞，全民歡騰。

時局變得這麼快，一般人還不能適應。

柳艷回家拉著兒子的手，站在窗口對著藍天白雲，默然心中說著：

「世磊！世磊！大陸真的變天了，你知道嗎？」

「媽！妳怎麼哭了？」小磊望著母親說。

「媽高興，這叫著『喜極而泣』，這是成語，你懂嗎？」

小磊一知半解點了點頭。

1976 年 10 月，中共老一代領導人，在逮捕『四人幫』後，並力主鄧小平復出工作。

鄧小平三貶三起，仍恢復中央第一副主席，軍委會副主席兼總參謀長。

薑是老的辣，此後華國鋒漸漸被排擠，經過看來民主程序，華國鋒被貶為『中央委員』終身。

大陸政權被鄧小平、葉劍英等老一輩人掌握，走資派得勢，在『廣東深圳市』設特區，招商引進外資，明明是走向『資本主義』，口頭還特別強調是『中國特色的社會主義』共產黨人真聰明，難怪毛澤東說：『鄧小平是走路的百科全書』。

鄧小平全部精神搞經濟，1989 年『六四天安門風波』任命上海市委書記江澤明為中共中央總書記及中央軍委主席，被鄧小平老輩封為『第三代領導核心』，風光一時。但不久鄧小平因搞經濟有成，地位穩固，自此中共再不稱江澤民為『第三代領導核心』，鄧小平變成中共實際領導人。

四十三、

鄧小平復出，成立由中共圖們將軍領導的三十六人的『超級審判團』，公開審理林彪叛亂集團及江青等『中央文革』四人幫反革命成員。

中共政令宣導是有一套的，一旦發動，如水銀瀉地，無可遁逃，一次又一次審問，一次又一次集會研商定罪，舖天蓋地批鬥。每天新聞不斷，全國十億人民皆曰可殺，以洩民憤，以慰民心。

在電視上公開最後審判時，罪犯個個手腳發軟或全身顫抖，站立不穩，只有江青一人為了面子，叫囂『無罪』。以維當年威風。

台灣電視也播公審『四人幫』實況轉播。這是超大新聞，眾人爭著收視。

大陸變了，世磊父親楊四海說：

「大陸是變了，但將來如何變，還是未定數，不過前方三軍已加強戒備。」

茲將中共公佈的罪犯紀錄如下：（林彪叛亂集團，主犯林彪、妻子葉群、兒子林立果，三人已在叛逃時，被飛彈擊中，機毀人亡，另康生、謝富治、周宇馳三人已死亡，對他們不再追究刑事責任。）

江青：判處死刑，緩期兩年執行，剝奪政治權利終身。

張春橋：判處死刑，緩期兩年執行，剝奪政治權利終身。

姚文元：判處有期徒刑二十年，剝奪政治權利五年。

王洪文：判處無期徒刑，剝奪政治權利終身。

陳伯達：判處有期徒刑十八年，剝奪政治權利五年。

黃永勝：判處有期徒刑十八年，剝奪政治權利五年。

吳法憲：判處有期徒刑十七年，剝奪政治權利終身。

李作鵬：判處有期徒刑十七年，剝奪政治權利五年。

邱會作：判處有期徒刑十六年，剝奪政治權利五年。

江騰蛟：判處有期徒刑十八年，剝奪政治權利五年。

以上是十名首惡，宣判完畢，舉國歡騰，真是善有善報、惡有惡報、不是不報，時候未到，時候一到，必然要報。

次要惡犯是第二批審判，如王維傑之流當然也逃不了蹲在牢獄吃牢飯了。

其實判刑後，服刑期間，若表現良好，可獲減刑，可是江青在不久就在秦城監獄自殺身亡了，一代女皇夢，煙消霧散，留給人們的印象是七個字：『人心不足蛇吞象』。

台灣電視也在轉播公審『四人幫』，人人爭看，收視破紀錄。

香港羅元中，及逃到香港的柳文慶，也在看電視，關心局勢。

柳艷公公牟永義，又被調回，官復原職。

柳艷娘家抄家時的古董發回，柳文慶也自香港來信，二老喜極而泣。

「咱們閨女沒有騙我們，文慶真的還活著。」

柳艷父母以前冤枉柳艷，這時百感交集。

楊世磊因事去香港，見到柳文慶，他已婚，生一子，在地上爬，世磊因多年未曾照顧，內心極感抱愧，打聽柳艷情形，他也不太清楚。

羅元中與世磊對酌談局勢。

　　「海峽兩岸 1978 年（民國 67 年）3 月 21 日，蔣經國當選中華民國第六任總統，台灣更見安定繁榮。」羅元中說。

　　「可不是，而大陸鄧小平當權，也轉修正主義，深圳經濟特區已見突飛猛進成果，令人佩服。」世磊附和著。

　　「說話小心，隔牆有耳。」羅元中一半開玩笑，一半提醒他。

　　「元中兄，外面有傳說，你知道嗎？」

　　「傳說什麼？」

　　「關於你的事。」

　　「我有什麼事？令大家關心？」

　　「聽說你被大陸共產黨和台灣國民黨收買做兩面間諜。」

　　羅元中詭譎笑笑，沒有答話。

　　「你信嗎？」

　　「當年國民黨也想收買我，我告訴他們，我自己都是瞎貓碰到死老鼠，而拒絕了。」

　　「你能拒絕，而為什麼就認定我不會拒絕？」

　　「因為香港還是英國殖民地，還沒有回歸中國，而且大陸官員出國訪問，進出必經之地，台灣人也來往頻繁、地處優勢，所以…」

　　他倆你望望我、我望望你，吸菸詭笑。

　　「有些事，可做不可說。」

　　「有些事，可說不可做。」

　　「哈哈…」兩人心知肚明，會心一笑。

　　　　　　※　　　　　　※　　　　　　※

　　蔣經國當選中華民國第六任總統，眾望所歸，全民

歡騰。

　　但是問題也有一大堆，古人不是說過：『家家有本難念的經。』

　　我從外因說起：

　　1945年中國八年抗戰勝利，台灣回歸祖國，來台接收的部隊，因服裝不及日軍，第一個印象就使台灣人失望。

　　台灣光復，本來是件天大的喜事，但接收人員頤氣指使，未能體諒民意，在1947年2月28日，為了台省公賣局一婦人事件引發暴動，南京中央政府派兵鎮壓，死傷台省同胞多人，雖然事後台省主席陳儀，被南京國民政府已處置不當執行槍決，但留給台灣人的印象，是外省人欺負台灣人，嗣後多年『二二八』變成『原罪』，台省受難者獲賠賞，又將台北市總統府旁邊的『新公園』改為『二二八』紀念公園，沒完沒了。

　　其實外省人也有不少死傷，因當時戡亂逃命，無人求償，也就不了了之。

　　除了外因，國民黨政府『轉進』台灣後，發生內部不合事件也不少。

　　茲將重要者，簡記如下：

　　（案例一）國民黨政府播遷來台後，面對大陸強敵，不得不全民『戒嚴』，以維台省安全。

　　蔣經國留學蘇聯多年，深知共產黨那一套，乃『以夷制夷』方式，強力推行『政工』制度，這樣一來，剝奪軍中部隊長權益，引起部份首長不滿。

　　再者因台灣省保安司令彭孟緝，有『二二八』事變平亂有功，獲總統蔣中正遞次提拔，從中將升到四星上將，又從保安司令當到參謀總長，引起出身美軍官校畢

業，且抗戰有功的剛卸位陸軍總司令孫立人上將不滿，有人傳說，可能受美國人及共諜幕後挑釁分化，由共諜嫌疑的孫立人創辦第四軍官訓練班舊部屬郭廷亮，連絡一百名對孫忠貞下級幹部，準備適時包圍蔣總統官邸『兵諫』，事為情治人員偵破，郭廷亮確為共諜，而孫立人解除總統府參軍長職務，長期軟禁。

　　（案例二）七十年代，台灣上空，陰雲四起，傳說美國將與中共修好的消息，不脛而走。

　　台灣當局當然很緊張，美方尼克森總統以傳統友誼『道別』方式，特別邀請當時行政院副院長蔣經國訪美，並以隆重的禮節接待。

　　1969 年 4 月 24 日，蔣經國與美國國務卿季辛吉，單獨密談後，正準備前往華府市郊『拉薩酒店』，出席美東工商協會餐會，不意在『拉薩酒店』門前，突然遭『台獨聯盟』激烈份子黃文雄用手槍狙擊謀殺，幸虧蔣副院長躲過一刧，化險為夷，事後蔣還表示『不足介意』，並希望地主國從寬發落。至此台灣政府才洞悉『台獨』意識已萌芽。

　　（案例三）蔣經國競選中華民國第六任總統，特別啟用台灣耆宿謝東閔為副總統候選人，結果二人均高票當選，全民共慶，一日謝副總統收到一個包裹，不知究理，親自拆看，不料竟係爆炸物，炸去兩根手指，終身殘廢，可見台獨份子隱然成形。

　　（案例四）名為蔣中正二公子，蔣緯國將軍，傳說並非蔣親骨肉，而是當年蔣在日本留學至友戴傳賢與日本女子所生，戴已婚，妻性剛烈，乃委請蔣收養。蔣信守諾言，待緯國如己出，疼愛栽培。

　　緯國長大，也多方查証，甚至面詢考試院長戴傳賢，

戴未承認、也未否認，只好拜戴為義父，以盡孝道。

　　1963 年（民國 52 年）蔣緯國調離裝甲兵司令，擔任陸軍參謀大學校長。1964 年元月 21 日，裝甲兵司令部在台灣湖口裝一師（裝甲兵基地）做年度裝備檢查，由副司令趙志華帶隊，檢查畢，全師官兵集合在大操場，聽趙副司令訓話，趙志華為蔣緯國抗戰時舊部屬，對裝甲有深入研究，兩人投緣，一直受蔣緯國提拔，但趙平時不多言，個性內斂，訓話第一點第二點切中要點，令部下信服，但講到第三點突然神經發生問題（一是對蔣緯國未升遷，內心不滿，二是二個月前為了購置小型新房，打報告向軍中借貸三萬台幣，一直未有回音）他大聲說著：「各位同志！我們敬愛的領袖被人包圍了，我們快去台北『勤王』，誰願意跟我去台北救領袖？」問了好幾次，沒有人響應，趙志華一時激動，把隨身配戴的手槍掏出來擺在講台上，大家更是不敢動，僵持了一會，才有一個上士班長站起來舉手說：「報告副司令，我跟你去。」

　　接著一位中校政戰官也站起來說：「我也跟你去。」

　　「好，那請你們上台來。」

　　兩人就走到台前，趙志華伸出雙手拉他們上台，就這樣趙就被兩個部下挾持抱住了。

　　裝一師長立即宣佈：「部隊由值星官指揮，保持原地不動，誰要私自跑開，憲兵可以開槍，格殺勿論！我押送趙副司令到師部看管後，立即回來。」

　　偏有一位校級政戰官表功心切，站起離隊，憲兵開槍未中，他找到電話，第一通電話打到第一軍團，急切地說：「不得了了，裝一師叛變了，現在正準備向台北進發！」其實部隊原地坐在操場。

　　本來是趙志華言語失當，應係『湖口事件』，但政戰人員表功變為『湖口兵變』於是政戰主管個個升官，而部隊主官個個嚴懲，趙志華判無期徒刑，因趙志華是蔣緯國一手提拔，蔣總統指其『識人不清』中將階級冷凍 15 年。後來蔣總統仙逝，蔣經國繼任第六任總統，蔣夫人宋美齡去美國養老前，關切蔣緯國事，蔣經國才將蔣緯國調三軍大學校長，晉升二級上將。

　　蔣緯國對父親蔣中正是絕對服從，對兄長蔣經國也是絕對敬重，但心中有股怨氣，偶而也發發，在調任總統府資政後，有人請他去演講，他這時穿了西裝，精神抖擻微笑上台說：「我升官了，已前是總統兒子，現在是總統弟弟。」

　　蔣緯國一向豪爽幽默，台下千人聽在耳中，就準備發笑了。他接著又說：「我現在唱首『兒歌』，他就爽朗地唱著：『哥哥爸爸真偉大，名譽照我家…』這首兒歌詞簡易通俗，曲爽快開朗，在台灣，人人會唱，將歌詞抄於下：

　　『哥哥爸爸真偉大，名譽照我家，

　　為國去打仗，當兵笑哈哈，

　　走吧、走吧！哥哥爸爸！

　　家事不用你牽掛，

　　只要我長大，只要我長大。』

　　台下眾人只聽前兩句，就轟然大笑了。

　　於是他也適可而止，接著一本正經歸入主題，演講戰略戰術。

　　世磊和父親楊四海也常聊起台灣政局，對蔣緯國各人，也有中肯談話。

　　「我覺得蔣緯國將軍幽默率真，廣結善緣，是走向

群眾，中道文化體制的強人。」世磊說。

「他自己也承認他有"調皮而不搗蛋"的特質，難得。」楊四海附和著。

四十四、

北京市每年到十月，已是寒冬季節來臨了，不是冷風陰雨綿綿，就是寒風刺骨，不過今年卻是陽光普照、風和日麗、政通人和，象徵國泰民安。

「中國特色的社會主義」創始人鄧小平，將於近日訪問日本，互換『中日和平友好條約』，行前他去拜訪周恩來遺孀鄧穎超，想問她需要日本什麼東西，他可以帶來，可見鄧是一個念舊的人。

碰巧柳艷也在這一日看望乾媽，柳艷連忙幫忙接待。

「這不是大義滅親的柳艷嗎？」鄧小平用四川口音說。

「是啊，她是我乾女兒，最近常來看我。」

「鄧伯伯好！」柳艷乖巧招呼

「好、好，一天忙得頭暈腦漲，現在我才知道，管家婆不好做。」

鄧小平是菸鬼，他菸癮來了，伸手向口袋掏香菸，掏出來後想想又放回去。

鄧穎超看在眼裡，笑了笑說：「沒有關係，你抽，你抽。」伸手拿一個菸灰缸，放在鄧小平面前。

「那我就不客氣了。」鄧小平用打火機點了火，猛吸了一口，望著柳艷說：

「以前我看妳報導新聞，口齒伶俐，採訪新聞也切中要點，是個人才，最近忙什麼？」鄧小平問柳艷。

「在電視台管理資料。」柳艷照實回答。

「那不是埋沒人才？！妳英文不錯，可惜我這次出國不是去歐美，而是去日本，妳日文怎麼樣？」

「在大學也是附修，最近我每日補習，應該可以對付。」

「好！」鄧小平拍了一下茶几，高興地說：「妳不妨說一句日語給我聽聽好不好？」

「那我說什麼呢？」柳艷皺眉抓髮。「有了，那我說一句日語，中文是『祝鄧伯伯身體健康、萬事如意！』我現在說日語了。」她一邊說著日語，一邊以日本少女姿態深深一鞠躬：「鄧樣！……」

「嗯、不錯，我雖然不懂日語，但音調舉止，很像日本少女。」

「謝謝鄧伯伯。」

「不必先謝我，我還得找人把妳測試一下才行。」

「你鄧伯伯做事一向不馬虎，就等測試吧！」鄧穎超插了一句。

「是！遵命！」

鄧小平菸癮大，吸了一支、又換了一支，吞雲吐霧，鄧穎超強忍著，只好不時站起添加茶水，他們談著中日發展，鄧又問鄧穎超她喜歡日本什麼土產，他可以帶來送她。

「謝謝了，咱們中國的五穀雜糧，最合我的胃口。」當然她是不喜歡日本什麼土產了。

「最近身體怎麼樣？」鄧小平又關切地問。

「大病沒有，小病不少。」

「老了，我們都老了，哈哈…」鄧小平撳滅了煙蒂，打著哈哈。

柳艷這時也微微一笑，彷彿有什麼話要說，欲言又止。

聰明如鄧小平那能看不出來？。

「柳艷！是不是還有什麼事？」

「鄧伯伯真靈光，我是有一點事，但是不敢開口。」

「沒有關係，我不是"四人幫"引蛇出洞，哈哈！我對毛主席不敬了。」

「是這樣的，最近我看報紙報導，日本東京市將舉辦亞洲少年音樂比賽，我正想帶我小孩牟小磊，和乾媽的侄孫女周婉芬去參加音樂比賽，若是我測試及格，變成訪日隨員，我能不能帶兩個小孩一同去日本？」

「這是為國舉才嘛，當然可以，往返飛機可以同乘，但在日本開支一切自理。」鄧小平答復得簡單扼要。

「柳艷！快謝謝鄧伯伯！」

柳艷立即站起向鄧行鞠躬禮。

「謝謝鄧伯伯！」

當然，柳艷日語現場翻譯過關了，她打了一通電話給香港羅元中，告訴她去日本事，也請他告知台灣楊世磊。

楊世磊得到通知，心中頓起漣漪，塵封的心頭又起變化，他已多年未見柳艷，決定去日本伺機見面。

世磊趕辦出境證。

父母問起，他說去日本辦點事。

楊世磊目前已是獨當一面，管理廖布袋茶葉分公司的經理，廖布袋讓他百分之百去經營，世磊電話招呼一聲，又交代美鳳照顧公司，就提了行李赴日本了。

這時世磊的心情是既興奮又緊張的，心中忐忑不安，柳艷究竟是胖了？還是瘦了？他想起 1968 年在開羅

第三次見面，他提起亡故妻子范秋雲如何賢慧，竟使柳艷不歡而散，感情這東西是很奇妙的，見識深遠如柳艷，也不能免俗？這可見柳艷對他感情之深，他心中有些驕傲，也有些愧疚，多年才能見一次面，妥善應對，這次如能再見面，可不能再犯，切記、切記。

　　世磊到了東京，找了飯店下榻之後，就去打聽中共訪問團住在那家飯店？很快打聽到，他們住在『中國大飯店』那是一棟很有氣派的高層飯店，他在中國飯店對面，找了一間有大玻璃隔間的咖啡廳，喝咖啡，目不轉睛地注視著飯店大門，進進出出人們，香菸一支接一支，眼睛都有疲累酸澀了，上午十時左右，突然眼睛一亮，他看見柳艷穿著緊身短衣窄裙，身材仍然凹凸有致，陪同鄧小平出門上了禮車，插了中國旗子，由警車前後維護揚長而去。

　　他興奮地握緊拳頭，心上人柳艷是來了，來了，當然會有機會見面，他愉快極了，他從來不付咖啡廳小妹小費，這時他塞了百元日鈔給小妹，踏著愉快的腳步離去了。

　　次日是週末假日，他有預感今天應該可能見面，他整修儀容，穿了西服，外加一件墨綠色風衣，這種顏色風衣，當年在南京他常穿，他想柳艷一看就認出來了。

　　他又在那家咖啡廳，靠玻璃窗品嚐咖啡守著。

　　又是十點多，他果然看見柳艷，帶了一男一女少年，叫了『的士』揚長而去。

　　他連忙也叫了『的士』後跟。到了東京市郊『草地公園』。

　　兩個小孩忙著拿了照相機，忙著取景。

　　柳艷穿了墨綠色風衣，今天穿了長褲，長髮披肩，

戴了墨鏡，四處張望。

　　這時東京已有寒意，冷風吹來，柳艷不時拉高風衣
衣領禦寒。

　　世磊是有心人，昨晚他特別去買了一條橘色圍巾，
準備送給柳艷，做為見面禮。

　　柳艷也有預感，不時看手錶，又不時張望。

　　世磊看兩個小孩走遠，才一步一步移近柳艷。

　　他要給柳艷一個驚喜，當柳艷再看手錶時，他一個
箭步把圍巾套上柳艷脖子上了。

　　柳艷驚嚇，退後一不：「幹什麼？」大喝一聲。

　　這才看見一個俊碩的男人微笑望著她。

　　世磊這才摘下墨鏡。

　　柳艷也摘下墨鏡。

　　「嚇我一跳。」柳艷翹嘴嗔怪著說。

　　「我要給妳一個驚喜。」世磊笑著說：「這條圍巾
是昨晚買的，妳還喜歡？」

　　柳艷一邊撫摸圍巾，一邊微笑說：「妳還記得我喜
歡這個顏色？！」

　　「怎麼能忘！永遠、永遠。」

　　「調皮！」柳艷一笑：「什麼時候到東京的？」

　　「前天，我接到羅元中電話，恨不得立刻飛來東京。」

　　「早來也沒有用，我們訪問團也是前天到的。」

　　「我守了兩天。」

　　「我也就心了兩天。」

　　「真巧，冥冥中，好像上天安排，我們又見面了。」

　　兩個孩子在遠處拍照玩樂。

　　「他倆是妳的小孩？」世磊問說。

　　「男的叫『小磊』和你同名，是我的兒子。」

世磊一聽，不禁心中一陣悸動，大概像自己的女兒取名，『小燕』一樣，是為了慰貼相思之苦，而特別取的。

柳艷還特別看世磊表情。心中直念著：要不要告訴他真相？要不要？他沒有再問，她也只好適可而止。

「女的叫周婉芬，是亡故周恩來總理的侄孫女，她的鋼琴彈得很不錯，我兒子的小提琴在北京也得過獎。他倆是來參加亞洲少年音樂比賽的。」柳艷輕描淡寫介紹著。

世磊非常訝異：「妳兒子小提琴拉得很好？」

「當然，比起你還差一大截。」柳艷笑著說。

「我已經很久不碰小提琴了，除了念著妳的時候，拉我們共同的曲子散散心。」

「我也是。」柳艷像蚊子叫著一樣，輕輕附和。

他們這才呆呆注視對方，打量對方。

柳艷這些年養生有道，身材仍然保持往昔，穿著藍色碎花緊身上衣，黑色長褲，半高跟鞋，披了風衣，長髮披肩，當然魚尾紋增添了一些，仔細一看，也可見幾尾灰髮，但是站在那邊，風頭猶舊，仍然是個中年美女。

楊世磊呢，兩鬢有少許斑白，但仍是溫文儒雅，中年俊男風範。

「我們多年不見了，但是妳還是風韻猶存。」

「你也仍然是溫文儒雅、英俊挺拔，不減當年。」兩人互相稱許著。

「哈哈！老了，但是我一直忘不了妳。」

「我也是。」柳艷低頭輕聲說著。

「我是單身。」世磊說。

「我也是。」柳艷撫摸著當年世磊送給她的訂婚戒。

　　這時兩個小孩走過來。

　　「媽！這個人是誰？」小磊問著母親。

　　「噢！我來介紹，這是我們大學同學楊伯伯，楊伯伯來日本很久了，想不到今天不期而遇。」

　　「噢！老帥哥！」小磊調皮地說。

　　世磊有點面紅，微笑注視小磊。

　　「不得無禮！」柳艷又介紹。「這是周婉芬，已亡故周總理的姪孫女。」

　　世磊看柳艷兒子長得一表人材。

　　「很好，兩個孩子都長得不錯，將來長大了，都是俊郎美女。」

　　「周婉芬！妳聽到沒有，我是俊郎耶。」

　　周婉芬做著鬼臉。

　　「楊伯伯！妳替我們拍照。」小磊纏上世磊了。

　　「好耶。」

　　世磊接過相機，指揮他們各種姿勢，一連拍了幾張照片。

　　「楊伯伯！妳和我媽、我，我們三人拍一張，作個紀念。」

　　「謝了，我這個人最怕照相。」

　　世磊還了相機，尷尬笑著。

　　「你們自己去拍照玩吧！」柳艷適時支開他們。

　　「周婉芬！那邊那個景點不錯，不能漏掉。」

　　小磊拉著周婉芬的手，跑開了。

　　「這兩個孩子真可愛。」世磊感嘆，他心中想著：『如果是自己的兒子多棒！』

　　「若是我坦告他真相呢？」柳艷心理想著，但沒有說出來。

「對不起，我不知道妳兒子也來了，我沒有帶什麼禮物送他。」

「是我特別帶來讓你看看的。」

世磊沒有想到其他，只是內心有點忌妒、有點羨慕。

「這樣吧！這個手錶是我父親給我的，戴了二十多年了，我送他作個紀念吧！」

「好，那我不客氣收下了。」柳艷大方收下，在手錶上吻了一下。

「父親送兒子禮物，不收白不收。」柳艷心理想著。

他倆又互相望著。這時忽然天空陰雲密佈，陣陣寒風吹來，有點涼意。他們兩人都有很多話要說，但一時不知如何說起。

「艷！我們總得單獨見一次面？！」

「好，我盡量找機會吧！」柳艷要了世磊飯店房間電話，因時間不多，他倆緊緊握了握手，才快快分開。

等人是很著急的，世磊守在飯店，度日如年，第二天沒有來電話。世磊看著電視，知道亞洲青少年音樂比賽，柳艷的兒子小提琴得第三名，他替柳艷高興。

不久，柳艷來了電話，她好不容易等到一個參賽代表酒會，她請別人替她參加，她來見世磊了。

他們擁抱著，互相吻眼吻鼻吻嘴，久久不放，他們的感情已非用言語可以形容，何況多少年才重聚一次。

目前兩岸時局在變，他們都是單身，仍有結合可能，他們說著俏皮話：

「我要用三民主義統一中國。（娶柳艷）」

「我要用武力解放台灣。（入贅牟家）」

「入贅牟家，那是萬萬不可能。」

「而你娶我，也是難上加難。」

話題又扯上小孩。

「艷！小磊比我們家小燕長一歲，所以是妳先背叛我。」

「我沒有背叛你，你再去看看小磊，他的嘴、他的鼻子。」柳艷低頭輕輕地說。

「你說什麼？」世磊沒有聽清楚。

柳艷把話題引開了，沒聽清楚就算了，這樣也好，只有柳艷心裡有負擔，免得再生爭端。

天下沒有不散的筵席，柳艷瀟灑走了。

而世磊呢？這個多情的男人，經過這次相聚，他又陷入相思苦了。

世磊從日本回台灣，完全想開了，既然得不到柳艷，這一生就這樣過了。

她要女兒彈琴，他拉小提琴，拉著、拉著，她想到柳艷、想到秋雲，悲從心頭起，他覺得命裡是鰥寡孤獨，已無怨言。

小燕偏頭，見父親滿臉淚水。

「爸！你怎麼啦？」

他還是閉眼拉著小提琴。

美鳳過來了，看到這個情形，判斷在日本又遇見誰了，她呆呆望著世磊，心中五味雜陳。

柳艷回到大陸，才仔細回想在東京與世磊見面一幕，她為什麼不告訴他真相？說小磊是他的骨肉，為什麼不趁機要求政治庇護？投奔自由？她想的太多，父母及牟家公婆十多年來對她不薄，且將來為了小磊前途，只好這麼裝下去。

小磊見母親定定站在窗口，凝神望著天空，問說：

「媽！妳有心事？！」

「噢！我忘了一件事。」

柳艷從皮包內掏出世磊的手錶，轉贈小磊。

「是東京楊伯伯送給你的，你要好生使用。」

小磊立即戴在左手腕上，撫摸著說：

「不錯，蠻高貴，國內好像還沒有這種錶，我可以吹吹牛了。」

「不！對任何人都不必提起，免麻煩。」柳艷連忙制止。

「為什麼？是不是和四人幫有關？！」小磊不解問說。

柳艷只好順水推舟，輕輕說：

「大概有點關係，所以千萬保密，懂嗎？」柳艷摸了摸小磊的頭，又問說：

「你這次有幸得獎，你今後志趣是什麼？」

「我要作音樂家，主修小提琴。」小磊豪無遲疑地回答。

柳艷眼澀了，究竟是世磊的骨肉，志不大但清高，內心甚為慰貼。

「那要努力，大學畢業出國留學。」

「萬歲！」小磊高興地振臂高呼。

四十五、

台灣自從工業起飛，商業繁榮，人心大變，追求享受，美娟胞兄接待日商，居然滿漢全席，極盡浪費。

廖布袋勤儉起家，得到消息，把兒子痛訓了一頓，花的錢在他的月薪下扣除。美娟嫂也與丈夫吵架，想到當初創業時，雖然辛苦，但大夥幹得起勁。

　　廖布袋看媳婦教訓丈夫有理，自誇當初眼光沒有看錯，能選到這麼好的客家媳婦，他對兒子說：

　　「不要左耳進、右耳出，老婆的話是要聽的，古人說：『十個怕老婆九個富。』」「那不怕老婆呢？」

　　「不怕老婆光屁股，笨蛋！」

　　「是、是，以後我一定跟老爸學，老爸怕老婆，我也怕老婆，子子孫孫都怕老婆。」兒子調皮地回說。

　　「嗯、這還差不多。」

　　於是全家哄堂大笑。

　　這時美娟嫂接到美娟電話，他已帶了兒子回台灣，美娟母親急著要看外孫，要美娟先住台中。

　　世磊叔嬸也得到消息，但媳婦回來，不回婆家，這算那門子規矩？

　　世磊叔叔自從上次惡性倒閉，把乃兄氣得心肌梗塞，愧對胞兄，不敢面對，整日躲躲藏藏。

　　這時又有人來要債，楊叔再三求情，實是建築套牢，請寬恕幾日。

　　要債人丟下狠話離去。

　　楊叔楊嬸想計弄錢，想來想去，表弟徐有信還有點錢，而且找老婆孔急，要楊嬸配合設法。

　　楊嬸去看表弟徐有信，極盡巴結，表弟不齒這對夫婦為人，不假詞色，但楊嫂很有磨功，弄得表弟哭笑不得。

　　「表弟：古人說：『不孝有三，無後為大。』我是好意，為你婚事來的。」

　　「謝謝了，多年來我已打消結婚念頭。」

　　「有一位寡婦，長得頭是頭、腳是腳，很像當年你的未婚妻。」

「真的？！」老實的表弟有點心動。

「要不要見一面，你若是看不上眼就算了。」

苗條淑女，君子好逑，那個男人不喜歡有個佳麗美眷，何況有點像大陸上的心上人，好！姑且一試。

楊嬸帶阿嬌見面，見阿嬌是有點姿色，還躲躲藏藏一副羞答答的樣子。表弟上鉤了，KTV、上館子，表弟顯得大方，但嘴巴一直很緊，他怕這對夫婦耍什麼花招，他去找世磊聽聽他的看法，可是世磊公忙未遇，又去看相算命。

算命的察言觀色，問明生辰八字、看手心、拆字，最後拍著大腿說：「客官，恭喜你，你今年有桃花運，紅鸞星動。」

算命的人說了紅鸞星動，表示有緣，不能錯過，徐有信還想起朋友告訴他一段話：「一等人創造機會，二等人把握機會，三等人等待機會，四等人推開機會。」多年身單影隻，要抓住機會，他不要做四等人，於是他帶了大禮，主動找上表嫂。

楊嬸當然心想事成，高興非凡，立即約定阿嬌見面。

表弟對阿嬌看對了眼，又上館子、上歌廳聽歌，阿嬌拉著他的手，依偎著他，小鳥依人，一個初涉情場的大男人，怎麼受得了？

在歌廳，阿嬌皺眉按額，表示有點頭疼，表弟未能領會，阿嬌坦告太累了，想上賓館休息。

「不、不，我一輩子沒有帶女朋友去那種地方。」表兄一口回絕。

「那你住的地方？」

「我們幾個退伍軍人住在一起，更不方便。」

「那、那算了，算我表錯情。」阿嬌失望透頂，立

即抽身要走。

　　表弟一把抓住她的手，到嘴的肉，豈肯放過，無奈只好點頭同意。

　　徐有信心情既興奮又緊張，還故意目不斜視，一個人單獨先行走入賓館，要阿嬌後跟。

　　要了房間，門一關，他就猴急的要抱阿嬌親嘴。

　　「急什麼？！門一關，人就是你的了，先洗澡。」阿嬌嗲聲嗲氣的說。

　　他又迫不及待地脫光了衣服，等阿嬌一同去洗手間。

　　阿嬌慢條斯理解衣扣，一邊注意房門外走廊腳步聲。

　　不出所料，驚天動地敲門聲響起。

　　「開門啦！開門啦！不開門我要殺進來了。」一個大男人粗聲叫著。

　　「不得了了，我那個死鬼來了。」阿嬌才脫了上半身，連忙用雙手拿衣護身。

　　「什麼？」徐有信大驚：「妳不是單身嗎？」

　　「誰說的？！」一定是你表嫂騙了你。

　　「妳既然是良家婦女，為什麼還…」

　　「我賭博輸了錢，人家要挖我雙眼，我沒有辦法啊！」阿嬌哭著說。

　　徐有信究竟是老兵，而且一生奉行最高領袖訓示：『處變不驚』，偵查臥房四方，看能不能脫逃？

　　一個大男人猛力敲門，又大聲吼著：

　　「阿嬌！妳一定在裡邊，快開門！」

　　又叫著：「小妹！小妹！妳不開門，我把門砸了。」

　　「來了、來了嘛！」一個女生應著。

　　徐有信看無法脫逃，只有拚死一搏，正想拿木椅自衛，門開了，兩個大漢蒙著臉，一個抓了阿嬌當擋箭牌，

押著她靠近徐有信，一個拿了相機閃光燈一閃，拍了照，然後兩人合力把徐有信制服，用繩索捆綁，綁在房內柱子上。

那個粗壯自稱是阿嬌丈夫的男人，抓住阿嬌就是兩個耳光。

「婊子！一夜兩次還不夠，還偷人，回去再找妳算帳。」

「祥哥！原諒我，我真的是第一次。」阿嬌哭著訴說。

「把這對狗男女綑綁一起，我要招待記者。」

另一蒙面的男子，窮兇惡極將阿嬌與徐有信背對背，綑綁在柱子上，阿嬌僅見背面，徐有信雖是正面，則信手拿了件外衣遮了下體。

拿相機的粗漢，又把他們兩人拍了照。

自稱丈夫的粗漢用一隻手抓住徐有信下巴，厲聲問說：

「她是有夫之婦，你說怎麼辦？」

「你們看著辦吧！」徐有信閉目無奈。

「遮羞費兩佰萬，不然我要公佈於天下，你就揚名四海了，哈哈！」

「我沒有那麼多錢。」

「祥哥！他是個退伍軍人，老榮民，特別優待，一百萬怎麼樣？」另一粗漢代徐有信討人情。

「哈！綠帽子不是你戴，你當然說風涼話。」他考慮一會又說：「敬軍愛民，這是最後條件，一百萬不能少了。」

「朋友！你栽在我們手裡，自認倒楣吧。」

事到如今，徐有信自信心全垮了，當班長帶兵，得

過模範獎，在金門炮戰，面對兇惡共匪，也毫無畏懼，卻栽在一個女人手裡，時也、命也，奈何？奈何？

「怎麼樣？一個人名譽要緊，金錢是身外之物。」

「你同意就點頭，我們馬上放了你。」

徐有信在朋友間，向來是個鐵錚錚漢子，這個臉丟不起，他流著淚，咬著牙，點了一下頭。

自稱丈夫的粗漢立即替徐有信解綁，另一粗漢則丟去衣褲，讓他穿著。

「明天下午一手交錢，一手交底片，這件不光榮的事，我們守口如瓶，不會傳出去。」

「倘是明天下午六點以前，你不帶錢來，我們就一方面報警，而這些照片我就交給報館了。」

「別…」徐有信穿好衣服，兩眼含淚，懷著一肚子怨氣，一溜煙跑出去了。

第二天中午，徐有信交了一百萬，拿回底片，回到住處，想想不對，去找楊嬸。

楊嬸對天發誓，她確實不知道阿嬌真實身份。

「是阿嬌自己說的，她是單身，需要男人，我才…」

「你不該騙我啊！我辛辛苦苦存了一點錢，全泡湯了。」徐有信雙手掩臉，痛心疾首。

「不是我騙你，我也是被騙的。」

楊叔在一邊，聽到徐有信和老婆對話，一把抓住老婆，兩個耳光刷了過去。

「你怎麼打我？你怎麼打我？」楊嬸哭著掩臉說。

「徐有信是表弟啊！妳不該事先不查清楚，使他損失這麼多錢，妳於心何忍？」

「那怎麼辦？我去要回來？」

「妳找誰要去？他們早就跑了。我怎麼有這麼一個

笨老婆，我怎麼對得起表弟？妳過來！（厲聲）過來！」

楊嬸繞餐桌躲著。

楊叔怒目捲起袖子，想走去再抓老婆痛毆：「我今天非打死妳不可！」

「表弟！你不能見死不救。」

老實的表弟見此情景，本來是來問罪的，反而變成勸架，攔了楊叔。

「算了、算了，你打死她也沒有用，不要再出事了。」徐有信勸著。拉著楊叔坐回沙發，拿香菸塞在楊叔嘴裡，還替他點火。

楊嬸這時才走到徐有信身前，跪下，自刷兩個耳光。

「表弟！是我錯了，是我識人不清，我向你賠罪。」

徐有信還能說什麼？還能做什麼？一百萬的錢都拿走了，只好自認倒楣，認命算了。

他怏怏回到住處，蒙頭想睡一下，突然電光一閃，他想起楊叔所穿那雙修補過的皮鞋，昨天那個蒙面男人也是穿著那雙皮鞋，是他？一定是他！他們是自導自演。

徐有信怒火中燒，想去找楊叔算帳，走到門口又踟躕不前，他們抵死不承認，又怎麼辦？想去找世磊訴苦，又怕丟臉，一生守時守信，從來沒騙過人，卻遭到如此奇恥大辱，萬念俱灰，做人太痛苦了，不如一死了之。

他走到屋後，是一片樹林，他見到一根農人丟棄的粗麻繩，觸動他的靈感，他找了偏隱處一根枯木，正待懸樹自盡，被一路過的老榮民看見，連忙搶救勸阻。

「老徐！螞蟻尚且偷生，你怎麼這麼糊塗？什麼事想不開，能不能告訴我？」

徐有信閉嘴搖頭，傷心欲絕。

這個老榮民是徐有信至友，平時掏心掏肝無話不

說，不料今天守口如瓶，定有不可告人之事鬱悶在胸，他沒有辦法解決，只好求救於旁人，幸好他有楊世磊電話，一通電話打過去，嚇得世磊和母親十萬火急趕來探視。

世磊與母親趕到表叔處。

徐有信拉著表嫂的手，到屋後樹林，一邊痛哭、一邊訴說受騙經過。

聽得世磊血脈僨張，咬牙切齒。

「表嫂！當初還以為他們是好意，誰知道是騙我的錢，上天也不容啊！」

「世磊！你馬上陪你表叔去找這個不長進的叔叔，把他的錢要回來。」

等世磊和徐有信趕到楊叔租屋處。

房東說：「前一步他們搬走了，不知去向。」

門口垃圾堆有丟了那雙修補的男人皮鞋。

「就是這雙皮鞋，就是這雙皮鞋我認出來的，鐵證如山，他跑不掉，就是他跑到陰間，我也要到陰間找他算賬！」徐有信憤怒的說。

世磊和母親回到家，大嘆人心不古，父親得到這個消息，也搖頭歎息，時下台灣富裕了，有的貪圖享受、有的為非作歹，笑貧不笑娼，實在可悲。

正此時，世磊接到電話，其叔被人毆傷在醫院裡。

世磊趕到醫院，楊叔已傷重不治，楊嫂哭得死去活來，楊父當然請警方嚴加緝拿兇手。

世華趕回家辦喪事，世華與美娟感情不睦，正在鬧離婚，這一家支離破碎，也令人感慨。

廖布袋與楊父談起楊叔，聽說上次表弟徐有信那件事，是串通好騙自己人，大概這種事已不止一次，夜路

走多了，總會遇上鬼。

「真是家門不幸，我這個弟弟從小聰明過人，但是不走正路，落得這個下場。」楊父感嘆。

廖布袋是親家，不便說什麼，只是搖頭唏噓。

「我這個弟弟，一直是我的累贅，他現在已不在人世，不談他了。」

四十六、

1978 年（民國 67 年）五月，蔣經國當選中華民國第六任總統。

1979 年（民國 68 年）元旦，中共國防部長徐向前，第一次宣佈，停止對金門炮戰。俾便台、澎、金、馬軍民同胞來往大陸，省親會友，通航通郵。

1979 年（民國 68 年）二月，中共實際領導人，鄧小平訪美，談台灣問題，尊重台灣的現實和現行制度。

1981 年（民國 70 年）九月，中華民國政府發言人宋楚瑜，就中共葉劍英所謂『和平統一』發表評論，唯有實行『三民主義』，才是實現國家統一的唯一途徑。

於是兩岸緊張局勢暫歇。

台灣農業『三七五』減租，『耕者有其田』政策發生功效，推展工商業、拓展外銷，市面日見繁榮，並且有『台灣錢淹腳目』的口頭禪。

台灣蔣經國當選中華民國第七任總統，盱衡世界局勢，毅然宣佈開放黨禁、報禁，並呼應大陸通郵，准予住在台灣的人民赴大陸省親。

於是探親團經過香港或其他第三地，人人攜帶美金、金戒、手錶赴大陸探視多年未見的親人，絡繹不絕，

蔚成風氣，感人事蹟，不勝枚舉。

　　大陸呢？也全面推行『中國特色的社會主義』，工商業突飛猛進，並開放觀光城市，以便外籍人士旅遊觀光，又送數千優秀男女青年赴國外留學考察，一改『鐵幕』不雅封號。

　　兩岸外表看起來是『西線無戰事了』、太平了。可是中共在台灣對面福建省沿海地區，有數十枚飛彈對準台灣。中共說：這不是對台灣同胞，而是防美國、日本侵略台灣。

　　毛澤東主席生前說的好：『大陸後來沒有攻打金門馬祖，是因為那是連接台灣的臍帶，不能斷，不然台灣孤懸海外，不是獨立了嗎？！』

　　其實他真正的意圖是：「大敵當前，國內不能不團結。」是鉗制黨內政要一種手段。

　　出身北京大學圖書館管理員的毛澤東，統御術是有一套的。

　　　　　　　※　　　　　　※　　　　　　※

　　時間過得很快，悠忽十數年過去了，牟小磊和周婉芬均已大學畢業，準備趁出國留學熱，赴美國留學。

　　一日，柳艷去拜訪乾媽鄧穎超，鄧告柳艷，小磊與婉芬留學美國事已獲通過。

　　柳艷含淚抓住乾媽手，久久不放，這是以往從來沒有想過的事，即將美夢成真，令她非常激動。當然鄧穎超向有關人員打了招呼，對鄧感謝之情，溢於言表。

　　柳艷歸告兒子留學美國，已獲通過事。

　　小磊極為興奮。

　　「媽！生在我們這個時代，好運來了，自從鄧爺爺當權後，人民生活漸漸獲得改善，也開放觀光城市，又

派出大批學生出國留學，我要大喊：『萬歲！萬歲！』。」

柳艷看見兒子歡天喜地，當然也很高興，他摸了摸兒子的頭：

「去美國不是去玩、去觀光，而是為了求學問，為了你的藝術，更求精進、更求完美，知道嗎？」

「知道！」小磊立正行了一個舉手禮：「只是我走了，媽媽一個人…」小磊沒有再說下去。

柳艷極意外，想不到兒子真的長大了，通情體貼，為她辛苦沒有白費，她含著眼淚望著兒子。

小磊也乖巧，投向母親懷抱，母子緊緊擁抱。

「媽！媽！我會想妳。」小磊輕聲說著。

「聽你這句話，我滿足了。」柳艷淚如雨下，哽咽不已。

小磊替母親擦淚水，柳艷欣慰的笑了。

「去找周婉芬玩吧，談談留學的事，大概一個月後就要去美國了。」

柳艷塞了他不少錢，把兒子推出門外，然後她站在院子裡樹下，望著天邊的彩霞，喃喃說著：

「世磊！你知道嗎？你兒子將要去美國了。」

是的，美國？！美國是兩岸人民夢寐以求的福地，台灣楊世磊正在讀妹妹蓉蓉的來信，他大叫了起來。

「爸！媽！妹妹來信了。」

「信上怎麼說？」母親就近問說。

世磊一邊看著信，一邊回答：

「妹妹已獲碩士學位。」

「有沒有提起許大力？！」父親楊四海也急著問說。

「有，許大力已得博士學位。妹妹說，他們將在美國所學，回國服務。」

楊父欣慰的微笑，拍著大腿。

「好、太好了，想不到，無心插柳柳成蔭。」

楊蓉蓉、許大力歸來，這是楊家和許家大事，次日，許大力母親就偕兒子來提親，擇日舉行婚禮。

許大力和楊蓉蓉均經台灣教育部輔導委員會安排任大學教職。

世磊的女兒小燕，這幾日也興奮，她也有了男友，一直盼望有一天赴美國留學，像小姑姑一樣學成歸國。

楊世華與廖美娟終於走向離婚之路，他倆在區公所辦理離婚手續，孩子歸男方，女方可探視，在幼時也可撫養。

美娟蓋了圖章，哭著離去。

世華與美娟離婚之日，也是楊蓉蓉下嫁許大力之時，楊家不鋪張，儀式簡單隆重，席開十席之內。

世磊感慨，美鳳一直挨著他身邊坐，她還是一樣關心他，他們談著人生：結婚就像一座城，城裡的人想打出去，城外的人想打進來。世磊問美鳳今後打算。

美鳳說：「到處都是意中人，就是沒人中意我。」語含消極。

世磊也感嘆，他望著美鳳乾了一杯，大概酒喝多了，一直埋在心底的話，抖了出來：

「你知道我上次去日本幹什麼？」

「不是去洽商茶業的事？！」

世磊搖著頭：「非也、非也。」

美鳳瞪著雙眼望著他：「那是…」

「我是去會大陸上的柳艷。」

美鳳甚意外，他正拿著酒杯想喝酒，手一鬆，酒杯脫手，淋了一身。

「你們還有連絡？！難怪？！難怪？！」美鳳衝出去了。

另桌表叔在發酒瘋，自從上次被騙損失慘重後，他一喝酒就發瘋。世磊把他扶走。

楊母見狀嘆氣。

廖母也嘆氣。

美鳳在室外站了一會歸來。

廖母這才注意怎麼沒見女兒美娟？

「美鳳！美娟呢？怎麼沒有來喝喜酒？」

「她叫我不要說的，我現在說了吧！她們正在辦離婚。」

「什麼？！」廖母、楊母兩老都傻了。

四十七、

小磊要去美國了，柳艷第一次離開兒子，當然捨不得，一再叮嚀。

小磊聽得不耐煩了。

「媽！你叮嚀這些話，我聽了一萬遍了，什麼早睡早起、守時守信，費用不少，應該學當年鄧小平爺爺在法國留學勤工儉學。」

「我已經交代周婉芬盯你緊一點。」

「媽已經在我身邊安排了國民黨特務？！」

「調皮。」

「那我乾脆拜周婉芬作乾媽好了。國內有親媽，國外有乾媽，凡事有人照顧，我何樂不為？」

柳艷好氣又好笑，正待說他幾句，不意好友張薇帶了禮物進來。

「什麼親媽乾媽？」張薇微笑問著。

「小磊明天就啟程去美國了，我叮嚀幾句，他不耐煩了。」

「阿姨好！我跟媽開玩笑，哈哈！」

張薇親切摸了小磊的頭。

「時間過得真快，一眨眼，孩子長大了，要去美國留學了，妳看小磊長得溫文秀氣、一表人材，小帥哥！阿姨今天來，特別為你餞行。」

「謝謝阿姨。」小磊連忙道謝。

「張薇！你這番心意，我和小磊都心領了，今天晚上他爺爺作東，準備去北京『福壽樓』餐廳，為小磊餞行，所以你不必破費了。」

「那、那這點北京小點心，你在飛機上吃吧。」

「謝謝阿姨！」小磊接過禮物。

「柳艷！我真替妳高興，我看妳自己也頗有成就感。」

「妳還不是一樣，女兒都念高中了。」

「而我們都老了，變成老太婆了。」

「哈哈⋯」兩人都笑了。

夜，餞行歸來，柳艷一個人坐在梳妝台前，望著自己，頗有『徐娘半老』之感，也想起楊世磊，兒子小磊，是有些成就感，但是多年來的酸甜苦辣，又有誰知道？她一時衝動拿起鋼筆，想寫一封信給香港羅元中，坦白告訴他小磊的事，寫好了又撕掉，在日本東京市『草地公園』，她有意吐露實情，可惜世磊沒有聽清楚，欲言又止，算了，這個天大的秘密，讓她一個人承擔，讓它永埋在心底吧。」

次日上午，小磊臨行前與爺爺擁抱，爺爺交代：

「到了美國，可以和台灣去的留學生交往，因為鄧小平為實現四個現代化，願意與台灣增加來往。」

「是，大家都是中國人同胞嘛，我會和他們友誼相處。」小磊乖巧呼應。

適這時周婉芬來了電話，約牟小磊在機場見面。

大小一大批人送小磊到機場。送行陣仗令人側目，柳艷強忍淚水，直至國際航線班機凌空，她才躲在一邊，擦著淚水。

台灣楊世磊的女兒楊小燕，比北京的小磊小一歲，也已大學畢業。台灣學子想去美國留學，必須經過『托福』考試，考試五百分及格，才能過關，才能申請美國大學入學。

『望子成龍、望女成鳳。』彷彿去了美國，才能出人頭地，才能龍鳳呈祥，於是蔚成風氣，絡繹不絕。

楊家晚輩也不能後入，楊小燕『托福』一試就過關，期待早日去美國留學，美國紐約大學，藝文很有名氣，台灣多個知名作家，均經過該大學『文學創作』薰陶，當然藝術方面也不例外，於是該校作為楊小燕赴美留學首選。

一日，楊父對世磊說：

「教育部通知，小燕出國留學事，已有眉目，好在她是女生，不必服兵役。」言談間，甚為欣慰。

女婿許大力常伴妻子楊蓉蓉來見岳父岳母，因學的是政治司法有關科系，甚得岳父楊四海倚重。

蓉蓉一回家就纏上母親，處理家務事，向母親取經。

而許大力則和岳父及大舅子世磊，海闊天空，大談世界局勢。

許大力以新思維，新觀念，分析國內外局勢，令楊

四海父子折服，常常一談幾個小時，甚至在餐聚時也不中斷，於是楊母笑指他們三人是楊家『三劍客』，內心那種喜悅，表露無異。

　　女兒女婿走後，世磊又與父親閒談，世磊是新聞記者出身，對時局也特別敏感。尤以近年老立委、老國大凋零，政府高階層正在思考舉辦『增額立委選舉』，他有意無意地說了一句：

　　「爸！我看大力可以參加增額立委選舉。」

　　「咦！世磊！你和我想到一塊去了。」楊四海一高興就拍著大腿。

　　「什麼？爸早有此意？」

　　楊四海摸著下巴笑著說：

　　「許大力這個孩子，從他小時候，我就看重他了，後來長大和我們蓉蓉有了感情，更合我意。」

　　「原來爸爸老謀深算。」

　　「我為什麼在他考大學的時候，我鼓勵他要考政治系？他去美國留學，缺乏資金，我大力支持？告訴你，我是生意人，在商言商。」

　　「爸！你真有一套，倘是許大力真的當選增額立委，岳父與女婿相得益彰，影響深遠。」

　　「那可不？！我們再連絡幾個外省本省談得來得好友，組織死黨，呼風喚雨，政治地位水漲船高，那時候…」楊四海眉飛色舞。

　　「龍頭寶座，垂手可得。」世磊也興奮附和。

　　「這個夢想，是否能成？還在未定之天。」

　　「祝爸心想事成！」世磊雙手合十祝福。

　　「什麼事你們父子倆談得這麼高興？」楊母走過來問說。

楊四海用食指暗示不得聲張。

楊母翹嘴，不滿地望了望他們。

楊父立即站起挽著妻子腰笑著說：

「暫時保密，到時候，一定告訴妳。」

「誰希罕？我是來告訴你們，小燕將要去美國留學了，我要帶她去『委託行』買幾件衣服。」

「好、好，妳去，一切開銷，爺爺埋單。」

「嗯，這還像句人話。」

楊小燕要去美國留學了，世磊偕女兒去范秋雲墓前辭行。

小燕告訴母親，她將繼母親心願“在音樂界有一席之地”。

世磊聽了雙眼濕了，究竟是他女兒，意願不大，但志向可嘉。

外公外婆常私下和小燕連絡，這時也趕來相聚，因為不方便去楊家，世磊面對兩老，心中有愧意，雖然時常予以接濟。

這日，他們四人由外公開計程車，世磊拍照，在北市附近名勝，玩了一天，留下紀念。

夜，世磊飯後在院落吸菸，望著天上的月亮，感念時間過的真快，一眨眼，孩子長大了，要遠離家園了。柳艷的兒子呢？他比小燕大一歲，是不是已出國留學？！

碰巧這天柳艷接兒子小磊自美國來信，敘述在美國就學情形，柳艷甚覺安慰，也立著窗口看月亮。雖然兩人遠在天邊，仍然靈犀一點通。

「世磊你兒子來信了，我無法告訴你，只有勞煩月亮娘娘代為傳達了。」她心中暗自想著。

四十八、

美娟與世華離了婚，世磊為免瓜田李下，避免與美娟見面。

當然美鳳不時談及表妹美娟離婚後生活，世磊從來不接口談論。

「怎麼？難道你對美娟，一點也不關心？」美鳳試探著說。

「有妳關心就夠了。」世磊敷衍著。

「你不是一個多情男人？何況你們以前還有一段情？」美鳳緊迫盯人。

「往者已矣，不談她了。」

「我知道，你心中只有大陸上的柳艷，除了她，誰也別佔有你。」

世磊只好微笑以對，未置可否。

「罷、罷，妳這個人啊！我是既敬你又恨你，敬你對柳艷的專情，恨你…」美鳳說到這裡故意定定望著世磊。

「恨我什麼？」世磊不經意地問著。

「恨你…近水樓台也難得月。」美鳳淚光晶瑩，斜睨他一眼。

「又來了。」世磊拿起外套，想離開辦公室，因為再談下去，世磊會令美鳳難堪。

「不！我走！」美鳳堵著嘴，匆匆走出，重重關上門。

這是美鳳習慣動作，世磊也見怪不怪，撇撇嘴，搖搖頭，後又坐下，手拿菸吸著，雙腳架在辦公桌上。

　　是的，他對柳艷這份淒苦的戀情，難於割捨，這幾年他像一隻怕冷的鳥，把頭藏在自己的翅膀裡，靜靜蟄居著。

　　正在此時，辦公桌上電話响了起來。

　　世磊拿起聽筒。

　　「喂！」一個女子的聲音。

　　「那位？」世磊沒有聽出是誰？

　　「我的聲音也聽不出來了？」對方有點責備的口氣。

　　「噢！是妳？！」原來是美娟。

　　「磊哥！我想跟你見一次面。」

　　「這，不大好、不方便吧。」他想推辭。

　　「我們倆都是自由之身，有什麼不方便？」

　　「我們跟別人不一樣，妳曾經是我弟媳。」

　　「我也是你乾妹妹對不對？」

　　「這點沒有錯，可是人言可畏。」

　　「我是有正經事和你商量。」

　　「妳可以找美鳳，她比我能幹。」

　　「算了，推三阻四，算我多事。」美娟生氣了，重重掛上聽筒。

　　對方美娟掛了電話，世磊又覺得於心不忍，應該問她什麼正經事，再掛電話也不遲。於是他想主動打電話給美娟，想不到美娟又來了電話。

　　「磊哥！你變了，變得毫無人情味，你以前的仁心愛心那裡去了？！」美娟的語氣有點哽咽。

　　「那你說，什麼事要我幫忙？」世磊以為她想找工作，茶葉公司她父親是大股東，隨便安排一個閒差事，也無所謂。

　　「是有一點事，當面講，我又不會吃了你。」美娟

幾乎有點嗚咽了。

「好吧、好吧，在那理見面？」

「大安森林公園正門。」

「什麼時間？」

「現在。」

「好吧，下午我還有事。」

「你放心，不會耽誤你的事。」

他們在大安森林公園見面了。

美娟刻意修飾了一番，這是初冬季節，風吹來有點寒意，她穿了緊身上衣窄裙，因結婚生子，胸部鼓鼓的，身材仍然傲人，外披一件紫醬色風衣，秀髮在腦後束了一個髻，是時下風行的髮型，猛一看。像是熟透了的水蜜桃，令人側目。

他們沒有握手，只隔著一碼距離，定定望著對方。

「你還是老樣子、老帥哥。」美娟先開口。

「妳也一樣。」

「一樣什麼？」

「身材傲人，更見成熟。」

「離婚的女人，像打霜的茄子。」她轉身哽咽了。

世磊是個多情的男子，他想走過去拍拍她的肩，安慰幾句，但他走了一步、又止。

「你見了我，好像我有傳染病似地。」她斜睨一眼說。

世磊聳聳肩。

他了解美娟是個狡黠的女人，偶一不慎，就會陷入是非的泥沼，所以他戒備著。

「你說有正經事和我商量，究竟是什麼事？」

「不能風花雪月先聊聊？！」

　　「我真的下午要參加一個經管會外銷會議，我還要準備資料。」世磊說。

　　「算了，話不投機，半句多。」

　　「那…」他準備離去。

　　「唉！」美娟嘆著氣：「一個離婚的女人住在娘家，總不是辦法。」美娟只好實情實報。

　　「妳是說…」

　　「我想請你陪我去看房子，其實我已經看了幾處，想請你給我決定。」

　　「這，若是給人看見，又誤會了。」

　　「我都不怕，你怕什麼？」

　　世磊苦笑。

　　美娟却一把挽住他的胳膊，拖著走了。

　　世磊不便強行拒絕，由美娟伴著走到一棟大樓門口。

　　天下事就有這麼巧,楊嬸勾著一個老男人走出大門。

　　三人見面，尷尬不已。

　　世磊面紅耳赤，覥覥說。

　　「我陪她找房子。」

　　楊嬸倒是老油條，指著那個老男人：

　　「他是田委員。」

　　然後拖著田委員，翹了翹嘴，離去。

　　美娟氣得跺腳，怎麼會遇到她？！

　　「她的一張嘴，就是廣播電台，這下天下人都知道了。」世磊極為懊喪。

　　想不到美娟由愁轉喜。

　　「知道更好，我們就來個假戲真做。」

　　「小姐！我不奉陪了。」世磊想走。

　　「你敢走？你走，我就大叫你性侵我！明天報上頭

條新聞。」

　　世磊知道這個時候不便弄僵，美娟已騎虎難下，弄得不好，真的會上報端，身敗名裂，只好無奈踟躕著，進也不是、退也不是。

　　「大爺！走吧！就是上面十三樓，光線充足，視線遼闊，房東等著我最後決定。」

　　世磊被她牽著鼻子走了。

　　這間房子的確不壞，四週景物一覽無遺。

　　「怎麼樣？」美娟急著問。

　　「不錯。就是樓層十三不好。」

　　「那是外國人迷信，我們中國人不是"九子十三孫"，是個吉利數字。」

　　「今天星期幾？」世磊問。

　　美娟想了想大叫起來：「天啦！星期五，難怪我遇到了鬼！」

　　世磊苦笑：「其實也沒有什麼，妳也春風不得意，俗話不是說：『負負得正』也許從此妳走上好運。」

　　「好，這句話中聽，也許因這間房子，找了個如意郎君，廝守終生，那是大吉大利。」

　　美娟走向窗口外望，喃喃說著。

　　世磊趁機躡手躡腳，搭了電梯退出。

　　等美娟發覺，已不見世磊蹤影，她走到窗前，世磊已在一樓室外。

　　他抬頭向美娟揮手。

　　氣得美娟堵嘴揮手，憤怒不已。

　　世磊回到家，母親沒有好臉色給他看。

　　美鳳也在一旁，用啞語手勢，指楊母生氣了。

　　快嘴巴楊審來過了，免不了加油添醬。

世磊的母親拉世磊到一邊問說：

「你陪美娟去看房子？！」

美鳳也在一旁幫腔：

「死灰復燃。」

世磊損了美鳳一眼，才向母親說明原委。

母親聽後，沒有再責備世磊。

「美娟這孩子做事欠考慮，看房子為什麼不找表姊？現在碰上這個烏鴉嘴，弄得一身髒，何必呢？」

「聽美娟口氣，對他還是念念不忘的。」美鳳手指世磊說。

「美鳳！妳不講話，沒人把妳當啞巴。」世磊又損了她一句。

世磊母親這才緩和的對世磊說：

「你是有身份地位的人，以後做人處世要經過大腦。」

「是，媽說的對，以後我和她保持距離。」

「也不要刻意，因為她到底是我乾女兒。」

「唉！自古多情空遺恨！長官，我是說我自己。」美鳳一語雙關，說完拿起外套作個鬼臉，走出去了。

不多久，美鳳又手上拿了一封信，叫著進來。

「小燕來信了，小燕來信了！」

世磊一聽女兒來信，本來心中煩惱，也一掃而空了。

世磊立即撕開信封看著。

「信上怎麼說？有沒有問爺爺奶奶好？」楊母也興高采烈搶著要看信。

「小燕信上說，已開始注冊上學，第一年學英語，校園很大，老師同學都很友善。」世磊一邊看著一邊說。

「有沒有說其他什麼？」

「小燕說只是飲食不習慣，早上沒有燒餅油條，晚上沒有紅燒肉。」

「這孩子，這孩子，還說了什麼？」

「她說瘦了一圈了。」

「那可不得了，要她吃好一點，補回來。」

「她信上說了，這樣也好，身材變苗條了。」

逗得奶奶哈哈大笑。

「最後他問爺爺奶奶好，還來個飛吻，獻給親愛的奶奶。」

「好、好，你回她信，說奶奶也回她一個飛吻，祝她學業猛進，身體美好。」

美鳳一直在一旁看著世磊與母親對話，這時才答腔。

「有沒有提到我？」

世磊看信上說：

「小燕說，她有個老師，是美國博士，人長得很帥，像是電影明星，一年前喪偶，想找個中國小姐續弦，小燕問：不知美鳳阿姨對胸前有毛的美國男人，有沒有興趣？」

「她信上是這麼說的嗎？我不信。」她搶過信箋，看了一眼，向世磊怒目以對。

「她只是問我好，其他是你胡扯。」

美鳳舉起手想打世磊又不敢。

世磊笑著跑開了。

「好了、好了，別胡鬧了。」

楊母也接過小燕信，仔細看著。

「嗯、嗯，孩子是長大了。」

正這時世磊父親楊四海，從立法院開完會回來，後面跟著女兒蓉蓉和女婿許大力。

他們是來找岳父談論選舉的事，在門口碰上的。

當然大家又看了小燕的來信，楊家人一個個在美國留學，求取新知，將來個個出類拔萃，光耀門眉，是可預期的。

「坐！坐！你們坐坐，我去換便服。」

楊四海也上了年紀了，在立法院也蠻累的，他要躺五分鐘休息，才出來見客。

世磊在二樓臥房，看柳艷照片，聽妹妹回來，連忙下樓接待。

美鳳也拜世磊父母做乾爹乾媽，下了班就窩在楊家，像是女兒，又像是準媳婦，她連忙冲咖啡、泡茶、招待新姑爺。

「你們去新加坡度蜜月，玩的好嗎？」美鳳打開話匣子。

「那個地方，一年四季沒有春夏秋冬，天天都是初夏，我覺得還是台灣一年四季分明好。」蓉蓉分析著。

「當然，台灣是寶島啊！但是除了颱風地震。」世磊打著哈哈。

楊父換了休閒服走出。

「爸！今天我和大力來，是想談談選舉的事。」

「好，我本來就想叫你們來談談。」

楊母和美鳳去廚房幫女傭準備晚餐。

世磊陪著。

「你們真的慎重考慮過了？」楊父望著女婿說。

「我們內心也很交戰，分析得失，今天特地來請教岳父。」

「世磊！你說呢？」

「大力學的是政治，而且得博士歸來，無不受人看

重，而且父親是老立委，和同事關係好，人緣佳，又碰上增額立委選舉，可以說是『天時』『地利』『人和』三方面都配合，我看可以一試。」

「嗯、世磊分析得不錯，大力！你說呢？」

「我跟大哥的看法一樣，時機剛好，被我趕上了。」大力肯定的說。

「爸！我跟大力考慮了兩天兩夜，分析勝敗得失，當然還是聽老爸的指示。

「嗯、好、好。」老謀深算的楊四海，並沒有立即下決斷。

「爸！你看要不要申請加入國民黨？」世磊問。

「我也考慮過，也和幾位好友聊過，現在民主氛圍日漲，你看幾個以前判過刑坐過牢的人都高票當選立委了。」

「那岳父的意思是…」大力望著岳父。

「由無黨籍人士參選，勝算更大。」

「爸！我跟大力也這麼想。」

「好，你們都同意由無黨人士參選，很好，就這麼定了，反正還有一年時間，這段時間，我覺得分幾個步驟去進行。」

「大力！快拿筆記下來。」蓉蓉對大力說。

大力立即從皮包內掏出記事本、原子筆。

楊四海站起有力說著：

「第一：找機會發表文章，展示才華。第二：找關係電視訪問，建立形象。第三：明年母親節，推選大力母親為模範母親，表揚他母親，矢志撫孤，使兒子得博士，回國服務。」

大力興奮紀錄著，紀錄畢站起激動地，拉著妻子手，

含著熱淚說：

「爸！謝謝你，設想太週到了。」

這時楊母和美鳳從廚房出來，美鳳雙手端了一個大火鍋。

「討論差不多了，吃飯了。」楊母叫著。

「好、好，好的開始，成功一半，今天我要喝幾杯。」楊四海歡快說著。

四十九、

許大力從小家境貧寒，刻苦勤學，多年老師同學風聞他學成歸來，又將參選增額立法委員，無不熱烈响應。

再加岳父與大舅子世磊的人脈，又加物色到一支有選舉經驗的文筆，發表第一篇報導文學『異國留學記』，敘述台灣學生在美國立志向學的經歷，在一家有影響力的大報刊登，立即為一般民眾肯定。

第一炮就打响，令岳父在立法院講話聲音都大了起來。

當然還有一年時間，不能操之過急，不能引起別人特別關注，因為台灣雖小，但臥虎藏龍，留學歸國的青年才俊不少，避免引爆競爭熱潮。

岳父指示，許大力夫婦搬遷到台北市，"臥龍街"隱住，討個彩頭，母親仍然在原地開小雜貨店。

一切遵照岳父軍師爺規劃隱密進行，楊家軍將異軍突起，執政壇牛耳。

國民黨撤退到台灣，已三十多年了，從前在大陸選舉產生的立法委員、國大代表，均已年華老去，漸漸凋零。但倖存著也需要人照料，於是一些年長大媽，遞補

了這些老男人，枕邊佳偶，因為他們仙逝，還有半薪可拿，還有遺產可分，於是年長大媽趨之若鶩，一些缺德者譏諷她們是『收屍隊』。

這天，世磊和母親、美鳳談起那天碰到嬸嬸勾著年老的田委員出門，可能嬸嬸不甘寂寞，隨波逐流。

不料楊嬸翩然光臨，並從皮包內取出一份紅色喜柬。

「敬請光臨。」雙手交給世磊的母親。

世磊母親愣了一下，才接過喜柬。

「怎麼？世華要結婚了？！」

「不是他，是我。」

「世磊母親嚇了一跳，這是從來沒有想到的事。」

「那天在仁愛路碰到世磊，世磊見過的那個田委員。」

世磊母親啟開喜柬。

「噢、噢，恭禧了。」

「請的人不多，務請光臨。」人逢喜事精神爽，楊嬸笑著說。

楊嬸像一陣風，飄然而來，飄然而去。

世磊望著喜柬。不快地說：

「叔叔屍骨未寒，她就…」

「唉！真是人心不古，世風日下。」世磊母親感嘆著。

「媽！那你去不去喝這杯喜酒？」世磊試探問母親。

「總是熟人，不去不好意思，你代表吧！」

喜宴設在五星級飯店一個小廳，席開四桌，大多是田委員朋友及同事，這些老人家，個個跟田委員開玩笑。

「田老！恭喜了，你娶得美人歸，把我們羨慕死了。」

「叫她幫你物色一個。」

「好，那我謝謝了。」

另一邊也舉杯向田委員敬酒，開著玩笑：

「田委員！耕者有其田，老驥伏櫪，令人佩服！」

「你身子骨也不錯，可以步我後塵。」

「田嫂子！那拜託妳了。」

「閒話一句。」楊嬬，不、應該稱呼田夫人了。她用江浙鄉音回了一句。

「田老！明年今天喝妳兒子滿月酒。」另一老人又打趣說。

「這個是有點難，但我會勉力而為。」好脾氣的田委員，並不以為忤。

「哈哈…」眾人哄堂大笑。

這時突然小廳擴音器响了起來。

「楊世華先生電話。」

世華內心懷疑，是誰知道我在這家飯店？來了電話。

母親再婚，世華本來是不想來的，經過母親死拖活拉，而且說田委員很看重他，將來對他有好處，所以在無奈情況下，只好與世磊美鳳等人坐在一起，敬陪末坐，不過剛才聽了這幾位老不修開著玩笑，真是如坐針氈，好在這個電話救了他，他要感謝這個來電話的人。

可是來電話是離婚不久的妻子廖美娟，美娟語氣急燥，說是兒子小華走失了，遍尋不著，囑他一同去找尋。

消息傳開，使新娘子亂了方寸，因為是老來得孫，一直疼愛，這還得了？她著急要去找孫子，女主角缺席，這台戲、這場喜宴也就戲未終人就散了。

世磊也感於是自己至親晚輩，平時見面侄兒也乖巧，乃囑美鳳幫忙協尋。

他（她）們分三派人馬，在北市熟稔的地方找尋，

找了半天，一點消息也沒有。

世華與美娟一邊找尋，一邊爭吵，世華怪美娟沒有照顧好兒子，美娟受委屈，因為她不過在百貨公司週年慶，去挑一件衣服，也許是久了點，兒子就走失了。

「當初妳就不該爭取妳要撫養。」世華責備。

「好吧！以後你來撫養，我樂得輕鬆，你以為帶小孩子這麼容易，廖美娟！妳這個笨女人，吃苦耐勞，好心沒有好報。」她自己打著耳光。

這時已是下午二時，世磊喜宴沒有填飽肚子，在公司附近小攤補吃了一碗炸醬麵，才想回公司拿文件，走到公司門口，看見一個小男孩擦著眼淚，四處張望，他一看不禁驚喜，那不是走失的小華嗎？

「伯伯！」小華一見世磊奔過去，撲在他懷中哭了起來。

「大家都在找你，你卻跑到這裡來？！」

「我找不到媽媽，這裡我來過三次，所以…」

「好、不要哭，我趕快通知妳爸爸媽媽。」

世華有『大哥大』手機，得到世磊通知，立即通知美娟，美娟通知美鳳，美鳳也和世華母親連絡上。

於是大批人馬奔向世磊公司門口。

當然小華與父母重逢了，美娟雖然心中有氣，也捨不得打兒子，只是抱著兒子，驚喜而泣。

小華看見父親，又奔向世華懷抱：

「爸、爸！」

世華緊抱兒子，父子也痛哭流淚。

「好了，兒子找到了，從此你來帶他。小華跟爸爸過好不好？」

「不好，我要爸爸媽媽三人一起過。」小華直率回

答，並且左手拉著世華，右手拉著美娟，眼淚汪汪望著他倆。

這時世磊走近他們，不輕不重說著。

「人心都是肉長的，你看小華多可愛，難道你們是鐵石心腸？」

美娟、世華互望一眼沒答腔。

世華母親叫著「小華、小華！」奔了過來，一把抱了小華，在小華屁股上重重打了兩巴掌。

「你這個孩子，倒是會挑日子，把奶奶的良辰吉日全破壞了，我打你！打你！」

美娟心疼孩子，看不過去，大叫了起來。

「夠了！」

世華母親愣了一下，也自覺剛才太過份，又改變態度，一邊叫著，心肝寶貝，一邊撫摸小華小屁股。

「對不起、對不起！寶貝！痛不痛？是奶奶不好，一時心急打了你了，奶奶向你道歉。」她哭著說。

田委員也趕來了。

「你怎麼也來了？」世華母親極意外。

「新娘子跑了，新郎能不關心？我一直在你後面跟著。」田委員拿著煙斗笑著說。

「你啊，也像我們世磊一樣，是個多情老男子。」世華母親擦淚也笑著說。

「怎麼扯上我？！」世磊心中嘀咕著。

「小華！快叫田爺爺。」

小華動了動嘴唇，沒有叫出聲…

其他人也感到不順耳。

「好了、好了，孩子找到了，全家團圓了，你們兩個人，緣份還沒盡，到我家裡去，我為大家壓壓驚，也

算是家宴吧！」田委員吸了一口煙，誠懇說著。

田委員過來摟著新娘子的腰。

田委員的新夫人一把抓住小華的小手。

「田委員誠懇邀請，不吃白不吃，我們走吧！」

小華望了父母一眼，被奶奶牽走了。

美娟愣在那邊，世華去拉她手，她扭捏了一下拒絕，第二次世華再伸出手，美娟讓他拉住了。

兒子被挾持了，他倆能不跟進？

美鳳與世磊看他們離去，心中戚戚然。

「你看他倆會不會復合？」美鳳問說。

「田委員不是說，他倆還沒緣盡。」

「我看你跟大陸上的柳艷，似乎也沒有緣盡。」美鳳因感而發。

世磊不由得心頭震顫了一下。

五十、

鏡頭再拉到北京。

柳艷的父親柳一鳴，最近身體不適，經醫院驗查為肺癌，住了幾天醫院，回家靜養。

柳父不時乾咳，早就有肺病跡象，妻子要他去醫院檢查，他一直拖延，還是柳艷有一天回娘家，把父親拖去醫院，才知道得了這個毛病。

肺結核在大陸很普遍，但檢查出來是『癌』症，那就是晴天霹靂了。令妻子女兒震驚不已。

柳一鳴倒是想得很開，還可以拖一段時間，希望再活幾年，能見到國家統一，那也就阿彌陀佛了。

父親得了絕症，柳艷最近來的勤，這日柳艷手上拿

了一封兒子小磊的信，來看父親。

柳父一聽外孫來信了，迫不及待的問說：

「小磊來信了，怎麼說？」

「他在美國好嗎？昨天夜裡我還夢見他。」柳艷母親插了一句。

柳艷只是笑了笑，半天沒有答腔。

「怎麼啦？怎麼不告訴我們？」母親急著問說。

「孩子大了，想交女朋友了。」柳艷笑著回答。

「嘿嘿。」父親輕笑了一下。

「想交什麼女朋友？」母親打破砂鍋問到底。

「一個台灣去的女孩子，叫楊小燕，長得很可愛。」

「真是遺傳啊！像他外公一樣，年紀輕輕就交女朋友了。」

柳父笑著用手指了指妻子又對柳艷說：

「告訴小磊，年紀還小，現今求學第一，戀愛還早。」

　　　　※　　　　※　　　　※

可是小磊遠在國外，天高皇帝遠，親人再怎麼遙控，也無濟於事了。

正值年冬季節，大雪紛飛，美國人過聖誕節了，等於是中國人過農曆年，美國商業最盛的紐約市，各百貨公司門口，已豎立五彩繽紛的聖誕樹，學校也放了寒假。一些留學生也忙著籌備聖誕舞會。

「叮叮噹、叮叮噹。」聖誕鈴聲歌聲，隨處可聞。

扮演聖誕老公公在街頭巷尾，散發愛心，救濟膚黑貧民。

美國是移民最多的國家，有白人、黑人、黃種人，各類人種都有，生活圈子也各有別。

這幾年華人留學美國眾多，但是他（她）雖然是炎

黃子孫，仍舊是大陸來的和大陸的留學生，台灣去的和台灣的留學生，講粵語的香港或廣東留學生，各自生活在一定的範圍內。

台灣去的留學生楊小燕、政壇第二代姚文功、企業家孫子石勁秋，他們三人最為接近。

大陸方面有柳艷兒子牟小磊、周恩來總理的表侄孫女周婉芬，及名演員之女冷冰冰、任基紅，四人相處最為親切。

香港和廣東去的留學生，自己聚會，均講粵語，外人無法插足。所以三方面華人，雖然是同種同文，但各有生活圈，不來往、不接觸，感情無法交集。

可是也有例外，北京去的牟小磊和台灣去的楊小燕相識了。

牟小磊個子高，有一對漂亮而銳利的眼睛，薄薄的嘴唇，帶有一種嘲弄的微笑，一口北京腔，是個英俊瀟灑的男孩。

楊小燕長得鵝蛋形臉型，皮膚白嫩、眼睛嫵媚，身材凹凸有緻，雖然在台灣生長，但一口標準中國國語，令人悅耳。

不知誰發起海峽兩岸同學討論『中國前途問題』講題，北京方面推出周婉芬首先發言。周婉芬也品貌出眾，她分析『專政』和『民主』政體優劣，強調在目前世界局勢中，專政一聲令下，百方响應，事權統一，政令推行事半功倍，而民主政體黨派眾多，你有你的意見，我有我的意見，大多為自己黨派著想，一件政令拖延甚久，耽誤時效，所以還是『專政』，一黨專政體制為佳。

當然周婉芬是為中國共產黨一黨專政辯護，獲得中國方面學生熱烈鼓掌。

　　台灣方面推出楊小燕發言，她指出大陸方面，目前由共黨一黨專政，事權統一，推行政令，易於執行，但『民主』是世界潮流，多個極權國家，也解體為『民主』政體，就算大陸不是也用友黨小黨作陪襯裝門面，所以民主制度勢必風起雲湧，為世界人民歡迎。

　　楊小燕口齒伶俐，分析精議，獲得全場大多學生熱烈鼓掌。

　　大陸學生個個目瞪口呆，只有牟小磊鼓掌回應，令周婉芬等側目。

　　這引起楊小燕注意，這個男孩是誰？她想認識。

　　這是第一次他倆留下好感。

　　第二次，是他們在華人音樂家江詩羽老師家中，楊小燕與牟小磊向江老師請益，再度見面。

　　江詩羽六十多歲，是華人來美第二代，擅長小提琴、鋼琴，為華人傑出音樂家。

　　因夫婿已過世，且無子女，對華人不管大陸來的，或是台灣、香港來的，她均特別照顧。

　　楊小燕因緣際會轉來紐約，這所音樂名校，華人學生特別多。

　　有一天，牟小磊經過體育場，意外被一個籃球擊中胸部，適楊小燕經過發現，牟小磊有點頭暈，楊小燕扶他就醫，溫順善良，給牟小磊留下很深的印象。

　　事後牟小磊約楊小燕便餐，感謝她照顧之情，這原是人之常情，但在兩岸人民久不接觸的情況下，引起學生注意了。

　　周婉芬得知此事，對牟小磊大表不滿。

　　「小磊！你最近行為引起大家注意了。」

　　「沒有事，大家都是同學嘛！」

「切磋學問，情有可原，但不能太接近，你知道嗎？」

「知道、知道，乾媽！」小磊調皮地回答。因小磊在出國前，母親柳艷曾說請周婉芬在旁照顧，當時小磊曾笑說：國內有母親，國外有乾媽照顧之議。

雖然牟小磊受到警告，但一但見了小燕，就像魂掉了一樣，再也無法控制。兩人都是青年，情竇初開，愛苗已在暗中滋生了。

周婉芬看在眼中，自然不是滋味，又對牟小磊發著牢騷。

「小姐！我是遵照"老鄧的指示"這叫『統戰』妳懂不懂。」

兩人大吵，不歡而散。

周婉芬向大陸來的同學任基紅、冷冰冰訴苦。

台灣去的流學生姚文功及石勁秋，也有點眼紅，商議從旁勸阻小燕，不能過於接近。

江詩羽是上了年紀的音樂老師，有幸遇到優良幼苗，乃特別用心教導牟小磊、楊小燕，使他倆的學業突飛猛進，並協助他倆完成鋼琴、小提琴協奏曲。還參加紐約市音樂比賽得了獎。

而且在一次華人學生聖誕舞會上，牟小磊主動找楊小燕伴舞，在燈光暗淡『華爾滋』後，慢四步舞時，他倆似乎擁抱接了吻。

在此情況下，兩邊學生還想阻止他們接近，已不可能。

有一天周婉芬又向牟小磊發難。

「小磊！妳跟台灣的楊小燕，越來越不像話了，你是不是喜歡上她了？我看你一見了楊小燕，就眉飛色舞，一付登徒子表情，噁心！」周婉芬已聲色俱厲了。

「小姐！請注意態度，我知道妳是好意，但話中有刺，難道這是規勸人的話嗎？我們來美國留學，是為學問藝術精益求精，出人頭地，我跟楊小燕經常練習演奏，有什麼錯？我已約好楊小燕去江老師家練習，這與政治無關。」

「不要說的冠冕堂皇，你們在聖誕舞會上偷偷擁吻，你以為我沒有看見？多少罪惡借汝之名，我最後勸告你，你不能和楊小燕再接觸，做得到嗎？」

牟小磊搖著頭。

「不可能，我不能失信。」

「好，你不聽我的話，我要寫信給你媽，看她怎麼說？」

「對，向北京告狀！」冷冰冰顯然支持周婉芬。

「寫信啊！告狀啊！我問心無愧，怕什麼？」

牟小磊生氣了，揮袖而去。

周婉芬含淚失望極了。

「周婉芬！別生氣了，人各有志，隨他們吧！」任基紅早就對周婉芬單戀，平時看周婉芬對牟小磊特別關注，有點忌妒，他現在巴不得周、牟感情生變，自己可趁虛而入。

壓力越大，反彈越強，尤其是牟小磊，一向是同輩學生領袖，自有主見。今日與台灣女學生接近，也是順乎自然，並無刻意作為，內心一直不服氣，他還不知道自己對楊小燕產生愛苗。他也想到母親、祖父母送他到美國留學，要花不少錢，不要使國內的長輩關心，同學不快，他不願看見這些事情發生。

於是他主動找周婉芬、任基紅、冷冰冰解釋，免生更大誤會。

　　周婉芬為氣牟小磊，故意將一手搭在任基紅肩上，表示親密。

　　冷冰冰也愛理不理，語帶諷刺。

　　「怎麼？今天不去見林黛玉了？新鮮。」

　　「你們…」牟小磊本想反駁又忍住。

　　「基紅！咱們去林園散散步。」

　　周婉芬挽著任基紅走了，看都不看牟小磊一眼。

　　冷冰冰也翹翹嘴唇，騎著自行車走了。

　　留下牟小磊抿著嘴，含著淚，一臉無奈。

　　楊小燕呢？處境也和牟小磊差不多。

　　本來她和姚文功，石勁秋是死黨，無話不說，非常熱絡，現在一看見楊小燕一走近，就避而躲開，顯然是排擠她了。

　　「怎麼會這樣？怎麼會這樣？」楊小燕也無奈，單獨呆在那邊，望著天邊烏雲。

　　突然，牟小磊向她走來。

　　楊小燕心頭一顫。

　　牟小磊停步定定看了她一眼，沒有張嘴說話，遞給她一張字條，就走開了。

　　小燕展開紙條，上面用鋼筆寫著。

　　「我想見你聊聊，下午三時我在『水仙湖畔』等妳，不管雨雪，不見不散。」

　　那是一個人工湖，佔地頗廣，周圍四週，春夏兩季，樹木蒼翠、百花盛開；秋冬兩季，則葉落繽紛，足踏落葉為樂，但也有梅花盛開，引人入勝。

　　現在是寒冬季節，如無雪無雨晴天，陽光普照，仍有青年學生在湖中划船，或三五成群，在韓國草地上，舖了塑膠台布野餐。

在受到排擠的情況下，楊小燕不得不慎重斟酌。

去！是人情，不去，推是事忙也是本份，但她是一個心地善良的閨女，一如其母，既是受盡委屈，也能打落牙齒和血吞，她不忍看牟小磊失望生氣；但也想到萬一有人向父親寫信告密，使家人牽掛，也不是她所願。

於是她決定失約，因為當時她並沒有應允。

為了拖延時間，她回宿舍，再度寫信請示父親是否可以交大陸同學？

信寫好，投進信箱，又去江老師家練琴，她不能專心，不時按錯音。

江老師在旁督導另一女孩，也聽出有異，微笑指責。

「小燕！妳今天怎麼啦？好像不專心，是不是有什麼心事？」

好厲害的江老師，一語道破，算了，看了看壁鐘，已下午五點了。

牟小磊約她三點見面，已過了二小時，他恐怕已離去，江老師家離『水仙湖』不遠，楊小燕信步走去，天空本來烏雲滿佈，這時忽然烏雲被風吹散，露出一絲陽光，照得水仙湖水片片，煞是耀眼奪目。

野餐的青年們已離去，夕陽斜照下，彷彿看見一個男孩，躺在塑膠台布上，用手絹蓋了雙眼，看穿著有點像牟小磊，她非常驚訝，停步不前，看了看手錶已五時二十分，難道是這個痴小子，不知是什麼力量，她向前走了兩步，輕聲問說：

「請問，你是牟同學嗎？」

驀地，牟小磊聞聲跳了起來，兩眼含著熱淚，也驚訝的說：

「妳終於來了？！我等了你兩個多小時。」

「你好傻！你好傻！」楊小燕感動地擦淚。

「我不是說過，不管雨雪，不見不散！」

牟小磊瘋狂般一把抱住楊小燕，兩人摔在草坪上，緊緊擁抱、親她、狂叫。

「小燕！小燕！我的小燕！」

「你發瘋了？！」

「是的，我發瘋了，我愛妳！」

「不能、不能。」楊小燕推拒。

「為什麼不能？我要大叫，鄧爺爺：我交了台灣女朋友了，您高興嗎？」

他擁著小燕，翻來滾去，可這是斜坡，他倆抱著向下滾去。

「快停！快停！危險啊！」小燕喊著。

好在湖邊有防坡堤，把他們擋住了。

楊小燕嚇得魂飛魄散，梳理長髮，生氣的說：

「再滾下去，我們倆人就變成淹死鬼了。」

「沒有關係，這是"愛湖"啊…」

「你太可怕了，我不理你了。」楊小燕怒目望了他一眼，拔腿就走。

牟小磊上坡取了台布後跟。

楊小燕見他跟來，連忙跑。他卻緊追不捨。

楊小燕又不忍，回頭嫣然一笑。

這是鼓勵，是招引。

聰明如小磊，怎麼會不知？一個箭步，把楊小燕拉住。

「妳跑、妳跑、妳跑到台灣，我就追到台灣。」

他倆喘著、笑著，你情我願，他倆又吻上了。

遠處，北南兩邊，有青年男女怒目望著。

北邊是周婉芬、任基紅、冷冰冰。

南方是姚文功、石勁秋。

他（她）冷眼遠眺。

他倆差點出了意外，經過這次遇險，牟小磊、楊小燕的感情穩固了。

周婉芬受不了牟小磊移情別戀而病倒了，她和牟小磊在北京青梅竹馬，一塊長大，從小學、中學、大學兩人均形影不離，眾人都說他倆是天生一對，想不到來了美國，牟小磊就變心了，是可忍、熟不可忍？她曾多次勸阻，可惜事與願違，她心中滴著血而病倒了。

牟小磊得知周婉芬在醫院打點滴，連忙趕去探視。

「怎麼啦？怎麼啦？你身體一向不是好好的，怎麼病了？」

周婉芬含著淚，偏過頭，理都不理。

「都是你，你還問？」在一旁照料的冷冰冰，沒好臉色說：

「我？！我什麼事得罪她了？」牟小磊明知裝糊塗。

「周婉芬一直對你好，你不知道？」

「我沒有！妳別幫他往臉上貼金。」周婉芬轉頭淚眼望著小磊。

「她對我好，是因為她是我母親委任她是我乾媽，乾媽！祝妳早日康復。」牟小磊一付玩笑腔調。

引起周婉芬好氣又好笑。

「好！從現在起，我要開除你這個乾兒子，你的喜怒哀樂，不再關心了。」

「何必呢？這樣吧，從此我來照顧妳，妳是我乾女兒。」四兩撥千斤，一場感情風波，消失於無形。

這時任基紅提了水果進來。他們互相望了望，心知

肚明。

「好了，前客讓後客，我走了，由基紅照顧妳，我放心了。」

任基紅向牟小磊胸前作勢揮了一拳。

牟小磊也作勢向任基紅用手指點了點。

「滾！滾得遠遠地，從此你走你的陽光道，我過我的獨木橋。」

周婉芬一手捶著病床，大聲喝道。

牟小磊聞聲，不但不生氣，反而內心竊喜，他笑著臉，向眾人來個飛吻，走了出去。

「怎麼啦？一來了美國，他就變成油腔滑調？」冷冰冰說。

「向台灣人學的，台灣電視名嘴多。」任基紅下著斷語。

五十一、

楊世磊接到女兒來信了，主要是訴說在美生活情形，輕描淡寫問父是否可交大陸朋友？

楊世磊前已收到一封信，這是第二次提到此事，小孩長大了，尤其在那個開放的社會，男女交朋友，也不足為奇。準備回信告訴她：應選擇品行優良、對自己學業有幫助的，作為交友條件。

父親楊四海剛喝完喜酒回來，那是一個老國代，妻亡多年，近日忽然紅鸞星動，找了個孀寡成婚，因是多年老友，無法推辭。

席間都是一些上了年紀的老人，妙語如珠，喝了不少酒，所以回到家也是紅光滿臉，精神愉悅。

楊母替丈夫脫大衣，聞到酒氣冲天。

「你喝了不少酒？」

「好像是喝多了一點。」

「你很愉快？」

「當然，老朋友有喜，大家談談笑笑，不知不覺多喝了點。」

「你羨慕？！」

「少無聊。」

「我看你是沒有巴望了，因為我還健康的很。」

楊四海笑著用手指了指老妻。

世磊從二樓下來。

「爸回來了，一定聽了不少笑話？！」

「現在這個年代，一些老不正經的在一起，那能有好話？」

「你一言、我一語，把唐國大弄得尷尬異常，最後老新娘只好躲在洗手間，不敢出來。」

「哈哈⋯」楊母開心笑著。接著又問：「那個田委員沒有帶著新婚妻子出席？」

「沒有，聽說田委員病了，而且病情嚴重。」

「所以年齡大，還是保重身體最要緊。」

這時客廳電話鈴聲響了起來。

「喂！那位？」楊母接聽：「噢！是你？！先不要哭，告訴我什麼事？」

「田委員走了！」對方楊嬸邊哭邊說。

「走了？走到那裡去了？」

「過世了啊⋯」

「什麼？」楊母嚇了一跳，忙摀著聽筒口，對丈夫輕聲說：「田委員死了。」

　　楊父及世磊也覺意外。

　　「大嫂！你在聽嗎？」

　　「在聽、在聽，妳說。」

　　「突然發生這種事，世華又不在身邊，我不知道怎麼辦？」

　　「妳是說…」

　　「能不能請世磊來幫忙一下？！」

　　「這個…我們商量看看。」

　　楊母放了電話，說明是過去世磊嬸嬸來了電話，哭訴求世磊去幫忙料理田委員後事。

　　「真是莫名其妙，她現在已不是楊家什麼人。世磊別理她！」

　　楊父一向對這個惹事生非的弟妹，沒有好印象，所以一口拒絕。

　　「老伴！世華不在台灣，而且總是熟人，她哭哭啼啼的，我看世磊還是去看看吧。」楊母代為求情。

　　「去看看，從旁協助也可，但不要出主意，因為我看煩事還沒完沒了。」

　　「好吧！我趕快打電報叫世華回來，一同料理田委員後事。」

　　世磊與美鳳一同去喝過田委員喜酒，所以他也拉了美鳳一同去慰問楊嬸了。

　　想不到一到喪家，田家子侄一堆人，圍了楊嬸指責審問，田的兒子問她：「以前曾聽父親說過，留有遺囑，還有五兩重三根金條，請把遺囑金條交出來。」

　　楊嬸說：「我不知道。」

　　女兒又問：「爸是老立委，每月薪水不低，他老人家的銀行存摺呢？」

「我從來不經手錢財，妳去問他吧！」楊孀雙手一攤，推得一乾二淨。

「哥！我看見門口泥地上，有燒東西跡象，是不是她把遺囑和存摺領錢出來一起燒了？！」

「小姐！妳真聰明，可惜我不是妳，事先沒有想到這一招，田委員啦！你活過來啊！替我證明，這般污衊我，老天也不容啊！」楊孀無力招架，只好一把鼻涕、一把眼淚哭喊著。

「我爸老當益壯，你來了不到半年，就身體一天差一天，什麼道理？」兒子又指責。

「冤枉、冤枉！街坊鄰居都知道，我天天給他進補，怎麼會害他？」楊孀答辯。

「對了，那我請問妳，妳用什麼補品替我爸進補？」

「豬肝啊、豬腦啊、墨魚啊、豬腳蹄。他老人家喜歡吃，我就聽他的。」

「老天啦！這些東西膽固醇含量超標，怎麼能經常吃？難怪中風了，你是不是故意的？」女兒一聽，火冒三丈，厲聲問說。

「老天，我又不是醫生、我怎麼知道？他老人家是想到夜裡在床上能生龍活虎，所以…」楊孀說到這裡，也自感羞澀沒有再說下去。

眾人也尷尬。

「不管怎麼說，一個活生生的人，突然中風了，突然過世了，妳在他身邊，錢財遺囑也交代不清，有謀財害命之嫌，我們已請了律師，如果妳再不憑良心，坦白面對，我們法院見！」田家獨子拍著桌子怒道。

「告啊！你們去告啊！我行的正、坐的穩，沒有做傷天害理的事，我不怕！田哥啊！如果以前我知道妳的

子女這麼刁蠻，你就向我磕一百個頭，我也不會答應嫁給你，你活過來啊！你醒過來啊！替我說明，我對你怎麼樣？他們這麼冤枉我，我不如跟你走了算了。」楊孀披頭散髮，瘋了般向牆壁撞去。

一直站在一旁的楊世磊、美鳳這才搶過去，拉住楊孀。

楊孀呢？兩眼一翻，軟癱，暈過去了。

「孀孀！孀孀！」世磊連忙扶著他叫著。

「大媽！大媽！」美鳳用兩指捏她人中。

田家子女及一些親人，怕楊孀出事，一個個開溜了。

楊孀用一隻眼睛睜開斜視了一下，知田家人已離去，這才站了起來。

「大媽！妳…」

「沒有事，我是嚇嚇他們。」

「哈！妳真有一套！」美鳳笑指楊孀。

「世磊！謝謝你們來看我。」

「我已經打電報給世華，要他立刻趕回來。」世磊說。

「立法院有人來過了，說是可以幫忙協助料理田委員後事。」

「那好、那好。」世磊放心了一半。

「但是田家人個個像豺狼，我不得不應付。哼！老娘是經過風霜雨雪的，什麼難關沒有經過，不怕他！」楊孀一手理了理散髮，堅定說著。

美鳳去看美娟，告訴美娟她以前婆婆近況。

「報應，這就是報應。」美娟沒好氣的說：「老實說，不是遇到這個婆婆，我和世華不會變成這個樣子。」

「世華馬上要趕回來了。」

「回來好，離婚前講的好好的，孩子歸他帶，但是他要去美國，又把孩子塞給我，這次他回來，我鐵了心了…」美娟還沒有說完。

美鳳就用一手擋住了。

「母子親情，怎麼割捨？！我看…」

「不要勸我，天天被孩子困住了，我受不了了。」

世華從美國趕回來，不屑於母親作為，不願和母親住在一起，住在伯父家。

一日楊嬸來看兒子。

世華已外出，沒有見面。

田家不肯罷休，已請律師對簿公堂，他想請大伯在範圍內幫忙。一邊哭、一邊對世磊母親訴苦。

楊四海午睡片刻起來，正要去立法會，看見楊嬸哭哭啼啼，沒有好臉色。

「不要在我們家哭哭啼啼，我們楊家沒有虧待妳，不是看在妳兒子面子，我早就下逐客令了，識相點！」

「大伯！您不能看別人欺負我。」楊嬸哽咽著。

「怎麼栽種，怎麼收穫，妳自己做的事，妳自己心理明白。」

楊四海套上大衣，損了楊嬸一眼，大步出去，用力關上門。

「大嫂！妳看，我是孤軍無援，自己命不好，犯沖！」她又哭哭啼啼起來。

「不是你本來就是“收屍隊”，怪誰？！」

世磊母親也冷冷回了她一句。

楊嬸呆住了，哭告無門，愣在那邊擦淚，她本來想再痛哭一場，引起同情，正想故技重使，想到大伯臉色，又連忙摀嘴，不敢哭出來，只好摀嘴而退。

　　看在世磊母親眼中，也覺得可憐，不禁搖頭嘆息。

　　美娟已在台北租了房子。

　　為了避嫌，在父親朋友公司謀了一職安身，兒子小華當然她帶，弄得她動彈不得，一肚子怨氣。

　　世華想看兒子，打電話過去，碰巧兒子又走失，遍尋不著，美娟正在著急，語氣不太好聽。

　　「小華又走失了，我正在找尋。」

　　「是不是妳在耍花招？！」世華洞悉前妻詭計多端。

　　「不信，你自己來看。」

　　世華去了，真的遍尋不著，問鄰居，一個老伯伯說看見小華獨自走出社區大門。

　　「妳怎麼不好好看住他？！」世華急了。

　　「我怎麼看？他有兩條腿，我總不能整日整夜繫在褲腰帶上。」

　　妳一言、我一語，兩人又吵。真是"不是冤家不聚頭"。

　　他倆在社區到處找著、叫著、沒有蹤影。再到附近小公園找著。

　　那邊有老人玩扯鈴，眾小兒圍觀，但沒有發現小華。

　　「是不是給歹徒騙走了？！」美娟擔心地問。

　　「應該不會，小華很聰明。」世華雖然嘴巴這麼說，內心還是很著急。兩人心慌意亂，溢於言表。

　　「再到附近找找，應該不會出事。」世華說。

　　「都是你，為什麼還要去美國？難道那邊有你心上人？」

　　「別無聊，我心中只有妳和小華。」

　　「還說、還說，說這些有什麼用？」美娟哽咽了。

　　「好、好，我發誓，找到小華，我不再去美國了。」

美娟側頭看他一眼，帶淚微笑了。

其實小華就在世磊與美鳳導演下，他倆後邊跟著。

世磊看他倆確實心焦意亂，囑咐小華用雙手在地上抹一下，再往臉上抹黑，然後指使小華在一株樹旁，哭叫媽媽。

「媽！媽！」小華配合演出，坐在地上，兩腿蹬著叫著。

美娟、世華聞聲連忙兩邊圍過來，發現了、驚喜。

小華投入母懷。

世華把他們母子抱住，熱淚盈眶。

遠處世磊、美鳳欣慰望著。

世華、美娟瞭解了，他們好心導了一場戲。

「是伯伯和阿姨叫我這樣做的。」小華天真的說著。

「好！小鬼！你和別人聯合起來，作弄你媽，我打你。」她做勢要打。

小華笑著拔腿跑了，後邊美娟、世華也笑著緊追。

世磊雙手交叉在胸前，望著這幕喜劇。

美鳳擬向前擁抱世磊。

世磊這時用手一擋，像導演一般叫了一聲。

「卡！」

美鳳停住。深情地望著世磊。

「我也盼望，也有人用計使我們…」

「好心終會得到好報的，我們像兄妹一樣，不是也不錯？！」

世磊伸出手，握著美鳳的手，美鳳甩開他，想想又回手抓住世磊手。

「回家吧！今天妹妹和妹夫要來談選舉的事。」

他倆漫步走出公園，正好楊嬸坐計程車經過，看見

美鳳連忙叫停車。

　　楊嬸面露喜色，告訴世磊、美鳳：田委員問題已解決，醫生証明心臟病去逝，其他事件也一概結案。

　　「那恭喜了。」

　　「跟我鬥？！哼！門都沒有。噯！世磊！你們看見世華沒有？看到世華替我傳一句話，我是他母親，生他、養他，他總該來看看我是吧？！」

　　「好的，我告訴他。」世磊說

　　楊嬸正要上計程車，又回頭走近美鳳：

　　「美鳳！告訴妳好消息，我們已成立"第二春聯誼會"正在吸收會員，希望你也來報名加入。」

　　「我…」美鳳未作可否。

　　「這是我的名片。」楊嬸交了一張名片給美鳳。又說：

　　「我們已選定百來位目標，這些老不死，身纏萬貫，家有恆產，就等著我們…嘿嘿，不好意思說。」她做羞狀。

　　「謝謝了，還想到我？！」

　　「妳長得不錯，蜂腰圓臀，那個男人不喜歡？妳加入，我們標榜妳是"聯誼會"之花。」

　　「嘻嘻！我真不敢當？！」

　　「好了，我忙死了，幾個老寡婦還等著我，再見！」

　　楊嬸上了車，還搖下車窗玻璃，揮揮手，走了。

　　「我以後稱呼妳…」

　　「稱呼我什麼？」

　　「聯誼會之花啊！」

　　「要死了，你也譏諷我。」

　　「世磊笑著逃開。」

　　美鳳笑著追上，輕輕在世磊胸前捶了一拳。

　　世磊抓了美鳳，感慨地說：

　　「人啊！總要享受人生，有人追名，有人追利，有人追求愛情。」

　　「你呢？」

　　「年歲已長，一切看開了，鰥寡孤獨一生算了。」

　　「不，我看你啊！心還在北京柳艷心上，癡情一個，我是既氣你、又疼你。」美鳳情深望著他。

　　世磊望著天，柳艷已很久沒有消息了，其實這時兩岸已可以探親，盡可以去北京探聽柳艷消息，見見柳艷，以了多年相思，可是不知什麼原因，多次買了赴北京的機票又退票，反反覆覆，大概考慮太多，可見寧不見，留下當年青春印象，不是更美好？！

　　　　　　　※　　　　　　※　　　　　　※

　　台灣每次重大選舉，都在冬末初春，這時正是春寒料峭，但台灣增額立委選舉，却是熱火朝天。

　　得到美國政治學博士，學業有成的許大力，參加增額立委選舉，完全照岳父楊四海的有心規劃，從一年前就開始，一步步進行。

　　先是囑咐許大力夫婦把家安頓在台北市和平東路"臥龍街"討一個彩頭，並在自家門口豎一旗桿，每日清晨，放國旗歌升國旗，引起來往人們注意。

　　再是不斷撰寫短文，把美國見聞，引證据典，分析世界局勢，表示學有專業。

　　三是把高官政要列一本花名冊，一一拜訪請益。

　　第四是宣揚母愛，除了開小雜貨店，還每天替軍人洗百件衣褲，艱苦奮鬥，撫育愛子，學業有成，成功當選"模範母親"。

　　第五，以無黨無派身份參選，既無政黨包伏，也可任意發揮，但言談似是國民黨前哨，維護執政黨施政，當然國民黨也暗中支持。有長輩指出：許大力比國民黨還國民黨。

　　次日就要選舉投票動員了，這日不能鬆懈，楊四海帶了許大力夫婦四處拜票支持。

　　當晚是最後一次政見發表會，以到現場選民多寡，測試聲望高低。

　　於是楊家全家動員支持到現場聽許大力發表政見。

　　楊四海是老立委了，人脈廣，老立委、老國大，政府政要，一一登門拜訪。

　　楊世磊算是企業家了，以商業界為主攻對象。

　　許大力和妻子楊蓉蓉，更是從幼稚園、小學、中學、大學同學拜訪請益。

　　岳母則是婦女拜票及辦理幼兒園同業，也不能少。

　　再加上楊家江蘇同鄉會，許家台灣客家宗親，親家廖布袋人脈，連楊四海一向無好感的楊世磊嬸嬸、美娟、美鳳，凡是有一面之緣的、有投票權的男女，通通拜票，無一漏網。

　　許大力最後一次政見發表會，在台北市大安森林公園舉行。

　　那裡有一個半弧形現場舞台，舞台燈光燦爛，有千人椅子坐位，後有綠地草平斜坡，坐位不夠，也可坐在草坪上，是北市最佳野外藝文表演場地。

　　因係無黨無派參選，沒有政黨旗幟，只有舞台當中掛了一幅國父遺像，及十面青天白日滿地紅鮮艷國旗。

　　政見發表會，預定是七時舉行，但六點不到，就有三三兩兩，男女老少，提前到場佔位。

　　政見發表會司儀，由廖美娟擔任，是她主動爭取得到的，她由中姐選舉第三名后冠光榮身份亮相，自然獲得乾爹楊四海舉雙手贊成。

　　岳父楊四海及資深政商名流，被安排坐在舞台兩旁，因為她他們將一一發言支持，不能慢待。

　　因許大力是第一次競選，生面孔，而且長得一表人才，一年來報章雜誌常有報導，今天是競選最後一次發表政見，倒要看看他要談什麼？他有什麼高見？所以引起眾人興趣，以趕廟會的心情，攜老帶幼，七時不到老大一個場地已塞滿了人。

　　七時正，鏗鏘的音樂響起，司儀廖美娟穿著鮮紅繡金旗袍，手持麥克風出場，雖已中年，看去仍然是美人一個，風韻猶存，引得世磊心頭一顫，他心中自問，北京柳艷是不是也一樣，女人一到中年，更顯女人味。

　　司儀廖美娟以嘹亮、一口標準國語介紹坐在台上的貴賓，介紹畢，引起台下一陣熱烈掌聲。

　　繼之歌舞表演。

　　再是政商名流一一推薦許大力，好在政商名流都很識相、言簡意賅，倒也不佔用多少時間。

　　壓軸是主角許大力出場了。

　　舞台燈光一閃一亮。

　　鏗鏘熱門音樂響起。

　　許大力穿了黑色西裝，繫藍色領帶，牽了穿著淺藍色繡花旗袍的妻子楊蓉蓉的手出場。

　　台下響起熱烈掌聲。

　　許大力夫婦從容不迫，向國父遺像行禮，再向政商名流行禮，然後楊蓉蓉坐在父親一邊。

　　許大力接過美娟手中麥克風，微笑站在舞台正中，

並沒有即時發言。

「怎麼不講話？！」楊四海心中著急自問。

在大家期待下，他才以嘹亮的聲音說：「我是個新兵，面對這麼多支持我的朋友、長輩，我有點緊張，敬請各位原諒……

「今天是最後一次發表政見，在這麼多長輩面前，我有何德何能？敢班門弄斧？所以我只能一步一個腳印，跟著長輩走就是了。長輩的政見，就是我的政見。那人家要問，既然站在台上，就應該說點什麼？是的，昨夜，我一直思考這個問題……」

「這些日子競選非常熱烈，你批評我、我攻擊你，火藥味瀰漫全台。因此今天我要改變主意，我要用柔性的方式，訴諸各位，那我的講題是什麼呢？我說出來，請各位不要見笑，五個字『口水和接吻』。」

眾人一聽新鮮，不禁發出哈哈笑聲。

尤其岳父大人楊四海，緊皺雙眉自問：「這個小子胡謅什麼？」

許大力繼續嬉皮笑臉說：「各位聽了我這個題目，一定指我是"政見當兒戲"，其實聽了分析以後，或許也可能以另一種思維，覺得我這個小子，別出心裁，與眾不同。現在我大膽的請問一下，一生沒有接過吻的，請舉手。」

現場無一人舉手。

許大力又問：「我再請問：一生經常和夫婦、情人接吻的，請舉手！」

「現場萬千群眾個個舉手，蔚為奇觀，台上政高名流，看見台下眾人都舉手了，也一一舉起手來，岳父楊四海見老妻舉了手，也照做舉起手來。」

許大力連忙致歉說：「請放下。」

眾人放下手，再聽這個小子出什麼招。

「我逼各位長輩表態了，很不禮貌，我向各位致歉。」他向兩旁政商名流行鞠躬禮。

楊四海向身旁的女兒問：「他搞什麼鬼？」

楊蓉蓉搖搖頭，做為回答。

許大力繼續說：「我大膽提出這個問題，『口水和接吻』，接吻是養生的性藝術，不能否認，接吻多少一定會用到口水，先談談口水，在西漢房中書上說：口水稱之為“玄尊”“泉英”“天漿”“玉泉”，天地間，最美的瓊漿玉液，不是美酒，而是口水，所以有人說：天下最好吃的，就是情人口水。」台下引起一陣笑聲。

「因此服食自己的口水，在房中術裡，被當作是養生的重要妙法。口水不但保留你口味清香，而使你內臟得到滋潤，也可以說是補身自來水。」

眾人聽得入神。

許大力又繼續說下去：「你們現在吞口水嗎？不但作愛要吞口水，平時也要吞口水，因為這是一股精華之泉，對你的身體大有助益，甚至在作愛之前的前戲愛撫中，吞口水也成為男性判斷女性性行動得一種表徵，是男生誘發女生性衝動的必然條件；在日本人所編著的中國古代醫書中也說過：當男女交接時，吞口水，使人胃中豁然，如服湯藥，消渴立癒，男人吞女人口水，不止解渴還有調養消化系統功能。」

台下的觀眾，聽的目瞪口呆。

他繼續說：「口水的確是天生靈藥，我小的時候，身上長了一個小泡，我母親用口水擦了擦，水泡就消腫了，現在冬天衣服穿多了，肚皮上有一點癢，自己用口

水一擦，也能止癢，口水真是用途其妙，無與倫比，但是…」

他突然停頓下來。

熱門音樂突然震聾發瞶响起來，戛然而止。

「但是，有傳染病，有病毒的人是不能隨便跟他（她）接吻的，因為接吻必然會引起口水，口水病毒會傳染…

像最近競選期間，口水戰打得熱火朝天，惡意攻擊對方人身，有人無中生有攻擊執政黨，這就是身心不健康，你願意接納他嗎？」

司儀和台下群眾一致高呼：「不願意！」

許大力又大聲笑問：「這段競選期間，你們聽見我惡意攻擊對手嗎？」

司儀和群眾又一致大聲叫著：「沒有！」

「所以在競選期間，應該以正派理性發表政見，不能惡意批評，更不能對政敵人身攻擊！」他更加重語氣說：「我們要大聲向有病毒的人說不！」

「我們要拼棄這些口水戰有病毒的"人渣"！」

群眾正要跟著叫『人渣』！

許大力突然用手一擋。

「不！我不該用"人渣"兩個字，我道歉！」他行了一個禮。

台下一片笑聲。

許大力也有點尷尬，從口袋裡拿出一張紙，語氣緩和唸著：「我錯了，我及時道歉，知道錯了，就改，一般人怎麼說？」

司儀回答：「叫君子！」

「是的！叫君子，但是我還不佩，所以我現在順便來說點"說話的藝術"。」

眾人期盼的望著他。

許大力照本宣科，一句一句念著：

「少說抱怨的話，多說寬容的話。

少說諷刺的話，多說尊重的話。

少說拒絕的話，多說關懷的話。

少說命令的話，多說商量的話。

少說批評的話，多說鼓勵的話。」

許大力一說完，司儀與群眾熱烈鼓掌。

許大力將紙條塞進口袋，笑著說：

「這些話有道理吧？我年輕識淺，那有這個能耐，是我父輩岳父大人耳提面命教導我的，（提高聲音）恭請岳父楊四海老立委站起來亮一亮相。」

楊四海極意外，站起，用手指了指許大力說著：「我也是抄來的。」

司儀：「我們給這位長輩熱烈掌聲！」

台下群眾熱烈鼓掌。

楊四海站著抱拳道謝。

在掌聲中許大力和妻子楊蓉蓉扶著楊四海走向舞台中央，台下第一排楊世磊也扶著母親及許大力母親上了台，許大力、楊蓉蓉連忙迎上，把三老安排在當中，世磊站一邊，六人排成一列，向群眾鞠躬道謝。

司儀廖美娟在歡樂音樂中高喊：

「今天競選發表會，在熱鬧溫馨中結束，我們支持好人出頭，我們支持優秀青年加入問政團體，讓我們高喊：『許大力當選！』。」

於是台下在熱門音樂中，競選小旗揮舞，高喊『當選』口號，響徹雲霄。

楊四海眉開眼笑，指著許大力說：「你這小子，害

我担心了半天，原來你是打一個大圈子，再回歸正題，好樣！我沒有看錯！」

「謝謝爸媽！其實這個點子，是蓉蓉想出來的！」許大力說。

「親家母！妳的媳婦不壞吧？！」世磊母親拉著蓉蓉手對大力母親說。

大力母親豎了大拇指。

眾人哈哈一笑。

次日，各媒體均發表評論，評許大力最後一次政見發表會，拼棄攻擊對方惡習，而用柔性『口水和接吻』為題，隱喻健康人的口水，有益人們心胸，而『口水戰』攻擊對方是為病毒之人，應予拒絕，拒吻，並用古代中醫品論『接吻和口水』之功能，立論別出心裁，深入淺出，令人耳目一新，白水生津，為選舉樹一典範。

當天投票結果，許大力以第二高票當選首屆增額立委，楊家和許家，賀客盈門，不在話下。

五十二、

許大力以第二高票當選台灣首屆增選立委。是楊許兩家的大喜事，每日賀客來來往往，幾乎要把門檻踏平了，楊四海夫婦當然是欣然接送，但楊四海年歲已長，一生不知經過多少喜怒哀樂，尤其他想起，『禍乃福所襲，福乃禍所依』的古訓，告訴家人：「高興兩天就好。」

許大力一夕之間，成為政壇一顆耀眼新星，老年人稱讚他，年輕人感佩他，而他自己也覺得非常意外，平生第一次試刀，就打敗強敵，如此大成就，也感到飄飄然。

　　於是每日友朋同學邀宴不斷，初時還帶了妻子楊蓉蓉一同赴宴，去了幾回，蓉蓉感於腸胃無法消受，只好一個人留在家裡了。

　　這樣一來，許大力更加揮灑自如，本來他就有遺傳，能乾幾杯，經過酒宴不斷，酒量越來越大，敬酒者來者不拒，被評為『海量』。他自己也認為是交友秘訣，每天不到深夜面紅耳赤不歸，這引起蓉蓉擔心了。

　　「大力！我看你每日酒醉回來，回來就吐，能不能節制一下？」

　　「怎麼節制？！我是謝票，不去不好意思。」許大力搪塞。

　　這時部份黨外人士已籌組『民主進步黨』。

　　民國七十六年十二月二十五日，蔣經國總統親臨國民大會，（憲法規定由國大選總統副總統）主持行憲大會時，首次在他主政生涯裡，出現了抗爭動作。

　　由民進黨國代在位置上舉白旗喧嘩。

　　這給崇向勤勞民主、百姓愛戴的蔣家第二代，帶來致命打擊，回到官邸即病倒，二十天後咯血不止而逝世。

　　依憲法由台省籍副總統李登輝繼任總統。於是台灣人出頭天叫聲瀰漫全台。

　　於是外省人的危機意識產生。

　　楊四海、世磊只有搖頭嘆氣，奈何？奈何？

　　民進黨人士抗爭，一試就攻下主峰，這給他們帶來更大企圖心，準備網羅人才，鞏固陣營，他們看上許大力。

　　楊蓉蓉當然不答應，許大力也感於他是喝國民黨奶水長大，也不能數點忘祖，所以婉言拒絕。

　　但是還有其他黨外人士，尤其已在蔣經國總統任

內，終止戒嚴戡亂，已開放黨禁、報禁，其他黨外人士眼看『民主進步黨』氣燄更熾，心中也癢癢地。

　　他們約了許大力餐敘，無論學歷見識，無人能及，於是友人倡議，成立黨外聯盟，等於也是黨派，並推舉許大力為召集人。

　　許大力受寵若驚，連忙奔向岳家，請示岳父大人楊四海。

　　楊四海一聽，也覺意外，即刻召世磊回家研商對策。

　　世磊作過新聞記者，閱歷也不差於父親，他分析：

　　「我知道父親原來的想法是，先以黨外人士參選，當選後再申請加入國民黨。」

　　「不錯，我原來是這麼想。」

　　「那現在有了同盟相挺，拒絕也不大好，大力就是靠黨外人士名聲的票當選的。」

　　「嗯。」楊四海肯定世磊分析。

　　「他們又想推舉我為聯盟召集人。」許大力說。

　　「現在黨禁開放，民進黨囂張，在野黨勢力越來越強，若是無黨聯盟，能與國民黨合作，也不是壞事。」世磊又分析著。

　　「我也這麼想。」楊四海完全同意世磊見解。

　　「但是若無黨聯盟不能和國民黨合作呢？」楊四海想的遠。

　　「那就形成三個黨派，平起平坐，那問題就大了。」世磊進一步分析。

　　「大力！你自己怎麼想？」楊四海想聽聽許大力自己意見。

　　「我的看法是，暫時加入聯盟，由我來影響他們，與國民黨暗度陳倉，也不是壞事，可是我若擔任召集人，

事事聽國民黨擺佈，失去在野黨，反對黨派立場，恐怕有負面影響。」許大力說出難處。

「嗯、一半我同意大力的看法，不過事在人為，你若能擔任無黨聯盟召集人，我們內應外合，那是如虎添翼，恐怕連民進黨人士也得看我們臉色？！哈哈！」

楊四海得意大笑了起來。

許大力等於奉了懿旨，岳父大人同意他出任無黨聯盟召集人，消息一上報，聲望一飛沖天，想不到這個初出茅廬的新寵兒，居然在立院聲望鵲起，無不令人錯愕。

楊四海呢？當然水漲船高，每個老同仁都看他面色行事，常見他拉女婿密語，國民黨外省籍高層更是對他禮遇有加，三天兩頭有高檔茶葉相贈，他問政的聲音也加大了，每天笑口常開，竟如他所說，他和女婿合作，真像如虎添翼，飛黃騰達，無人能及。

可是人在江湖，身不由己，在政府設計一條戰略要道。要徵收農民耕地，農民百人在立法院前聚集請願，民進黨和無黨聯盟成員聯合投了反對票，自然方案沒有通過。

這對國民黨黨團，是個意外，無黨聯盟不是楊老有影響力？怎麼會發生與民進黨掛勾的事？國民黨大老來了電話，指許大力脫予，請楊四海加強把關。

楊四海找來許大力。

許大力辯稱，是為了順應民情，民進黨已做了人情，這份人情不能讓民進黨獨拿，何況這不是什麼大事，若是國計民生，他當然以岳父馬首是瞻。

楊四海聽了女婿的話，也有點道理。

但楊世磊內心暗暗擔心，許大力究竟年輕識淺，不了解『戰略要道』，戰時非常重要，可見他近視，缺乏

遠見，而且無黨聯盟有部份是台籍成員，以及李登輝舊部暗中蠱惑，漸漸與民進黨人士接近，令人可慮。

　　為了加強對許大力監控，楊四海不時約許大力夫妻餐聚，以隱語的方式告訴他：是非之人少見，是非之地少去，是非之事少談，以免惹禍。

　　可是李登輝繼任大位將滿期，一定將選總統國家領導人，因他有偏『台獨』意向，於是一場政壇風暴引發了。

五十三、

　　這時國民黨內突然產生『主流』與『非主流』之爭。

　　主流派為當權者：李登輝、宋楚瑜、宋心濂、蘇志誠等人。

　　非主流為：林洋港、蔣緯國、郝伯村、李煥、陳履安、關中、陳長文等。

　　在李登輝陣營全力運作之下，國民黨臨中全會以起立鼓掌方式，決定李登輝為總統候選人，李登輝當場宣佈他的副總統搭擋為外省籍李元簇。

　　這樣一來引起國民黨重量級大老不滿，因為他們認為蔣家時代結束之後，國民黨應該以集體領導方式因應未來時局，以減少政策上的錯誤發生，但李登輝決定副元首，卻是沒有跟人商量『獨自裁定』，明顯地違反默契原則。於是他們決定另推大位候選人，他們選了林洋港搭配蔣緯國出馬競選。

　　那時選國家總統，還沒有全民投票，而是以國大代表投票，蔣緯國有國大代表滕傑一百五十多張票，林洋港有一百三十幾張票，民、青兩黨也有三十多張支持，

算起來穩當選無疑。

　　但是報上登了蔣經國生前曾說：『蔣家人以後不會選總統。』是有心人背後放話，其實蔣經國是說過：『我的家人，不會出來接班。』而非『蔣氏家族』。何況蔣緯國對自己身世一直存疑，連前老總統蔣中正逝世，靈柩安置國父紀念館，讓百萬人民瞻仰，僅蔣經國一人在現場守靈答禮，也讓人不解，但是數十年來，他被認定是蔣中正次子，他無奈只好強調『候選而不競選。』乾脆去了美國，躲開這個是非之地。

　　郝伯村見蔣緯國意願不高，又提出林洋港與陳履安搭檔競選，陳履安公開表態，無意任副總統，陳林配又改為林蔣配。

　　聯合報創辦人，王惕吾（也是國民黨中常委），為了平息政爭，請出在農復會與李登輝共事的蔣彥士為中間人，請出八大老為和事佬（陳立夫、倪文亞、辜振甫、袁守謙、謝東閔、黃少谷、李國鼎、蔣彥士）。

　　八大老首先與李登輝茶敘，當然受李登輝之託，次日就與非主流大將見面，『曉之以情，動之以理』，勸說國家經不起內部不統一，不要在中央頂峰複雜化。

　　但是非主流認為，李在繼任大位兩年中，逐漸走向台獨傾向，李登輝應該發表反台獨國是宣言。

　　八大老允諾，把這些意見帶給李登輝。

　　主流派大員知道，只要扳倒蔣緯國（因他有國大代表高票支持）非主流即崩潰，於是李登輝請駐日代表，多年與叔叔不和的蔣孝武回國，公開指蔣緯國私德不宜做國家副元首，這給蔣緯國致命打擊。

　　林洋港見大勢已去，辭退競選，蔣緯國本來意願不高，也跟進。

　　事後蔣緯國發表談話，提出『三命』，他說：「我是國民黨員當然支持『黨命』，我也是中華民國國民，要支持國民大會的『憲命』，而我做為一個人則要聽『天命』，我一切依命而行。」

　　李登輝本來要去蔣緯國辦公室當面致謝，蔣緯國知情連忙去總統辦公室，在門口相遇，李抓了蔣的手笑著說：「非常感謝、非常感謝！」

　　政爭落幕，國民黨提名的李登輝，李元簇當選總統、副總統。

　　李登輝當選後，為了鞏固權位，將國民黨秘書長李煥調升行政院長，秘書長由副祕書長宋楚瑜遷升，奪了黨權。

　　李煥才做了一年，又將軍方大老郝伯村接任行政院長，奪了兵權。

　　他摸透了人們貪位之心，行政院長等於古時一國宰相，現代國家總理，位重名顯，誰能躲過？！

　　當年面見蔣經國時，僅坐椅上三分之一的李登輝，如今是四平八穩，坐在天子龍椅上，台灣人真的出頭天了。

　　為了民主，台灣省長由全民直選，李為了回報宋楚瑜，在臨中會臨門一腳，把他送上黨代理主席寶座，提名宋楚瑜選省主席。秘書長由蔣彥士接任，（註：蔣經國逝世後，黨主席之位有爭議，多日未決，這日做最後決定，中國時報創辦人，余紀忠也是中常委，主持臨中全會，列席的副祕書長宋楚瑜提出李既已遞補國家元首，那黨也應該由副主席李登輝代理黨主席，以免高層複雜化。）

　　當時李登輝亦出席會議，本來俞國華、李煥、郝伯

村等高層原來響應蔣宋美齡之意，主張集體領導，見李在現場，不便提出反對意見，余紀中只好拍板定案，由李代理主席，李登輝也表示日後遇重大事件，必與黨大老商量，是為當時"默契"。（摘自"千山獨行"蔣緯國傳記）

李登輝強力輔選宋楚瑜高票當選了省主席，宋楚瑜上任後，學蔣經國力疾從公，全省三百一十九個鄉鎮走透透，有的縣市去了數十次，省府團隊也很爭氣，對症下藥，努力建設，而且傳說民進黨主政縣市，更是特別支持。建設經費要一千萬，給二千萬收買人心，這時的宋省長如日中天，他的聲譽超越總統，這還了得？功高震主。李登輝反臉無情，在宋省長任職將滿，擬以再度競選省長時，祭出殺手鐧。運用『國發會』做成『凍省』決議。

宋楚瑜夫婦去李官邸見李登輝，李竟避不見面。

原為父子之情，變親家為冤家。

宋楚瑜卸下省長職務前，到總統府，李總統送給他一幅親筆書寫的『諸法皆空，自由自在。』小屏。引起各方不同解讀。

聰慧的宋楚瑜夫人陳萬水，寫給好友一封信，代表宋楚瑜夫婦對李贈八字的回應：

『自在人生』

雖然你不能決定生命的長度

但是你可以豐富它的寬度

你不能選擇容貌

但你能展現笑容

你不能左右天氣

但你能改變心情

你不能預知明天
但你能把握今天
你不能改變別人
但你能掌握自己
你不能樣樣順利
但求盡心盡力則無怨無悔。（摘自陳萬水故事）

五十四、

楊四海楊世磊父子，當然極為關注台灣政局動盪。

大陸方面，雖然名為『中國特色的社會主義』，其實已是走向『資本主義』，努力推行經濟建設，經濟日見起飛。

關心國是有心人士倡議：應注意大陸腹地，帶動台灣經濟。

但李登輝提出『戒急容忍』政策，錯失多次投資良機，致使亞洲四小龍之首的台灣，經濟日益困憂停滯。

大陸已有台獨危機意識，在福建沿海佈置數百枚飛彈，對準台灣，只要台灣宣佈台獨，立即撕破臉，兵戎相見。

李登輝當然不敢宣布台獨，但是上行下效，台獨氣氛，迷惘全台。

楊四海女婿許大力為無黨聯盟召集人，被台籍人士包圍，耳濡目染，與岳父楊四海的理念，越來越遠，猶如一匹脫韁的野馬，難於掌控了。

楊四海還是三不五時，把許大力叫到面前耳提面命，告誡他國民黨栽培他，應該飲水思源。

許大力起先還當面低頭傾聽，表示順服，但一到議

場又我行我素，把岳父的話，拋到九霄雲外；更有甚者，在一件重大議案國民黨擬強行通過，立法院長倪文亞正待拍板定案，許大立竟跳上院長寶座，拉斷麥克風，霸戰主席台，使議案胎死腹中。

眾人呆住了，這怎麼可能？怎麼會是他？比反對黨還兇狠。

立院老同事，老朋友均怒目望著楊四海，他被眾矢之的注視著，個個怒髮衝冠：彷彿指責他！

「楊老啊！你教出來的好徒弟，對得起黨國嗎？」

「楊委員！你是養老鼠，咬破布袋啊！」

「楊老啊！你是不是暗通民進黨啊？」

楊四海看見一心陪植出來的愛婿反常行動，氣得全身發抖，兩眼含淚，怒目望了女婿一眼，就由助理扶著步履維艱走出議事堂。

楊四海回到家，關了房門，一聲不响，倒在床上。

世磊母親從助理口中，得知大概，連忙電話召世磊回家，研商對策。

當然女婿許大力和蓉蓉趕來探視，岳母看都不看他們一眼。

世磊嚴詞指責許大力行為不當，氣得老父拒絕見面。

「大力！不是我說你，你怎麼會如此行動失常？」

「事後想想，我是有點衝動。」許大力擦著眼淚。

「什麼原因，催使你這麼做？」

「他對我說：是因為民進黨立委將跳上桌，他搶先了一步，這個功勞，不能讓民進黨搶去。」蓉蓉代表說著。

許大力點了點頭。

「民進黨胡鬧就讓他們去胡鬧，誰要你強行出頭？

這麼一來，你知道不知道對爸影響多大？」

「世磊！不用勸了，不用浪費口舌，你們走吧！」
世磊母親沒有好臉色，下逐客令。

「媽！請讓我們見見爸。」蓉蓉懇求著。

「多次違反規勸，一再和你爸唱反調，你們滾吧！」
世磊母親摔去茶杯，站起離去。

以後數日，楊四海羞於見人，告病假在家中生悶氣。

國民黨團研商對策，準備再次複議，務期能通過這
個重要法案。

許大力母親聞悉，也氣得病倒，擰著兒子耳朵苦勸，
政府對他不薄，應知報恩。

但是他那裡肯聽，許大力受有心人士利用，已無回
頭路，他與國民黨理念越來越遠，對立越來越強烈，無
黨聯盟的聲望超越民進黨，有人提出乾脆一不做二不
休，趁此有利情勢，逼老立委老國大退休歸田。他是無
黨聯盟召集人，又是增額立委高票當選人，眾人推舉他
首先發難，他竟不顧後果，又跳上台，大言不慚，指老
立委是萬年民代，違憲、老賊、滾出立法院。

碰巧這日楊四海身體略見好轉，由助理攙扶，去立
院旁聽，不意，眼見此一情況，怎麼受得了。

許大力見了岳父，也大吃一驚，還想有所解釋。

楊四海怒目望了許大力一眼，嘴唇顫抖著，手指著
他，聲色俱厲說：「你、你，忘恩負義…」他還沒說完，
人就暈過去了。

幸好助理在旁，連忙送醫急救。

楊世磊和母親趕到醫院，楊四海已中風，不省人事。

表弟徐有信得到楊四海中風消息，連忙趕車北上，
衝進醫院，見表哥眼斜嘴歪，不省人事，搖也搖不醒，

一下跪了下去，痛哭哀嚎。

世磊也在一旁淚眼婆娑。

徐有信把楊蓉蓉叫到家，拍桌大罵許大力忘恩負義，比共匪還兇狠。

「他上大學的學費是誰支持的？」

「他到美國留學，待了五年的費用，是誰負擔的？」

「他能選上增額立委，是誰扶持的？」

「這一切的一切，都是妳父親出力出錢啊！妳父親聰明一世，糊塗一時，看錯了眼，還把愛女嫁給他，他卻被人利用，你父親怎不氣得中風？好心沒有好報啊！親者痛、仇者快，活該啊！活該啊！」

徐有信痛哭拍桌罵著。

世磊母親躲入臥房，避不見面。

世磊站在一旁，怒目相對。

「我看許大力鬼迷心竅，是不能回頭了，妳馬上跟他離婚，才能救妳父親！」

「我辦不到！」蓉蓉淚眼說著。

「妳也被他同化了？！妳也不是好東西！」

「表叔！許大力是沒有辦法啊！大家慫恿他，把他捧上天，何況是民意所趨，他只好向前衝了。」

「我再問你一次，跟他離婚，妳願意嗎？」

蓉蓉搖了搖頭。

「世磊！你看到了，你妹妹也中毒太深，無可救藥了，告訴妳媽，只有登報脫離父女關係，才能救你父親！」

「不！」蓉蓉跪了下去。

「叫她滾！滾！以後我不再見她。」世磊母親在臥室吼叫著。

世磊怕母親出事，衝入臥室。

世磊母親悲痛的號叫聲，一聲一聲傳出。

「妳走吧！走！」徐有信下著逐客令。

蓉蓉站起，走到母親臥房門，敲了敲，叫著：

「媽！媽！」

「我不是妳媽，從此妳走妳的獨木橋，死活不再見面，滾！滾！」

蓉蓉跪了下去，磕了一個頭，才擦著眼淚怏怏離去。

第三天，台灣各大報，真的登了一則廣告：

「吾與楊蓉蓉理念不合，從此脫離父女關係，特此聲明，以正視聽。立委楊四海啟。」

以後數次，蓉蓉和許大力跪在楊家門口，想進入解釋，楊家均不開門，跑去醫院，跪在病床前哭訴，也無人理睬，楊家父女真的恩斷情絕，令識者扼腕不已。

老立委楊四海中風送到醫院，經過醫生悉心醫治，少許恢復意識，但還是不能言語。

世磊母親當然每天日間，在病榻前照顧，他在老伴耳邊，輕聲細語，他也能點頭，或搖頭，可以領悟了。

於是眾多老立委、老國代絡繹不絕，相繼跑到醫院探視，楊四海不能言語，只有淚眼相對，令老友哀憫不捨。

中部老友廖布袋與妻子連袂來探視，廖布袋一直緊抓楊四海的手，不言、不語，頻頻搖頭，淚眼相對，他能說什麼？廖又能說什麼？無言勝有言，廖布袋是個有情有意的男子漢，他囑咐妻子先回台中，他在病榻前守了一天一夜，才擦著眼淚離去。令世磊和母親感動萬分。

乾女兒廖美娟和楊世華又去了美國打天下，他們得到消息，也連忙打來電報關心慰問。

當然世磊與美鳳，不管日夜，一有空閒，就在病榻

前照顧，應付探望來賓，病房放滿了花籃，來賓簽名簿
簽滿了，這個老人牽動著多少人的心。

<h1 style="text-align:center">五十五、</h1>

在美國留學的孫女楊小燕，也得到叔嬸的通知，祖
父病危。

她也打了一個電報給楊世磊，祝祖父早日康復，為
國效力，電報最後特別說，很想念父親，盼能來美一晤，
切盼！切盼！

世磊接了女兒電報，心中覺得萬分抱愧，因這些日
子，家中發生一連串事故，父親氣得中風，妹妹脫離骨
肉親情，把一生疼愛的女兒疏遠了，他恨不得立即飛到
美國，抱著女兒痛訴內心苦悶。

他向治理父親病情的醫生打聽，父親病情穩定恢
復，如無意外，應可放心。

他再向母親探詢意見，老母也心疼孫女，表示贊同
他可去美國看孫女，她老人家也覺得近日沒有關心孫
女，內心有愧，應該去、立即去，近日家中千瘡百孔，
應珍惜楊家這棵命脈幼苗，不能再出什麼差錯了。

楊世磊是個性子很急的人，他向台中廖布袋老闆告
了假，又千叮萬囑美鳳，請她照顧好公司、和年邁的父
母。

臨行前一天，還去了妻子范秋雲墓前告別，她去美
國看女兒了，等他回來再向她稟報。盼她在天之靈保佑
他一路平安。

五十六、

在一個藍天白雲的清晨，他飛往美國了。

十六個小時後，華航在美國紐約機場著陸。

世磊提了行李走出機場環顧四週，不料此地正下著濛濛細雨，一陣風吹來，他打了一個寒顫，這是秋末了，此地也和台北天氣一樣，時晴時雨，時冷時熱。他縮著脖子，搜尋女兒小燕身影。

老遠、打著小傘的小燕，就看見父親了，她丟開小雨傘，跑過去，投入了世磊的懷抱。

「爸！爸！我終於見到你了。」小燕熱情洋溢的叫著。

「寶貝！妳還好嗎？！」世磊吻了女兒的臉頰後問說。

「好、很好，好得很。」小燕一連串，愉快的說著。

世磊輕輕推開她，定睛望了望她。

「嗯，一年不見，長高了，也比以前在家裡漂亮多了。」

「爸！讓我看看你。」

小燕也仔細打量父親。

「爸！你好像比以前瘦了點，也老了點，不過，還是風度翩翩，一個老帥哥！」

「調皮！」世磊發現這個矜持的女兒，到美國一年，近朱者赤、近墨者黑，比以前說話開放多了。

「唉！家裡發生這麼多事，能不老嗎？」

「爺爺病了，其他還有什麼事？」可見小燕還不知道小姑姑的情形。

「車上聊吧。」

「好!」小燕挽著父親胳膊,向一輛全新的小轎車走去。

「妳有了車?!信上沒有提起。」父親有點意外。

小燕抿著嘴笑著說:「我向他借的,本來他要開車來接你,是我不肯。」

「他?!這個他,是妳信中提起得那個北京男孩?」

「不告訴你。」她調皮的抿抿嘴。

上了車,小燕駕駛,世磊坐在副駕駛座,看女兒開車駕輕就熟,內心甚為慰貼。

「現在去那兒?」世磊問。

「我們在中國城,已訂好你住的飯店,然後…」

「怎麼不說完?」

「然後他們請爸吃飯。」

「誰請我吃飯?這麼隆重?」

「當然,風俗習慣嘛。」

世磊不明究理,但聽女兒口氣,彷彿是有人刻意安排的,管他的,既來之則安之。

紐約市區很大,車子開了一個多小時,經過林肯中心,進入唐人街,那理有華裔軍人的紀念坊,在經過百老匯路九十大街,一眼望去,全是黃臉孔,猶如回到大陸家鄉。

終於到了,小燕訂的華人飯店,世磊住的房間,在大街十樓,一面大玻璃,放眼望去,可以觀賞半個紐約市,飯店門前是公園有一個若大的人工湖。

「爸!這間房間怎麼樣?」小燕問著。

「挺好!視線遼闊,風景秀麗,謝謝女兒。」

「別謝我,是他精心選了幾家,才找到的。」

「又是他？！這個他對妳很重要？我能見到他嗎？」

「當然。」小燕肯定的答，然後又對父親說：

「爸！你先休息，我和他連絡一下，再去吃飯。」

「好，一切聽妳安排。」世磊笑著說。

小燕用電話和對方輕言細語說了什麼，又對父親說：

「爸！請穿體面一點，莊重些。」

「怎麼？！不該是美國總統賜宴吧？我肚子也餓了，聽妳的，看妳玩什麼花樣？」

小燕在一旁咬著手指，微笑著，不再答腔。

世磊進入洗手間，刮鬍、修臉、梳髮、在臉上抹了一點男人香水，又打開行李箱，穿上褐色西服，打上紅色領帶，戴上金邊平光眼鏡，站在小燕面前。

「女兒！怎麼樣？老爸還可以吧？」世磊笑著說。

「帥哥！老帥哥！我愛您！」

小燕衝過去，抱了抱父親。

「走！」小燕挽著父親胳膊，向外走去。

「去那兒？！」世磊又問。

「這家華人飯店，華人最喜歡光顧，他們已在一樓訂好一小房間，貴賓用餐的。」

「哈！是誰請客？」

「等會妳就知道了。」

他們父女穿過一道走廊，在玻璃窗外，看見天氣變了，大雨滂沱，閃電雷聲不絕。

「這個鬼天氣，怎麼突然變了。」小燕望了望說。

「古人不是說嗎？"天有不測風雲，人有旦夕禍福"。」

「好在我們已經到了飯店。」

「也許是好的預兆。」世磊說。

「怎麼呢？」

「中國人作興把雨水當做財富，有水就有財。」世磊解釋。

「那可能是農民的說法。」

「不錯，妳能舉一反三，可見妳大有長進。」

「謝謝爸誇獎。」小燕望了父親一眼笑著。

他倆到了一樓，敲著貴賓用餐的房門。

門打開，室內一張小圓桌，已擺滿佳餚。

一個風韻猶存的中年美女和一個高個子男孩，拍著手，兩人齊喊著：「歡迎！歡迎！」

中年女人一臉笑容，趨前握著世磊手說：「幸會、幸會！」

世磊也微笑著：「謝謝！謝謝！」

突然兩人均愣了一下，退後一步。

世磊驚喜叫著：「妳是柳艷？！」

「你、你是世磊？！我的天哪！怎麼會是你？！」柳艷也叫著。

他倆再度趨前，熱烈擁抱。

「艷！我作夢都沒有想到。」

「我也是，我也是。」柳艷喜極而泣。

兩個孩子驚呆了，原來今天是牟小磊和母親柳艷，宴請小燕的父親，想不到小燕的父親世磊和柳艷是鍾愛一生的情侶。

小磊拍了拍額頭說：「媽！我想起來了，我小時候去日本參加音樂比賽，在日本東京公園，見過楊伯伯，他還送我一只手錶。你們看，到現在我還戴在手上。」小磊特別還指著右手腕上的手錶。

「是有這回事。這麼多年，你還戴在手上？！」世磊有點感動。

「那可不！這是高檔錶，大陸上沒有幾個人有。」

小燕也抓了小磊手看手錶：「爸！你偏心，我也要。」

「好、好，改天我也買一只同款的女用手錶送給妳。」

「嗯，這還差不多。」小燕抿著嘴，看了父親一眼。

「媽還特別交代，他是四人幫的，要我不用對外說，媽！怎麼一回事？！」小磊不知究理。

小燕站在一邊看了一切，內心非常驚訝，不知是喜？還是憂？

「小磊！快見過楊伯伯。」

小磊趨前行了一個鞠躬禮，又握了手。

世磊這才專注牟小磊：微微的蹙著兩道眉毛，高挺的鼻樑，有一雙漂亮而銳利的眼睛，戴著一個嘲弄的微笑，他是個十足男性力量的男孩。難怪小燕的心被他征服了。

「柳艷！恭喜妳，妳有著麼出色的兒子。」世磊衷心誇獎。

「小燕也長得不錯，我還誇兒子有眼光。」柳艷笑著答。

「太好了，今天一早起來，右眼就一直跳，我還以為不是好事，想不到是天下最美好的事光臨了，柳艷！今天…今天我做東。」

「這不是在台灣。」柳艷說。

「這也不是在北京。」世磊歡快說。

「不要爭了，我們是男方，按我們中國人的傳統習俗，應該是男方主辦。」柳艷爭辯。

「妳是說…」

「媽！我來說吧。」小磊索性攤牌。

「楊伯伯！我從實招來，自一年前，我見了小燕就像掉了魂，而她也很喜歡我，我們已經相戀一年了，如今是"她非我不嫁，我非她莫娶"所以我們請雙方家長來見個面，趁機…」

「你是說是終身大事？！」

小磊與小燕均點了點頭。

「哇！柳艷！這是大喜事。」世磊開心地喊了起來：「今天我要不醉不散，我要大叫：老天爺待我太好了。」

柳艷呢？不知顧慮什麼，令他有點担心，微笑地說：「原則我同意，先吃飯，話舊乾杯，等我和世磊商量後再做決定？！」

「好、也好，世磊！小燕！你們不知道我和小磊的母親以前是什麼關係？」

兩個小孩雙眼瞪著他。

「當年我們是南京中央大學的學長、學妹，因彼此看對眼，相愛而訂婚，於 1949 年國共內戰，我們全家跟了國民黨去了台灣，造成數十年分離。」

「但是我們仍然非常相愛著，數十年我們不怕銅牆鐵壁，想盡辦法，在國外親密相聚四次。」柳艷做了補充。

「怎麼可能？」小磊問。

「我是國務院翻譯，常隨領導去國外…」柳艷未說完，話頭就被世磊搶接過去。

「我是台灣民營記者，台灣戒嚴時期，身份比較特殊，後來我辭了記者職，擔任一家茶葉公司經理，因拓展外銷，也不時出國，我們是經過香港一個好友牽線連繫，才心想事成，直到最近十多年，才斷了音訊。」

「天哪，這不是我和小磊一樣？！」

「不！你們跟我們不一樣，那時情況不同，彼此活在兩個世界，而現在是改革開放和平時代，小燕啊！我真祝賀你們」

「吃飯、吃飯，我們一邊吃、一邊聊。」柳艷打斷話舊。

世磊因心胸愉快，酒喝得最多，而東拉西扯話語也不少。

這一席吃了一個多小時，個個面紅耳赤，心滿意足。

在最後將散時，喝著咖啡，柳艷對小磊說：

「小磊！你和小燕暫時到門口休息，我和楊伯伯講幾句私心話。」

小磊向世磊眨眨眼，才和小燕手拉手退出。

柳艷關了門，上了鎖，又拉著窗簾布。

世磊不知究理，難道在此時此刻，也如以往乾柴烈火般，一見面就…

柳艷心事重重望著世磊。

「怎麼啦？艷！」

柳艷搖了搖頭，熱淚已流下，一把抱住世磊。

兩人緊緊抱住。

「世磊！世磊啊！」柳艷痛哭了。

「艷！我的愛，妳怎麼啦？今天應該高興才是。」

「是的，我是應該高興，可是我有隱憂。」

「怎麼說？」世磊急著問。

「我心中有個大秘密，隱藏了二十多年了。」

「什麼秘密？！」

「你知道不知道小磊是…」柳艷說不下去了。

世磊酒醒了一半。

「我們最後一次親密，在日內瓦。」

「妳是說…」世磊舌頭打結了。

「兩個月後，我就發現懷孕了。」

「妳不是已婚，難道不是他的？！」

「他在金廈炮戰時，下體受了傷，不能人道。」

聽得世磊張口結舌，不知所以。

「那妳為什麼早不告訴我？」世磊震驚之餘責備著。

「那年在日本東京，小磊參加音樂比賽，我們在東京公園見面，我本來就想告訴你真相，我說了一半，你沒有聽清楚，我就沒有再說了。」

「我不信。」世磊還是懷疑，不肯相信這是事實。

「你看看小磊的眼睛鼻子像誰？而且他也愛好小提琴，不是你的遺傳，不是你的基因？」

世磊聽得站不住，扶住椅背。

「世磊！他是你的種，喝著共產黨的奶水長大的啊！」柳艷似乎歇斯底里叫著。

「天哪！艷！妳為什麼早不說？」

「我跟誰說？我敢跟誰說？那是要出大禍的呀！」柳艷已哭得上氣不接下氣。

世磊一把抱住柳艷。

「他們是同胞兄妹啊！難怪一對上眼，就分不開了，怎麼辦？怎麼辦？我想，我們得想辦法，把他們分開。」

「你帶小燕回台灣，我帶小磊回北京，要是遲了，恐怕會出大亂子！」柳艷抹了眼淚堅定地說。

「我心亂如麻，讓我再想一想，想個妥當的辦法。」

世磊在房中搓手踱步，煩燥不安。

忽然重重敲門聲傳來。

「媽！媽！開門啦！開門啦！」小磊在門口叫著。

柳艷、世磊一臉驚惶開了門。

兩個孩子淚流滿臉。

小磊更是手指著母親，痛苦的大叫著：

「媽！妳為什麼早不說？為什麼早不說？」

「我怎麼知道？我怎麼知道，她是世磊的女兒。」柳艷搖頭無力的辯稱。

「小磊！小燕是你同胞妹妹，你們不能…」

「什麼？！」小燕頭一暈，差點跌倒，小磊一把抱住她。

「我已經懷孕了，已兩個月了，怎麼辦？怎麼辦？」

嚇得柳艷和世磊全身發顫。

他倆怒目望著柳艷、轉身就跑了。

世磊、柳艷後跟，一邊大叫：

「小磊！小磊！我們想辦法解決。」

「小燕！理智一點。」

「天哪！我怎麼理智？啊…」小磊拉著小燕的手往人工湖跑去。

世磊和柳艷想超前攔阻，但是已不及。

兩個年青人跑到人工湖，還回轉身。

小燕吼叫著：「我無法做人了，爸！原諒我！」

「我跟妳！」小磊也堅定說著。

「小磊！小磊！」柳艷吼叫著。

「小燕！小燕！使不得！」世磊摔了一跤，爬起又叫。

兩小這時已一前一後，往人工湖一跳。

人工湖面起了兩個漩渦，人已滅頂。

柳艷與世磊見此人倫悲劇，怎麼受得了？只有痛哭狂叫：

「救命啦！救命啦！」

立即有華人和外國人，來進行打撈。

打撈起，已是兩具冰冷的屍體。

柳艷抱著兒子的屍體，號叫痛哭不止，暈過去了。

世磊也是跪著抱著女兒的屍體，頻頻搖頭，也痛苦喊著小燕名，及至見柳艷暈倒，又去抱著柳艷，扣她人中。

這時天下著大雨，一個閃電、一個礁雷，震驚整個紐約市，真是天地同悲。

救護車來了，柳艷上了救護車。

世磊處理兩小後事。

幸虧有兩岸辦事人員，協助處理，他們也搖頭嘆息。

五十七、

世磊抱了兩具骨灰，護送柳艷回北京，好在他身邊還有餘額，立即將柳艷送進北京療養院療養。然後通知柳艷父母及公婆知悉。

當然發生這種事，不便宣揚，兩對長輩均低調處理，只有摯友張薇時常去探望柳艷，這個傑出美艷的才女，後半生將在此渡過了。

世磊抱著女兒骨灰回台灣，母親悲痛欲絕，堅持將這個疼愛的孫女，在院中相思樹下樹葬，並在樹旁搭棚守靈三天三夜。

父親楊四海，本來中風已有起色，得報後，突然全身一顫，張嘴暴眼，比以前更甚嚴重。

楊家女兒蓉蓉得到通知，也來弔祭，老母拒絕見面，她只好在門外，遠遠陪母三天三夜。

　　台中廖布袋夫婦也來了，只有拉著世磊母親手，淚流滿臉，他們能說什麼？還能說什麼？

　　表叔徐有信是個火爆性子，他只有蹬足，老淚縱橫，大罵蓉蓉出氣。

　　蓉蓉容忍不發一語，以淚洗臉。

　　徐有信是韓戰時反共義士，手臂上有『殺朱拔毛』『消滅共匪』刺青，他不敢去大陸家鄉探親，在台灣有一次一個台獨份子，指著他鼻子罵道：「你是大陸豬，滾回大陸去！」現在又見表哥家，一波又一波悲劇，感慨萬千，生不如死，他本想衝到立法院和台獨份子拼命，又怕身單影隻，不能如願，還是獨自了斷算了。

　　他一時衝動，跑到台北市總統府前，高喊：「中華民國萬歲！」正待取出汽油灑身自焚。

　　蓉蓉及時趕到，奪去汽油罐，哭叫：

　　「義士不可如此輕生，和我一起拼鬥！」

　　蓉蓉拿去口罩，徐有信才認出是剛才痛罵出氣的外甥女。

　　「妳給我滾！妳也不是好東西！」徐有信怒斥。

　　「表叔！此處不便多說，找一處偏靜地方，我向你請罪報告。」

　　姑妄言之，姑妄聽之，他們找到公園一角，無人處，蓉蓉表明已和許大力反目，她要懲處這個忘恩負義的人，並且已擬定一連串反制許大力行動，盼表叔幫她完成心願。

　　徐有信聽了蓉蓉剖心之言，一時錯愕，不敢置信。

　　「表叔！妳看！」

　　蓉蓉取出一封信，是國民黨有力人士，也是她父親多年至友給她的信函，答允全力支援她反制行動。

「妳是說…」徐有信信了一半。

「我一直容忍，我要為父親討回公道，表叔！請妳幫我…」

楊蓉蓉與許大力當年是青梅竹馬，相戀多年，老父一手出錢出力栽培他得了博士歸國；只是當選增額立委後，受人利用，忘恩負義，與岳父理念南轅北轍，氣得老父中風，甚至脫離父女關係，她當然不能諒解夫婿，但是中國人有傳統束縛『嫁雞隨雞，嫁狗隨狗。』也想假以時日，苦勸他能懸崖勒馬，改過自新，回頭是岸，也許能得父母寬恕；可是突然發生另一件事，使她傷心透頂，她不能原諒他了。

有一日，有個清秀的日本女人，找上門來，按了門鈴，蓉蓉開了門，問她找誰？她猶豫一下，連忙說了一聲：「阿里阿豆！」日語，就匆匆離去。

蓉蓉起先不以為意，但後來下午一時左右，常見這個日本女子來到許家對面，望著許家，這可引起她的注意，三日後，許大力欲去立法院開會，蓉蓉多了一個心眼，悄悄在後面跟著，竟見他倆在小巷子擁吻。

她吃驚了，難怪最近許大力常深更半夜始歸，有時甚至凌時三點，問他，他總是說快要選舉，與智囊團研商選舉事宜。

楊家人，強將之下無弱兵，她不動聲色，暗中請了私家偵探，跟蹤偵查。

很快得到情資，那個日本女子是個過氣脫星，是日本一家公司為了一件巨資工程，利用錢色，希望許大力護航過關。他們套牢了許大力，許大力開出條件，前金二千萬，後金二千萬，共四千萬。也就是說，他收受賄賂四千萬，有憑有據。

蓉蓉又進行第二步，她佯稱與好友去大陸旅遊度假一週，還在臥室安裝了針孔攝影機，抓了許大力與日本過氣脫星通姦鐵証。

她還是與許大力虛與為蛇，不動聲色，看他以後行動，在緊要時，再不留情出擊。

下屆立法委員要選舉了，許大力仍擬無黨無派聯盟身份，在台北市登記參選，他意氣風發，誓言這屆將再次贏得高票當選，將來可能參選立法院長，與總統平起平坐。

但是無黨無派聯盟有一成員，也擬在許大力選區參選，兩派談判，各不相讓，終至反目成仇，許大力上次參選第二高票當選，自信滿滿，一時氣憤，辭去連盟召集人職務，又脫離聯盟身份，單槍匹馬，不賴組織援助，若贏得選舉，更為光彩。

可是他做夢也沒有想到，他的妻子楊蓉蓉也在他選區，以國民黨黨員名義登記參選。

報上登了這個消息，社會譁然，怎麼夫妻室內操戈？許大力錯愕之餘，質問妻子何以參選立委？蓉蓉還笑答，那是幫他助選，到時令他有意外收穫。

這個笨蛋，平時聰明過人，這時已鬼迷心竅，還是不以為意。

競選激烈開始了。

蓉蓉由表叔徐有信及七位老兵陪同，老兵各自打扮有聖誕老公公、有小丑型、有老女型、有學究型，一出場就有喜劇氣氛，挨家挨戶拜票，她他攙扶老人、小孩過十字路口，她他們在菜市場幫婦人買菜提藍，又去醫院、公園做志工，幫助弱者，一時傳為佳談。

許大力也長了心眼，派人在旁監聽，並無對他不利

言語發生。

政見發表會開始了，一日趕多場，楊家女將開始反擊了，與表叔及七位老兵，內應外合，楊蓉蓉主要發問，表叔對問題回答。其他七位老兵諷刺喜鬧，一如相聲短劇，想不到這個另類競選活動，效果奇佳，報上一登，常常高朋滿座，選民擠得水洩不通。

當然這是國民黨高手策略，先以『選賢與能』老生常談起，再談國民義務與夫婦之道。且到最後一週，才猛烈批鬥許大力，受大恩而不回報，是忘恩負義之徒，見異思遷、迷戀女色，是輕薄色鬼，見利忘義，是貪婪之輩。「這種腐敗份子，應該怎樣？」楊蓉蓉問。

「是的，這種人還能投票給他嗎？」

「不能！」

「當然不能！」

「以前讓他當選，是瞎了眼。」

「我們睜大眼睛，我們要找好人出頭！」

「楊蓉蓉人品好、學問佳，你們看怎麼樣？」

「好！一個字。」

「那我們就投票給楊蓉蓉！」

「她是我們的賢姪女嚖！謝謝了。」

「當選、當選，楊蓉蓉當選！」表叔帶頭喊著。

八位老兵一人一句嬉鬧呼應，台下數萬民眾情緒被帶動，也鼓掌叫好，達到高潮。

最後一週，楊蓉蓉對許大力一日一曝：

週一：曝許大力自大學留學費用，全部係楊老立委支援，又把女兒嫁給他，到後來當選立委後，受人利用，把岳父口諭，陽奉陰違，忘恩負義。

週二：曝許大力行為出軌，國民黨暗中培植他，他

不知飲水思源，重大議案竟跳上院長寶座，拉去麥克風，使法案無法通過，氣得岳父中風，令人髮指。

週三：曝許大力財迷心竅，愛上日本脫星，又收受日本人四千萬賄賂，叛國叛妻，行為可恥。

週四：曝許大力老母勸他行為收斂，他竟推倒老母於不顧，不孝不義。

週五：許大力老母，親自站在楊蓉蓉台上，挺楊蓉蓉，大罵兒子心術不正，不知投桃報李，而且助紂為虐，她不要這個兒子了，楊蓉蓉已拜她為義母，今後由義女扶養送終，說著說著，她竟嚎啕大哭，淚灑衣襟，全場驚愕。

許家老母力挺楊蓉蓉，是最後一根稻草，把許大力壓垮了，許大力民調一落千丈，還想做最後搶救挽回，對妻磕頭請罪道歉，但楊蓉蓉已把自己衣物，搬遷一空，桌上留了一封離婚存證信函副本。

在最後發表政見會場，又被群眾嗆聲，日本資本家撤資，他已知楊蓉蓉勢不可擋，自己大勢已去，發表退選聲明，挾著尾巴與日本脫星，躲向日本去了。

最後楊蓉蓉高票當選立委，楊家多日陰霾，終算露出一絲陽光。

竟如古人所云：世道雖然有點亂，道理還是有的，善惡終有報，天道本輪迴，不信抬頭看，蒼天饒過誰？

楊蓉蓉高票當選立委，母親帶了蓉蓉去向中風的父親報喜。

父親竟奇蹟出現，臉上露出一絲微笑。

蓉蓉感動地緊抱父親狂叫：「爸！您要我了，您還是要我了。」她嚎啕大哭不止。

楊家並沒有慶功宴，只是美鳳弄了一點菜，世磊買

了一瓶紅酒，三人對酌慶賀。

美鳳好奇地問說：「蓉蓉！恭喜妳，高票當選立委，但是有一點，我想不通。妳為什麼請八位老兵助選？」

「這是掩飾真正目的，使對方疏於防範，而且也對我人身安全的保護。」蓉蓉誠意回答。

「高！楊家女將一上陣，果然不同凡響，可喜！可賀！」美鳳豎起大拇指，讚許著。

五十八、

楊世磊自從女兒小燕出事後，心情一直快快不樂，鬱鬱寡歡，除了每日上午十時去醫院探望父親，再去茶葉公司轉一圈，就在樹葬小燕的相思樹下枯坐，不發一言。

母親是知道兒子心中之苦的，她曾勸過世磊去北京看看柳艷。

世磊不是不想去，而是怕面對柳艷家人，所以去北京行程，一延再延。

這日，他閒來無事，翻閱多年前在南京舊照，在照簿中，竟意外發現柳艷一首送給他的情詩『想你』。

他如獲至寶，把這首詩擁在胸前，呆住了。

這首情詩，是用鋼筆寫的，字體蒼勁秀麗，是他倆有點小誤會後，柳艷親手交給他的。

『送你一篇 —— 想你。』

「蠶不知為誰而繭
我卻為你束手就縛
曾經
我的美麗不知為誰而妍

於今我的長髮為你而留
我的唇為你而紅潤
眉為你而彎成新月
曾經
我的生活簡單而寧靜
於今我變得憂鬱多疑
我的思潮也不時澎湃
澎湃著只為想你
想你
想你的臉是蒼蒼五獄
有我無數的仰望
想你的臂彎是平安港
泊著我輕柔的小舟
想你
想你時總愛看花
花姿綽約秀色可餐
一如相思可餐
想你時總會起風
風搖風鈴叮叮噹噹
叮叮噹噹就像你的名字
輕脆響亮
想你
想問你
何日我能在每一個山巔
嘹亮地呼喚你我姓名
並在兩名間連接一個字
想問你
何日我能驕傲地宣示

我鎮日衷心思念的人是你

真的是你

我好想你

想你」

世磊將這首詩，一遍一遍看了又看，唸了又唸，雙淚直流。

老母發現了，驚訝地問：

「世磊！你幹什麼？」

世磊將情詩遞給母親。

老母看完，也被感念。

「你還發什麼呆？！快去辦出境手續，這個多情的女孩，我也想念她了。」

現在兩岸已經通航、通郵、探親，所以很快就辦妥出境手續。

世磊帶了不少錢，飛去北京了。

他捐了一部份錢給北京療養院，也租了療養院一側一間小屋，與柳艷同居，除了僱請一個護理師專門照顧柳艷，他也申請終身志工，在旁協助料理。

柳艷病情雖然沒有台北老父嚴重，但是她已不認識世磊，她常口齒不清地問：「你是誰？你是誰？」

每次遇到這個情況，世磊總是躲在一邊暗泣不止。」

當然兩人都歲月不饒人，尤其經過這段滄桑，柳艷一頭白髮，一臉皺紋，目光痴呆，再也不是當年風華嬌艷的美女了。

世磊呢？瘦骨嶙峋，兩鬢斑白，髮如蓬草，也不再是志高氣揚的男子漢了。

這是冬末初春，亞熱帶的台灣，已是百花盛開，而北京春天來的遲，不時下著濛濛細雨，有時甚至還雨夾

雪，寒氣逼人。

據護理說，柳艷喜歡雨水，尤其狂風暴雨，她就表示要往外跑。

今天又是濛濛細雨，世磊本打算替她周身按摩，盼她早日康復，但她手指戶外，嘴中哦、哦口齒不清。她是想往屋外花園散步。

拗不過她，只好替她穿著厚棉衣，扶她坐上輪椅、戴上雨帽。由世磊打著傘推著輪椅，往花園人工湖走去。

不料天氣驟變，春雷隆隆，一陣風連著一陣雨沛然而至，披在柳艷身上的雨衣，被風吹落，世磊正想拾起雨衣，再替她披上，她卻反態，連雨帽也取下丟了。任暴雨打在臉上。伸手大叫：「小磊！小磊！」

世磊懂了，這是一輩子也忘不了慘絕人寰的畫面，深植柳艷心胸，引起柳艷回憶。

他也丟棄雨傘，任由暴雨打在他頭上、臉上。

驟雨下了一陣，他倆全身濕透。

柳艷還一遍遍吼著：「小磊！小磊！」

世磊心如刀割，淚眼望著天，搖頭質問：「這個悲劇是誰造成的？是誰？是誰？」

遠處有個智者老頭，用沙啞的聲音，唱著一首歌：
「朝走西來暮走東
人們好比採花蜂
採得百花成蜜後
到頭辛苦一場空

朝走西來暮走東
人們好比採花蜂
採得百花成蜜後

到頭辛苦一場空」
歌聲不絕
春雷不歇
暴雨不斷

柳艷精神錯亂，咬牙切齒，面目猙獰，在暴雨中瞪眼望天，撕著棉衣、扯著長髮，口齒不清地怒喊：「老天爺啊！」

世磊見狀，萬分憐惜，緊緊抱著她，哭叫安撫：

「柳艷乖乖！柳艷乖乖！我的柳艷啊！啊…」

到最後世磊也同聲一哭了。

參考資料：

中華民國 38 年-78 年大事紀
中共 1949-1989 大事紀（中共禍國大事紀，共黨問題研究雜誌社）
中共權貴關係事典：高幹檔案（高影、和頻著）
毛澤東私人醫生（李志綏著）
走下聖壇的周恩來（新銳出版社。權嚴赤著）
蔣經國傳（美國論壇社。江南著）
葉群之迷（新銳出版社。焦燁著）
叫父親太沉重（圓神叢書。艾蓓著）
北京最寒冷的冬天（聯合報叢書。夏之炎著丁祖威譯）
蔣經國評傳（正中書局漆儒著）
千山獨行：蔣緯國的人生：（天下文化。汪士淳著）
俞大維傳（台灣日報。李元平著）
陳萬水的故事（勁報。王茗緣著）
描述紐約一段摘自林海音（作客美國）

一波三折作者甘苦談

　　這本書，是逼出來的，三十年前因鑑於兩岸文化斷層，除了老兵返鄉探親，無兩岸直接關係的小說、戲劇。

　　不知自己幾斤幾兩，花了兩年時間，搜集兩地資料，又花五年時間，編撰四十三集，電視連續劇故事大綱，但作品是否受人肯定，並無把握。碰巧那時邵氏紅星施思小姐返台，被中視網羅，我們有了交情，我與她母親同年，我喊她母親表姐，施思則喊我表舅。有天，她母女到我家，我將這個「兩岸楊柳」故事，花了兩個小時講給她聽，使她熱淚直流，並表示如果這個戲開拍，她不要酬勞，也要爭取女主角柳艷一角演出，這給我帶來信心。

　　可是時局關係，一直不敢披露，密藏心底。

　　二十年後，民國 101 年新任文化部長龍應台女士就職，她的大作「大江大海」上市，拜讀之餘，感覺龍部長與眾不同，乃鼓起勇氣掛號寄給她，試探文化水溫，想不到拙作得到龍部長激賞，交下審閱，也人人叫好，更意外的是文化部影視局，竟發函七家電視台：台視、中視、華視、民視、公共、八大、三立（如附件）將我撰寫的「兩岸楊柳」故事大綱，一字不改，複印參考製播連續劇，函中並註：「本劇是描寫民國 38 年國共對峙之背景下，一對戀人，分隔海峽兩岸，其感情卻能突破時空限制，綿延數十年的故事，頗見劇情張力。又對我

本人也稱讚我是「影視業界資歷豐厚！」並言明關於劇情細節，可與我連絡。令我極為震驚與竊喜。

　　但因七家電視台目前限於人力、財力，無法製播，除了公共電視管理組長楊為人小姐誠懇坦告外，其他六家迄未表態。

　　我等了一年後，希望落空，心灰意冷，大嘆時不我予，但是我有牛脾氣個性，一向自貶「打不死的蟑螂」，這麼好的題材，不能輕易放棄，乃興起自己動筆，照故事大綱情節，編撰小說。

　　老驥伏櫪，壯志可嘉（自己往臉上貼金），可我已八十八高齡，且右眼青光眼已瞎，只有左眼勉可應付，每日上午寫兩小時，半夜醒來再寫兩小時，週而復始，一年後終於完成二十多萬字的巨作使命，作品完成了，身體完好如舊，並無半點損傷，萬幸。

　　我不會電腦打字，台北市西門町有愛心的名歌星陳玉珊小姐，免費代勞，還設計封面，一手包辦，從無怨言。

　　又蒙在中視製作節目，合作無間後成為好友的名導演孫陽兄，為拙作寫序，更因他的關係，認識玉女型大學中文系畢業的雲朵小姐，為我一字一字校對，找出錯別字改正，煞費苦心，我這個人沒有什麼本事，但命裡貴人多，令人羨慕。

　　在序中，孫陽兄封我為「傳奇作家寫傳奇」榮幸。他古學根底深厚，字裡行間，處處透露慧眼靈語，只有他看出我作品深層底蘊，令我折服。

　　當年想故事，未定書名，不知何故？男主角定為「楊」姓，女主角定為「柳」姓，是我與中視節目部編審組長曲瑾生兄閒談時，是他加了「兩岸」而命名的，天衣無

縫，拍案叫絕，惜瑾生兄英年早逝，痛失良友。

　　作品完成，得找人出版，我是門外漢，隔行如隔山，幸虧記起與台北市出版公會總幹事傅家慶先生有一面之緣，連忙跑去雙手呈上作品，為了面子，我丟下一句話：「若作品不能入眼、不能上台階，丟入垃圾筒即可。」他回我說：「他會看，一月後有消息。」

　　我這人有個毛病，心急就衝動，免得在一根樹上吊死，另外再找出路，碰巧新北市文化局一年一度文學獎徵稿比賽，文化局專員蔡美治小姐，見我八十八高齡，為歷年來最年長投稿者，極為興奮，立即邀集聯合報、中國時報、自由時報名記者，到現場採訪我，我當她們的面說：「你們報上登的都是明星結婚、離婚消息，不會登我這個過氣的糟老頭。」而且我坦白說明：這本作品已先交給台北市出版公會。

　　蔡專員立即表示，如果對方採用，這邊就取消。

　　可是次日，三家大報均在新北市版，頭條新聞登出，還配合照片，我實在太意外了，三家大報，彷彿是一個編輯，同在頭版刊出，而且還上了網路，這是我一生的殊榮，比我曾經得八座金鐘獎，還光榮。

　　等了一個多月，新北市沒有入圍，蔡專員說：「你不是說已交北市出版公會。」我失望之餘，無言以對。

　　但後來還是名列新北市文學獎得主，一面市長朱立倫具名贈送的金色獎牌，上面紅字「筆耕不輟」，還頒了獎金兩千元。頒獎當天，他們還派志工專車接送，新北市的幹部，貼心服務，難怪民眾對朱市長有口皆碑。

　　另台北市出版公會，也來了消息。

　　「通路」馮葆輝先生，為名演員馮海親弟，近年從事通路為生，他從北京回來，次日就和我見面了，帶來

佳音。

　　他說：北京一個金主看中了「兩岸楊柳」小說，準備在中央台製播三十集連續劇。

　　我回以不可能，因為大陸仍忌諱文化大革命。

　　金主說：文化大革命可以一筆帶過。而且細述一集預算百萬人民幣，等於新台幣五百萬，三十集為三千萬人民幣，等於新台幣一億五千萬元，這在台灣電視台來講，是天文數字，聽得我心頭發熱，兩腿發軟，熱淚盈眶，但是後面一句話，又使我全身冰涼。

　　他們要我電子文擋，人未見、契約未定，我怎麼能交出電子文擋？不過我還是強調，止於連續劇版權，不包括電影、話劇、小說版權，馮問我價碼，我說了數字，就這樣談判中止，等馮先生再去北京洽商以後再說。

　　這時我意識到出書為第一要務，出了書，向國家圖書館申請著作權，就等於作品有了保障，可是因時局情勢關係。處處碰壁，甚至動用名人出面，也未能如願。心情惡劣極點，一人常枯坐自怨自艾。突然靈光一閃，我想起有家「文史哲出版社」社長彭正雄先生，多年前曾有連繫，他為人誠懇、實話實說，我帶了作品趕去見他，我說了作者苦處，他說了出版商難處，未能交集，但也許可用另種方式處理，避免政治風險，因為他在商言商，一年要去大陸三次，北京新華書局，有他台灣出版書架，不能不慎重。

　　通路馮先生，近日又去大陸了，他有其他文稿，而我的「兩岸楊柳」當然也會進一步磋商，等吧！忍吧！心情七上八下，食不知味、寢不安眠，我訂有旺報，這日頭版登出：大陸文革情況，將逐步解禁。過了兩日又報導，大陸總書記習近平先生的父親習仲勛，當年是國

務院副總理，也是文革受難者，近日 101 年誕辰，習總書記的親弟習遠平，撰文控訴文革，為解禁開了先鋒。

　　彭發行人正雄先生看了旺報後，敲定代為出版等事宜，真是皇天不負苦心人，峰迴路轉。

　　回想這幾年為了「兩岸楊柳」煞費苦心，時熱時冷，如洗三溫暖，好事多磨，終於心想事成，朋友都笑我遇難呈祥，福星高照。

　　我要謝謝文化部各級長官，及北市出版公會傅總幹事，對我作品大力推薦、以及友朋鼓勵關懷、也要謝謝家人，對我生活好生照料，使我能專心筆耕，當然我更特別感謝「文史哲出版社」社長彭正雄先生，是他大力拉我一把，進入出版界，開花結果，我快九十高齡了，還童心不泯，創作不輟，日日作夢，不是有位名人說過：「有夢最美，希望相隨！」夕陽是晚開的花，夕陽是陳年的酒！哈哈！

　　　　　　　　　蔣子安 2015 年 6 月　台北

檔　號：
保存年限：

副本

文化部影視及流行音樂產業局 函

地址：台北市開封街一段3號
聯絡人：馬嘉
電話：02-23758368 分機 1524
電子信箱：ivymal112@bamid.gov.tw

受文者：蔣子安先生

發文日期：中華民國101年9月13日
發文字號：局視(輔)字第1013002783號
速別：普通件
密等及解密條件或保密期限：普通
附件：「兩岸楊柳」電視劇本之分集故事大綱

主旨：檢送蔣子安先生所著「兩岸楊柳」電視劇本之分集故事大
　　　綱，供貴公司(會)製播參考，請查照。

說明：

一、依據蔣子安先生101年6月26日函辦理

二、本劇係描述民國38年國共對峙之背景下，一對戀人分隔海峽
　　兩岸，其情感卻能突破時空限制，綿延數十載的故事，頗見
　　劇情張力。

三、經查蔣君曾於民國58至81年任職於中國電視事業股份有限公
　　司，歷任編劇、製作人、編審等職務，並曾參與「長白山
　　上」等電視劇之編劇工作，業界資歷豐厚。

四、本案相關細節請逕洽蔣君；電話：0931-170603、

正本：臺灣電視事業股份有限公司、中國電視事業股份有限公司、民間全民電視股份有
　　　限公司、中華電視股份有限公司、財團法人公共電視文化事業基金會、八大電視
　　　股份有限公司、三立電視股份有限公司
副本：文化部、蔣子安先生

文化部影視及流行音樂產業局